20,-

mandelbaum *verlag*

Brigitte Halbmayr

BRÜCHIGES SCHWEIGEN

Tod in Ravensbrück –
auf den Spuren von Anna Burger

In Zusammenarbeit mit Siegrid Fahrecker

mandelbaum *verlag*

Gedruckt mit Unterstützung durch

WISSENSCHAFT · FORSCHUNG NIEDERÖSTERREICH

RAVENSBRÜCK

Nationalfonds der Republik Österreich für Opfer des Nationalsozialismus

Stadt Wien

ZukunftsFonds der Republik Österreich

mandelbaum.at • mandelbaum.de

ISBN 978-3-99136-013-1

Projektkoordination: ELKE SMODICS
Lektorat: KRISTINE GERBER, Conlexis Biographien
Satz: KEVIN MITREGA, Schriftloesung
Umschlag: MICHAEL BAICULESCU
Druck: PRIMERATE, Budapest

Inhalt

»Mama, wo ist meine Oma?«

Siegrid ist aufgefallen, dass alle Kinder in der Schule eine Oma haben – bloß sie nicht. Zwar werden nur einige regelmäßig von den Großeltern abgeholt, aber nahezu jedes Kind schwärmt von den Sommerferien bei ihnen, erzählt am Montag vom Familienausflug oder zeigt stolz das Geburtstagsgeschenk von Oma her.

Siegrid merkt, bei ihrer Familie ist irgendetwas anders. Und nachdem sie eine Zeitlang diese Frage mit sich herumgetragen hat, geht sie damit zu ihrer Mutter.

»Mama, warum hab' ich keine Oma?«

Die Mutter reagiert eigenartig. Siegrid erkennt an ihrem Blick, dass ihr die Frage unangenehm ist. Mama wird nervös. Sie will der Frage ausweichen, indem sie sie als unwichtig abtut. Aber Siegrid lässt nicht locker. Sie spürt, da stimmt was nicht. Ihre Mama verheimlicht ihr etwas. Aber was? Und warum?

Siegrid ist 13 Jahre alt, als sie sich mit Beschwichtigungen nicht mehr zufrieden gibt. Obwohl das familiäre Umfeld gut ist, spürt Siegrid eine Lücke. In ihrer Familie fehlen Oma und Opa.

»Mama, ich will auch eine Oma!«

Mit solchen Forderungen kommt nun Siegrid. Und sie fragt weiter und weiter – bis ihre Mutter endlich ihr Schweigen bricht. Aber sie erzählt nur Harmloses, und das in kindgerechten Worten. Die Eltern vom Papa seien früh gestorben, weil sie schon alt und sehr krank waren. Ihren eigenen Papa habe sie selber nicht gut gekannt. Und über ihre Mama meint sie nur kurz, dass die etwas angestellt habe, als sie noch jung war. Daraufhin – es habe damals eine böse Zeit geherrscht – sei sie in ein KZ nach Deutschland gebracht worden, und von dort sei sie leider nicht mehr zurückgekehrt.

Mehr erfährt Siegrid von ihrer Mutter nicht – und auch das dürfe sie niemandem erzählen! Aber immerhin weiß sie jetzt, dass ihre Großmutter in Deutschland war. Siegrid beschließt, irgendwann einmal nachzuforschen, was mit ihrer Oma geschah.

Mit diesem Vorhaben setzt Siegrid die Fragen an ihre Mutter fort, aber seltener, zaghafter. Will sie Antworten erhalten, muss sie die Augenblicke, in denen sie nachbohrt, sorgsam wählen; sie darf Mama mit ihren Fragen nicht wehtun. Und ganz langsam – und zwar wirklich langsam, wir sprechen hier von Jahrzehnten – klärt sich das Bild, versteht sie die Reaktionen der Mutter auf ihre Nachfragen immer besser, taucht sie ein in ihre Familiengeschichte. Und je mehr sie erfährt, selbst zusammenträgt, hinterfragt, überdenkt, umso mehr wächst auch in ihr der Schmerz. Dennoch spürt sie weiterhin den Drang und bringt die Kraft auf, der Wahrheit über schmerzvolle Ereignisse in ihrer Familie auf den Grund zu gehen. Das Schweigen wird brüchig.

Siegrid Fahreckers Suche nach ihrer Großmutter gab den Anstoß zu diesem Buch.

Prolog

Wie komme ich zu dieser Geschichte?

Ich kenne Siegrid Fahrecker, Jahrgang 1962, nun fast schon ein Vierteljahrhundert. Anfang der 2000er Jahre nahm sie erstmals Kontakt mit der *Österreichischen Lagergemeinschaft Ravensbrück (ÖLGR)* auf, einer Vereinigung von Überlebenden des gleichnamigen Frauenkonzentrationslagers. Seit 1995 bin ich in der ÖLGR aktiv, gemeinsam mit meiner Kollegin Helga Amesberger und weiteren Mitstreiterinnen. Wir begannen damals, die Frauen der ÖLGR – allesamt Überlebende des KZ und somit nicht mehr die Jüngsten – bei ihren Unternehmungen zu unterstützen, die Öffentlichkeit über die Frauen von Ravensbrück aufzuklären. Helga Amesberger und ich haben auch an unserer Arbeitsstätte, dem Institut für Konfliktforschung, zahlreiche Projekte umgesetzt und intensiv zu den österreichischen Frauen im KZ Ravensbrück recherchiert und publiziert – zu den Überlebenden wie auch den Ermordeten und Umgekommenen.[1]

Ab dem Jahr 2000 nahm Siegrid Fahrecker regelmäßig an den Vereinstreffen der Lagergemeinschaft teil, ständig auf der Suche nach Dokumenten und Bezeugungen zum Schicksal ihrer Großmutter Anna Burger. Denn das wusste sie zu diesem Zeitpunkt bereits: Ihre Großmutter war Gefangene im Frauenkonzentrationslager Ravensbrück gewesen und dort ermordet worden. Das hatte Siegrid schließlich von ihrer Mutter erfahren.

Seit damals begleite ich Siegrids Suche nach ihrer Großmutter, auch indem ich sie bei der Recherche unterstützt habe. Bereits 2013 konnte ich das Schicksal von Anna Burger für die neu eröffnete Dauerausstellung in der Mahn- und Gedenkstätte Ravensbrück nachzeichnen. In den letzten Jahren habe ich intensiv zu jener Häftlingskategorie, der Siegrids Großmutter angehörte, geforscht, und konnte so mit meinen Kolleginnen das Wissen um die Verfolgungsumstände der im Nationalsozialismus als ›asozial‹[2] stigmatisierten Menschen umfassend erweitern und damit Denkmuster sowie Zuschreibungen aufbrechen.[3] Nun ist der richtige Zeitpunkt gekommen, Anna Burgers Geschichte für ein Buch aufzuschreiben, um ein individuelles Schicksal für die ausgrenzenden Erfahrungen so vieler anderer sprechen zu lassen. Damit soll besser nachvollziehbar gemacht werden, auf welche Weise extreme Ausgrenzung großer Bevölkerungsgruppen geschieht und wie dies sich auf ein einzelnes Menschenleben auswirkt.

Es gab zahlreiche und sehr unterschiedliche Gründe, warum Frauen (und auch Männer, von denen hier aber nicht die Rede sein soll) aus Österreich, von 1938 bis 1945 zum Deutschen Reich gehörend, in nationalsozialistische Konzentrationslager deportiert wurden. Die einen waren im politischen Widerstand aktiv und kämpften für ein freies Österreich (allein dieser Haftgrund stand am Beginn vieler »Wege nach Ravensbrück«); die anderen wurden als Jüdinnen verfolgt, wobei die Nazis hier ausschließlich nach der Abstammung vorgingen und weder auf das individuelle Zugehörigkeitsgefühl noch auf die österreichische Staatsbürgerschaft Rücksicht nahmen. Auch ›Zigeunerinnen‹[4] gehörten nach nationalsozialistischer Auffassung einer minderwertigen ›Rasse‹ an, zudem wurde ihnen im großen Stil ›Arbeitsscheu‹ unterstellt. Wieder andere hatten sich in einen polnischen Zwangsarbeiter verliebt und erwarteten ein Kind von ihm – das galt als ›Rassenschande‹ und war streng verboten; also wurden die Frauen ins KZ verfrachtet (und die Männer ebenso hart bestraft; viele gehängt). Die Zeuginnen Jehovas, früher Bibelforscherinnen genannt, verweigerten aufgrund ihres Glaubens jeglichen Dienst für das nationalsozialistische Regime und wurden deshalb eingesperrt. KZ-Haft verhängten die Nazis auch über jene Frauen, denen sie aufgrund mehrerer Verurteilungen, zumeist wegen Eigentumsdelikten, einen »Hang zur Kriminalität« unterstellten; von der Kriminalpolizei wurden sie ins Lager eingeliefert und mit dem Haftgrund ›kriminell‹ gekennzeichnet. Zur Klientel der Kripo gehörten nicht zuletzt jene Frauen, die als ›asozial‹ stigmatisiert und aus der ›Volksgemeinschaft‹ entfernt wurden. Dazu ist später noch viel mehr zu sagen. Wichtig ist nur: Siegrids Großmutter war als sogenannte ›Asoziale‹ in Ravensbrück in Haft.

Dieser Haftgrund macht die Recherche, aber auch den Umgang mit der Geschichte schwierig. Zum einen gibt es zur Gruppe der ›Asozialen‹ nur wenige Dokumente und Überlebendenberichte, kaum Zeitzeuginnenschaft und dergleichen; bzw. sind sie, wenn vorhanden, über viele Archive und private Nachlässe verstreut und vielfach noch nicht gesichtet. Die Forschung hat sich erst sehr spät mit diesem Aspekt der nationalsozialistischen Verfolgung beschäftigt – und noch viel weniger zeigte die Öffentlichkeit Interesse an diesem Thema. Bis heute hält sich hartnäckig die Sichtweise, die als ›asozial‹ oder ›kriminell‹ Verfolgten hätten ihre Haft selbst verschuldet, wären zu Recht im KZ gewesen. Diese Annahme machte es vielen Überlebenden unmöglich, über ihre Erfahrungen als KZ-Häftling zu sprechen, sondern ließ sie schweigen, oft in großer Scham. Und mehr noch: Sie wurden auch vom Gesetzgeber nicht als Opfer des nationalsozialistischen Regimes anerkannt und erhielten somit keine finanzielle Entschädigung für ihre Leiden, ja nicht einmal ideelle Anerkennung.

Was dies für die Verfolgten und deren Hinterbliebene konkret bedeutet hat und noch immer bedeutet, lässt sich an der Geschichte von Siegrid Fahrecker und ihrer Großmutter veranschaulichen: Wie schwer es ist, Genaueres über ein Leben zu erfahren, das so früh und gewaltvoll endete; welche Vorsicht es verlangt, im Freundes- und Bekanntenkreis über die Familiengeschichte zu erzählen – wer wird wohl dafür Verständnis haben, wer nicht? Und vor allem: Wie wird in der eigenen Familie darüber gesprochen und wie lässt sich mit recht konträren Sichtweisen auf die Vergangenheit in der Verwandtschaft umgehen?

Spurensuche

Der Ausgangspunkt war ein Briefwechsel von Siegrid Fahreckers Mutter Ende der 1960er Jahre mit der Ravensbrück-Überlebenden Rosa Jochmann, zu der Zeit SPÖ-Nationalratsabgeordnete und anschließend Obfrau der ÖLGR. Denn auch Siegrids Mutter Stefanie beschäftigte das Schicksal ihrer im KZ ermordeten Mutter Anna. Mit zunehmendem Alter – und dank Siegrids Unterstützung – konnte sie sich mehr und mehr der Vergangenheit stellen, wenngleich dieser Prozess weiterhin sehr schmerzhaft blieb.

Leider ist der Briefwechsel zwischen den beiden Frauen nicht erhalten geblieben.

Doch davor noch war es »Tante Poldi«, die den Kontakt zur Lagergemeinschaft suchte. Irma Trksak, Sekretärin der Überlebendenorganisation ÖLGR und selbst ehemaliger Ravensbrück-Häftling, hatte im November 1998 in der ORF-Sendung *Willkommen Österreich* über das Frauenkonzentrationslager gesprochen. Anlass war das Vorhaben, möglichst viele Lebenserinnerungen von Überlebenden der KZ-Haft aufzuzeichnen.[5] Als Leopoldine Wiener, so der Name von »Tante Poldi«, in der Sendung dieses Stichwort hörte, war sie wie elektrisiert: Da redet jemand von Ravensbrück! Und sofort kam der Gedanke auf: »Du meine Güte, vielleicht kennt sie die Mutter?!« Wäre das nicht die Gelegenheit, endlich das Vorhaben umzusetzen, das schon lange in ihr schlummerte: Genaueres über den Tod ihrer Mutter, Anna Burger, zu erfahren? Umgehend setzte sich Frau Wiener hin und schrieb an den ORF, um mit Frau Trksak in Kontakt zu treten.

Zur selben Zeit, Ende der 1990er Jahre, plante ein Teil von uns »Jungen« – so die Überlebenden zu uns Frauen der nachfolgenden Generation(en) – gerade eine neue Ausstellung zum KZ Ravensbrück in Österreich.[6] Eine der »Jungen«, Corinna Oesch, widmete sich der Lebensgeschichte von Anna Burger. Die Anfrage der Tochter Leopoldine zu ihrer in Ravensbrück umgekommenen Mutter hatte sie sehr berührt. Ein Ziel der Ausstellung bestand darin, das Spektrum der Haftgründe und der damit verbundenen Schicksale aufzuzeigen, und so recherchierte Corinna zu der in Ravensbrück ermordeten, angeblich ›asozialen‹ Anna Lasser, wie Siegrids Großmutter vor der Heirat hieß. Im Zuge dessen hob sie einen umfangreichen Akt im Wiener Stadt- und Landesarchiv zu ihrer Protagonistin aus und führte Interviews mit zwei Töchtern, Leopoldine und Stefanie. Corinna überließ am Ende alle recherchierten Dokumente der Familie – und so konnte ich in meiner Recherche auf diesen aufbauen.

Gut zwei Jahrzehnte sind seit der Ausstellung *wege nach ravensbrück* vergangen. Das dabei gezeigte Interesse am Leben ihrer Großmutter und die Offenheit der überlebenden Frauen des Konzentrationslagers, die Siegrid Fahrecker bei den Eröffnungen der

Wanderausstellung kennenlernte, ermutigten sie, den Kontakt zur Lagergemeinschaft zu pflegen. Seit damals hat sie nichts unversucht gelassen, mehr über ihre Großmutter Anna Burger, vor allem über deren Zeit im Konzentrationslager, zu erfahren, zuerst von den Frauen der ÖLGR, dann über das *Internationale Ravensbrück Komitee (IRK)*, dem Zusammenschluss aller nationalen Lagergemeinschaften, in dem sie seit 2012 die ÖLGR vertritt. Ergebnisse dieser Bemühungen und Recherchen finden auf den folgenden Seiten Eingang.

Eine wichtige Grundlage für das Buch waren auch Siegrid Fahreckers Nachforschungen in ihrer Verwandtschaft, die zum Teil psychisch sehr fordernd waren. Die Einstellung, man solle die Vergangenheit endlich auf sich beruhen lassen, ist generell weit verbreitet, nicht nur in Familien, die ein schwieriges Erbe zu verwalten haben. Indem Siegrid die familiären Nachforschungen betrieb und mir die individuellen Sichtweisen auf das Leben von Anna Burger vermittelte, eröffnete sie mir unschätzbare Einblicke in ein komplexes Familiensystem, die mir durch Dokumentenanalyse und Interviews allein nicht möglich gewesen wären.

Siegrid Fahrecker hat mir ihr Familienarchiv zur Verfügung gestellt, geduldig die Verwandtschaftsverhältnisse erklärt, auf unzählige – zum Teil sehr intime und manchmal wohl auch anmaßende – Fragen geantwortet und mir so ermöglicht, intensiv in ihre Familiengeschichte einzutauchen. Daran schloss meine eigene Recherche in zahlreichen öffentlichen Archiven an, um Informationen und Belege zu sammeln, Widersprüche aufzulösen, vage Hinweise mit Leben zu füllen. Einschlägige Literatur zu den Themenkomplexen des Buches trug dazu bei, die vielen Fragestellungen zu beantworten, die den nachfolgenden Seiten zugrunde liegen.

Was bedeutete es, im Nationalsozialismus als ›asozial‹ stigmatisiert zu werden? Wie kam es dazu, welchen Zweck verfolgte diese Brandmarkung und wie wirkte sie sich auf die betroffene Person aus? Was hieß es, als ›Asoziale‹ im Konzentrationslager inhaftiert gewesen zu sein? Was lässt sich zu den Lebens- und Überlebensbedingungen dieser Häftlingsgruppe ausführen – und was bedeuteten sie konkret für Anna Burger? Der zweite Fragenkomplex betrifft die Familie: Wie ist das Engagement der Enkeltochter in der Aufarbeitung der Lebensgeschichte ihrer Großmutter einzuordnen? Wie lassen sich ihre Erfahrungen mit denen anderer Nachkommen in Beziehung setzen? Und welche Rolle spielt der Haftgrund in der intergenerationellen Tradierung – ist er der entscheidende Aspekt, der den familiären Umgang mit einer Verfolgungsgeschichte erklärt, oder sind es ganz andere Gründe? Und schließlich, gesamtgesellschaftlich gesehen: Inwieweit beeinflussen vorherrschende Moralvorstellungen, gängige Stereotype und aktuelle Problemlagen den Blick auf nationalsozialistische Verbrechen, aber auch auf Familiengeschichte? Wie wirken nationalsozialistische Zuschreibungen in heutigen Sprachbildern noch nach und transportieren so eine (sozial-)rassistische Ideologie? In welchem Maße bestimmen durch Klassismus geprägte Werthaltungen unseren Umgang mit gesellschaftlichen Gruppen, etwa von Armut betroffenen Menschen, und lassen sich darin enthaltene Herrschaftsverhältnisse sichtbar machen und aufbrechen?

Diese Fragen begleiteten mich durch den gesamten Rechercheprozess und die langen Monate des Schreibens.

Wie über diese Geschichte schreiben?

Drei Herausforderungen waren es, die mich während der gesamten Projektarbeit beschäftigt und eine gewisse Unruhe in mir erzeugt haben. Da wären einmal die vielen Lücken in der Geschichte, die trotz aller Bemühungen nicht zu schließen waren. So wissen wir beispielsweise fast nichts über die Kindheit von Anna Lasser. Es gibt keine Aufzeichnungen dazu und niemanden mehr, der darüber Auskunft geben könnte. Auch über ihr Erwachsenenleben sind nur Informationen aus Gerichtsakten zu einem Scheidungsprozess zugänglich, daher ist nur ein sehr kleiner und spezifischer Ausschnitt nachvollziehbar. Vor allem aber können wir uns den vielen Monaten ihrer KZ-Haft, denen zudem ein Jahr Gefängnis vorausging – auch dazu gibt es kaum Dokumente –, nur über Umwege nähern.

In einer als Dokumentation angelegten Erzählung lassen sich diese Lücken nicht durch eigene Dichtung füllen. Mit Interpretationsvorschlägen und Vermutungen taste ich mich an eine mögliche Realität heran, vermeide aber vage Spekulation. Das Geschriebene soll in der Darstellung den tatsächlichen Ereignissen möglichst nahekommen. Dennoch wird nur ein kleiner Teil der Geschichte hier erzählt, insbesondere wenn es um die Nachkommen von Anna Burger geht, da auch die Persönlichkeitsrechte noch lebender Personen geschützt werden müssen.

Schließlich stellt sich die Frage der Parteilichkeit. Lange Zeit hielt sich in der Wissenschaft die Ansicht, objektives Schreiben sei möglich. Mit einer professionellen Distanz könne gänzlich unparteiisch eine Sachlage referiert werden. Es ist einer feministisch orientierten Wissenschaft zu verdanken, dass das Postulat der Unparteilichkeit infrage gestellt wurde: Allein die Themenwahl würde bereits viel über das Interesse der Schreibenden sagen und damit einen spezifischen (nicht: neutralen) Beitrag zur Auseinandersetzung in der Gesellschaft leisten. Es sei immer zu berücksichtigen, von welchem Standpunkt, welcher gesellschaftlichen Position ausgehend und damit aus welcher Perspektive jemand schreibt oder spricht – weshalb vorneweg stets die Umstände dargelegt werden sollen, die zur Beschäftigung mit einem Thema geführt haben, und warum dieses auf welche Weise bearbeitet wird. In dieselbe Kerbe schlägt der Satz, den ich im Frühjahr 2022 in einer Literaturempfehlung las: »Die Frage, wer es schreibt, prägt ein Buch mehr als der Gegenstand, von dem es handelt.«[7] Das heißt, dass der Blick der Autorin entscheidend dafür ist, wie die Geschichte bei dem Leser und der Leserin ankommt. Daraus leitet sich eine hohe Verantwortung ab. Welche Perspektive vermittle ich, welche Quellen ziehe ich heran und interpretiere ich, wo bringe ich mich als Autorin verstärkt ein?

Durch die Zusammenarbeit mit der Enkelin von Anna Burger, geb. Lasser, werde ich selbst Teil der Geschichte; ich trete in die Geschichte ein, lasse mich bewusst auf verschiedene Sichtweisen ein und entwickle eine eigene. Dennoch verfolge ich als Wissenschafterin den Anspruch, sämtliche Informationen kritisch und auf ihren Wahrheitsgehalt hin zu prüfen und ein möglichst umfassendes Bild einer Situation wiederzugeben.

Mögen sich nun die Leserin und der Leser auf die Geschichte von Siegrids Fahreckers Großmutter Anna Burger einlassen und sich ein eigenes Bild von den Geschehnissen machen.

Abbildung 1: Mutter Leopoldine, Anna (etwa zwei Jahre alt), die älteste Schwester Leopoldine, Annas Großmutter Laura Weber und Schwester Laura
Quelle: Privatarchiv Siegrid Fahrecker

Eine Kindheit in Kriegs- und Nachkriegszeiten

Die Suche nach den Puzzlesteinen

Aus Annas Kindheit sind genau zwei Fotos erhalten. Das eine ist ein Familienbild. Es zeigt nur den weiblichen Teil der Familie, dafür aber drei Generationen: Anna ist das kleine dunkelgelockte Mädchen vorn, flankiert von ihrer Mutter und ihrer Großmutter. Die beiden anderen sind ihre älteren Schwestern, Leopoldine und Laura. Sie alle posieren vor einer Fototapete, die eine Landschaft mit dem Stift Klosterneuburg zeigt. Die Familie Lasser war in Klosterneuburg beheimatet, der Hintergrund nimmt also auf den Wohnort Bezug.

Das Foto lässt nichts von der Armut, in der die Familie gelebt hat, erahnen. Im Gegenteil, die beiden Frauen tragen schöne Kleider. Alle fünf Abgebildeten haben sich für den Besuch beim Fotografen herausgeputzt und ihr bestes Gewand angezogen, das ist offensichtlich. Die zwei kleinen Mädchen halten Puppen in den Händen; ob ihnen diese auch gehörten? Vermutlich handelt es sich um Accessoires aus dem Fotostudio.

Das Foto wurde ungefähr im Jahr 1915 aufgenommen, da war Anna zwei Jahre alt. Und es herrschte Krieg. Dennoch leistete sich die Familie, zum Fotografen zu gehen; es muss ihr sehr wichtig gewesen sein. War der Vater vielleicht an der Front und das Bild sollte ihm eine Erinnerung an daheim sein? Dies mag seine Abwesenheit erklären. Warum die drei Brüder von Anna fehlen, muss unbeantwortet bleiben.

Mutter und Großmutter geben stattliche Personen ab, wenngleich sie im Gesicht mager wirken. Anna wird viele Jahre später in einem Brief, den sie in großer Not an ihre Mutter schreibt, auch ihre Großmutter grüßen lassen.

Abbildung 2: Klassenfoto aus der Volksschule Hermannstraße,
in der Bildmitte Anna Lasser
Quelle: Privatarchiv Siegrid Fahrecker

Des Weiteren befindet sich ein Ausschnitt eines Klassenfotos in der Familien-Schatztruhe. Es zeigt Schülerinnen der ersten Schulklasse. Das Mädchen, das die Tafel hält, ist Anna. Das Foto ist also frühestens 1919 aufgenommen worden. Wie ernst alle schauen, wirkt aus heutiger Sicht irritierend, doch damals war es nicht üblich, für den Fotografen zu lächeln. Auffällig im Vergleich zu den anderen Mädchen ist allerdings Annas selbstbewusster Blick.

Weitere Erinnerungsstücke oder Auskunftspersonen, die Aufschluss über die Lebensumstände in Annas Kindheit geben könnten, waren nicht auffindbar. Und Anna selbst hatte zu wenig Zeit mit ihrem Nachwuchs verbracht, um als Mutter im Gedächtnis ihrer Kinder zu bleiben. So hinterließ sie keine Erinnerungen, die Stefanie und ihre Geschwister hätten weitergeben können oder die ihnen Jahrzehnte später noch präsent gewesen wären.

Das Klassenfoto führte zur Idee, im Stadtarchiv in Klosterneuburg nach weiteren Belegen zu Annas Schulzeit zu suchen: Fotos, Zeugnisse, Nachweise des Schulbesuchs. Und würden eventuell historische Meldedaten etwas Licht ins Dunkel von Annas Kindheit bringen? In früheren Zeiten hatte man auf den Nachweisen zur Wohnadresse nicht nur den vorhergehenden Wohnort vermerkt, sondern noch weitere Angaben, etwa zu den Eltern oder zu den Eheleuten und Kindern, die an derselben Adresse gemeldet waren, außerdem die Zuständigkeit nach dem Heimatrecht und manches mehr. Auf den Meldekarten finden sich Wohnadressen über mehrere Jahre aufgelistet, es sind Familienzuwächse nachzuvollziehen und Vorstrafen der Gemeldeten vermerkt. Weitere Quellen, um die Familienverhältnisse etwas auszuleuchten, sind die Geburts- und Taufbücher wie auch Trauungsbücher der österreichischen Pfarreien, die mittlerweile online weltweit abrufbar sind.[8]

Mithilfe dieser und weiterer Quellen (Volkszählung 1910, Sterbebuch im Standesamt Klosterneuburg, Heimatschein im Standesamt Klosterneuburg, Zeitungsarchiv) konnten Hinweise auf die Lebensumstände in Annas Kindheit gesammelt werden. Puzzlestein fügte sich zu Puzzlestein – und so manche mündliche Überlieferung in der Familie musste korrigiert werden.

Hoffnungslose Schulkarrieren

Anna (geboren 1913) war das sechste Kind von Karl und Leopoldine Lasser. Die beiden ältesten Geschwister, Leopoldine (1902) und Anton (1905), brachte die Mutter (geborene Weber) noch vor der Ehe mit dem Vater aller ihrer Kinder zur Welt, sodass sie nach der Mutter Weber hießen. Der Name Weber kommt in den Dokumenten ab und zu vor, etwa wenn Friedrich Weber, Leopoldines Vater, als Vormund ihres ältesten Kindes genannt wird. 1907, als die Eltern die Ehe schlossen, war die Braut dreißig Jahre alt, der Bräutigam 26. Sie wohnten in der Wienerstraße in benachbarten Häusern.

Vater Karl Lasser war von Beruf Kutscher. Wo genau er arbeitete und ob er über die Jahre eine durchgängige Beschäftigung hatte, ist nicht bekannt. Nichts deutet darauf hin, dass Karl Lasser eine eigene Kutsche und ein Pferd besaß und somit Unternehmer war. Bereits Anfang der 1910er Jahre taucht der Hinweis Bierführer auf, dies wird ab 1924/25 seine Berufsbezeichnung. Das heißt, dass er primär für Gütertransporte zuständig war und eine körperlich anstrengende Arbeit verrichtete: Holzfässer stemmen, Anhänger be- und entladen. Mit seinem Fuhrwerk war Karl Lasser wohl täglich im Stadtbild anzutreffen. Er transportierte Bier, ein zu jener Zeit wichtiges Nahrungsmittel.

Ein Jahr nach der Hochzeit kam Sohn Karl zur Welt (1908), wieder ein Jahr später Tochter Laura (1909). Friedrich war Jahrgang 1911, und schließlich folgte Anna im Juni 1913.

Auffällig ist der vielfache Wechsel des Wohnortes. In der Zeit, als die Kinder schulpflichtig waren (1908–1927), lassen sich acht verschiedene Wohnorte der Familie nachweisen. Was genau den häufigen Wohnungswechsel verursachte, ist nicht überliefert; vermutlich war es für die Familie immer wieder schwierig, die Miete aufzubringen. Zumindest an der Adresse Agnesstraße 40 war vom Herbst 1918 bis Frühjahr 1920 nur Karl Lasser gemeldet, Leopoldine war mit den Kindern in der Wienerstraße 8 geblieben; das bedeutet, dass Karl zumindest eineinhalb Jahre von der Familie räumlich getrennt lebte. Die Wohngegend der Eltern deutet darauf hin, dass Anna in sehr beengten und der Gesundheit abträglichen Verhältnissen aufwuchs. 1926 hatte sich Karl Lasser das Heimatrecht in Klosterneuburg »ersessen«, so das Protokoll der Gemeinderatssitzung vom 19. April 1926. Bis dahin lag die Heimatberechtigung der Familie Lasser in Höflein an der Donau.

Die Wohnungswechsel zogen nicht automatisch einen Schulwechsel der Kinder nach sich, dennoch besuchten sie im Laufe der Zeit mehrere Schulen: Leopoldine begann ihre Schullaufbahn noch in der Stiftsschule in Klosterneuburg. Mit dem Schuljahr 1910/11 wechselte sie in die allgemeine und öffentliche Volksschule in der Langstögergasse 15, wo auch Bruder Anton seine Schulpflicht antrat. Spätestens ab dem Schuljahr 1917/18 besuchten die Geschwister bis auf eines die allgemeine Volksschule in der Hermannstraße 11. Ab dem Schuljahr 1924/25 gingen die noch schulpflichtigen Kinder Friedrich und Anna auf die Volksschule am Stiftsplatz in Klosterneuburg.

Von den Schulkarrieren der Kinder lassen sich indirekt Rückschlüsse auf ihr Aufwachsen ziehen. Für die drei jüngsten Kinder konnten Schulorte, -klassen und Lernfortschritt lückenlos nachverfolgt werden – sie zeichnen ein Bild von Armut und Krankheit und zeigen die Auswirkungen des Ersten Weltkriegs auf ökonomisch benachteiligte Familien.

Gut möglich, dass Anna bereits ein schlechter Ruf vorausgeeilt war, als sie als sechstes der Lasserkinder im Herbst 1919 ihre Schulpflicht in der Hermannstraße antrat. Bereits im ersten Halbjahr wurde sie »wegen der vielen Versäumnisse nicht beurteilt«. Zumeist war ein K für krank vermerkt, die Fehltage summierten sich bis zum Schulschluss Mitte Juli 1920 auf 117, allesamt entschuldigt. Das Urteil der Klassenlehrerin: »Schwachsinnig, nicht reif!« Bis auf Religion (Note 4) schloss Anna alle fünf Notenfächer mit Nicht genügend ab (Note 5). Sie musste die erste Klasse Volksschule wiederholen – und das insgesamt viermal. Die versäumten Tage blieben die ersten Jahre hoch, es gab nun auch vermehrt unentschuldigtes Fernbleiben. Erst im vierten und fünften Jahrgang reduzierten sich die Fehltage auf tragbare 55 bis 21. Das schlug sich in den Noten nieder, die sich sukzessive besserten. Als Anna nach fünf Jahren erste Klasse an die Schule am Stiftsplatz wechselte, gab es im Übertrittzeugnis für die insgesamt acht Gegenstände ausschließlich gute und sehr gute Beurteilungen.

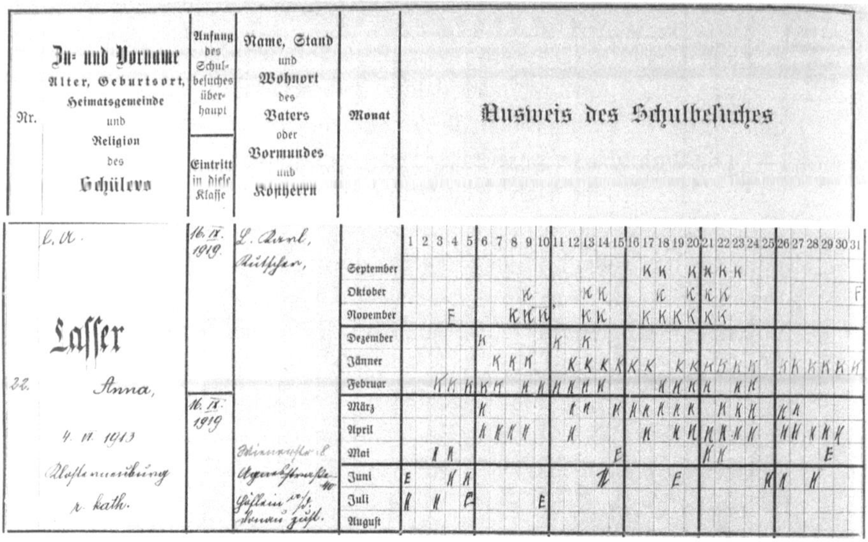

Abbildung 3: Fehltage von Anna im ersten Schuljahr 1919/20 aufgrund von Krankheit
Quelle: Stadtarchiv Klosterneuburg

Das »sittliche Betragen« wurde die gesamte Schulzeit nicht beanstandet, ihr Fleiß die ersten Jahre mit der Note Vier und zuletzt mit der Note Eins beurteilt. Zweimal in den fünf Jahren Hermannstraße wurde Anna jedoch verwarnt und zweimal angezeigt, was Geldstrafen nach sich zog, die auch in Arreststunden oder Arbeit abgegolten werden konnten. Weshalb sie bestraft wurde und wer die Strafen verhängte, geht aus den Unterlagen nicht hervor. Zudem ist Anna unter jenen angeführt, denen Armenbücher ausgegeben wurden: einmal war es ein Lesebuch (retourniert), davor ein Rechenbuch (Vermerk: zerrissen).

Mit dem Wechsel an die Schule am Stiftsplatz stieg Anna in die nächste Klasse auf. Sie hatte wenige Fehltage zu verzeichnen und kein Nicht genügend im Zeugnis – der Start hier verlief also besser. Das änderte sich im Jahr darauf in der dritten Klasse Volksschule, in der sie abermals zahlreiche Fehltage (66 Tage) aufwies und pro Halbjahr auch drei Nicht genügend, darunter in Deutsch und in Rechnen. Die vierte Klasse Volksschule war Annas letztes Schuljahr, in dem sie lediglich 16 Fehltage hatte; auch die Noten im letzten Zeugnis waren bis auf ein Nicht genügend in Heimatkunde respektabel. Lediglich bei Betragen und Fleiß hatte sie in diesem Jahr die schlechteste Bewertung – vermutlich fühlte sie sich unter ihren Mitschülerinnen, die mehrheitlich mindestens vier Jahre jünger waren, als Pubertierende fehl am Platz. Am 4. Juni 1927, ihrem 14. Geburtstag, trat Anna aus der Schule aus.

Von den Lasserkindern tat sich nicht nur das Jüngste äußerst schwer in der Schule. Die Schulkarrieren von Laura und Friedrich, vier bzw. zwei Jahre älter als Anna, zeigen ein ganz ähnliches Bild: Laura besuchte die erste Klasse Volksschule mindestens dreimal, wobei ihr rasch beschieden wurde, »stupid und faul!« zu sein. In die zweite Klasse ging sie ebenfalls drei Jahre und beendete schließlich die Schulpflicht in der dritten Klasse Volksschule. Auch bei Laura häuften sich die Fehltage, sodass sie mehrmals nicht beurteilt werden konnte. Anzeigen und relativ hohe Strafen, einmal bis zu 400 Kronen (4 Tage), zeugen von einem schwierigen Schulalltag. Im Schulkatalog 1921/22 war ein kleiner handschriftlicher Zettel eingelegt, der sich nicht restlos, aber ausreichend entziffern ließ: »Laura Lasser, 12 Jahre, war mit … [unleserlich] (Mundfäule) durch 14 Tage Schul besuchsunfähig.« Das heißt, eine Ursache für Lauras Fehltage war eine ansteckende Erkrankung von Mundschleimhaut und Zahnfleisch, verursacht durch Herpesviren. Dies lässt auf Mangelernährung und ein schwaches Immunsystem schließen, wodurch die Kinder anfällig für Krankheiten waren.

Fehltage wegen Krankheit, strenge Verwarnungen und hohe Strafen begleiteten auch den Schulalltag von Friedrich. In einem der ersten Schuljahre wurde er im ersten Halbjahr durchwegs mit Nicht genügend benotet; im zweiten Halbjahr beschied man ihm, »wegen Krankheit (Schwachsinn) nicht klassifizierbar« zu sein. Insgesamt fünfmal musste er in der ersten Klasse die Schulbank drücken. Auch Friedrich kam über den Besuch der Volksschule nicht hinaus und beendete wie Anna die achtjährige Schulpflicht in der 4. Klasse, in die er »altershalber aufgestiegen« war, wie im Katalog festgehalten wurde.

Zu den ältesten Geschwistern Leopoldine, Anton und Karl wurden die Schulkataloge nur stichprobenartig gesichtet, doch die Eindrücke gleichen sich, insbesondere was die Brüder anbelangt:

hohe Anzahl an Fehltagen, mangelnder Fleiß, insgesamt schlechte Schulnoten, zahlreiche Klassenwiederholungen.

Wie lassen sich diese enormen Schwierigkeiten von Anna und ihren Geschwistern in der Schule erklären? Wie die zahlreichen Krankmeldungen, die zumeist Grund der Fehltage waren? Was sagen sie über die allgemeinen Bedingungen des Aufwachsens aus? Welche Bedeutung umfasste Anfang der 1920er Jahre die Zuschreibung ›schwachsinnig‹?

Es ließ sich nicht klären, ob die Erwähnung ›schwachsinnig‹ bei den Kindern der Familie Lasser auf eine tatsächliche intellektuelle Beeinträchtigung hinweist. Eine ärztliche Diagnose dazu scheint in den Unterlagen nicht auf. ›Schwachsinnig‹ war Anfang des vorigen Jahrhunderts noch ein gängiges Wort, um eine mindere Intelligenz oder angeborene Intelligenzschwäche zu benennen. Schwachsinn als Krankheit, wie im Schulkatalog bei Anna festgehalten, sah einen Mangel an Empfindung und Verstand als vermutlich ererbte Eigenschaft an. Mit ›schwachsinnig‹ ließ sich aber auch die soziale Position der Kinder armer Eltern pauschal festschreiben.

Sollte tatsächlich eine Beeinträchtigung vorgelegen haben, war das Umfeld, in dem Anna und ihre Geschwister aufwuchsen, nicht darauf angelegt, diese Schwächen auszugleichen. Keine ausreichende Kleidung, Mangelernährung, unhygienische und beengte Wohnverhältnisse führten nicht selten zu Erkrankungen wie Rachitis; auch Tuberkulose war als »Armenkrankheit« verbreitet. Die zahlreichen Fehltage legen diese schwierigen Bedingungen nahe. Durchaus möglich auch, dass manche Abwesenheit von der Schule nicht krankheitsbedingt war, sondern die Kinder einfach im Haushalt gebraucht wurden, wer weiß das schon. Oder sie mussten wie viele Kinder früh zum Haushaltseinkommen beitragen: bei den Bauern und Winzern in der Umgebung schuften, in einem fremden Haushalt mithelfen, daheim auf die jüngeren Geschwister aufpassen. Kindheit nach unserem heutigen Verständnis gab es nicht, die Kinder »liefen einfach mit«. Bildung konnte in armen Familien oft keine Aufmerksamkeit geschenkt werden; sie galt als unerreichbarer Luxus, der Schulbesuch der Kinder als lästige Pflicht.

Die Lasserkinder waren nicht die einzigen Schüler:innen mit Problemen. Allein auf den Seiten der Schulkataloge, auf denen über sie Buch geführt wurde, gab es immer wieder auch andere Kinder, die eine hohe Anzahl an Fehltagen aufwiesen, schlechte Noten erhielten und eine Klasse wiederholen mussten, weil sie als unreif galten – ein weiterer Hinweis für eine generelle Deklassierung von Kindern aus ökonomisch schlecht gestellten Haushalten von Klosterneuburg, die mit den Anforderungen der Schule nicht zurechtkamen; den Eltern fehlten oft Zeit und Energie, sich um die Schulnoten ihrer Kinder zu kümmern. Die Reformbestrebungen des »Roten Wiens« der Zwischenkriegszeit, für die neben moderner Sozialpolitik und Wohnbau insbesondere die Schulreform nach Otto Glöckel ein wesentlicher Pfeiler war[9], stießen im benachbarten, ab 1922 wieder christlich-sozial regierten Klosterneuburg vermutlich auf wenig Anerkennung. Vielmehr ist davon auszugehen, dass »das traditionelle Schulsystem mit seinen von Staat und Kirche dominierten ›Drillschulen‹«[10] noch vorherrschend war.

Schule war für arme Kinder zumeist kein Ort, an dem sie sich beweisen oder Selbstbewusstsein tanken konnten. Die Rahmenbedingungen für sie, die zu Hause oft keine Unterstützung erfuhren, waren denkbar ungünstig: Klassengrößen mit rund vierzig Kindern waren üblich, oft wurden mehrere Jahrgänge in einem Raum unterrichtet. Eine individuelle Förderung der Kinder sah das Schulsystem nicht vor. Sehr wahrscheinlich, dass das Lehrpersonal sich nicht ausgerechnet auf jene Schüler:innen konzentrierte, die zum wiederholten Male eine Schulstufe besuchten und deren Geschwister ebenfalls wenig Erfolg vorweisen konnten.

Wenn die Not immer größer wird

Historische Meldedaten geben nicht nur über Wohnorte Auskunft, sondern beinhalten noch viele weitere Informationen – wie etwa auch Vorstrafen. Bei den Eltern von Anna enthüllen sie, dass beide in ihrer Jugend bereits mit dem Gesetz in Konflikt geraten waren und wohl auf diese Weise einen Weg aus der Armut suchten. Bei Vater Karl, Jahrgang 1881, reichen die Verurteilungen in die 1910er und 20er Jahre zurück und umfassen zwölf Stunden Arrest (für Diebstähle minderer Art, mindere Veruntreuungen und Betrügereien) bis hin zu drei Wochen Kerker wegen Weglegung eines

Kindes im Jahr 1921 (nähere Umstände dieser Straftat sind nicht bekannt). Auf Leopoldine Lassers Meldekarte waren sechs Strafen im Zeitraum 1897 bis 1931 mit relativ hohen Strafausmaßen verzeichnet, nämlich von zweimonatiger Kerkerhaft bis hin zu sechs Monaten schwerer Kerker; alle Strafen im Zusammenhang mit Betrug, zumeist ging es um höhere Beträge. Infolge der Verurteilungen konnte sich die Mutter mehrmals für längere Zeit nicht um ihre noch kleinen Kinder kümmern.

Soweit einige Themenfelder, die die näheren Umstände von Annas Aufwachsen zu kontextualisieren versuchen. Zu Anfang des 20. Jahrhunderts war das Leben für den Großteil der Bevölkerung vom heutigen Wohlstand meilenweit entfernt. Das galt besonders für Gegenden mit einer rasch wachsenden Bevölkerung, wie dies für Klosterneuburg und Umgebung ab den letzten Jahrzehnten des 19. Jahrhunderts der Fall war und auch auf das benachbarte Wien, Reichshauptstadt der österreichisch-ungarischen Monarchie, zutraf, von wo ein starker Zuzug nach Klosterneuburg erfolgte: Zählte Klosterneuburg 1869 gut 5300 Einwohner:innen, waren es zur Jahrhundertwende mehr als doppelt so viele und zehn Jahre später, 1910, an die 15000 Einwohner:innen.[11] Der rasche Bevölkerungszuwachs brachte gravierende kommunalpolitische Herausforderungen mit sich, beispielsweise den Ausbau der Infrastruktur, der Energie- und Wasserversorgung, der Kanalisation, aber auch des Schul- und Krankenversorgungswesens. Vor allem aber musste Wohnraum für den enormen Zuzug geschaffen werden. Parteipolitische Grabenkämpfe zwischen Christlichsozialen, Sozialdemokraten und Deutschliberalen verhinderten jedoch zunehmend lösungsorientierte Sachpolitik. Neuwahlen, die einer Pattstellung in wesentlichen Fragen ein Ende bereiten sollten, konnten nicht mehr abgehalten werden: Der Erste Weltkrieg begann.

Damit vervielfachten sich die (finanziellen) Probleme für die Stadt Klosterneuburg und letztendlich auch für die Bevölkerung. Die anfängliche Kriegseuphorie, welche auch in Klosterneuburg herrschte, verflog bald. Der Mangel an Lebensmitteln und sonstigen Dingen des täglichen Bedarfs (vor allem an Heizmaterial), fehlende Arbeitskräfte und nicht zuletzt die stetig steigende Zahl von Verwundeten und Invaliden führten zur Verarmung breiter

Abbildung 4: Brotverkauf am Stadtplatz um 5:30 Uhr früh, Klosterneuburg 1915
Quelle: Stadtarchiv Klosterneuburg

Bevölkerungsschichten und zur Verelendung derjenigen, die zuvor schon wenig gehabt hatten.

Die Stadt versuchte entgegenzusteuern, etwa durch die Ausgabe von Lebensmittelkarten (zuerst für Brot und Mehl, später für Kartoffeln und Fleisch) und durch Rationierung von Kohle ab Herbst 1917, doch konnte Verteilungsgerechtigkeit nicht durchgesetzt und die Ausbreitung eines Schwarzmarktes nicht verhindert werden. Die Einrichtung einer Kriegsküche (zur Ausgabe von erschwinglichen Mahlzeiten) und von drei Wärmestuben, die wohl nur punktuell Leid mildern konnten, sind Ausdruck der grassierenden Not, die sich auch in einer Zunahme von Eigentumsdelikten bemerkbar machte.

Dieses Klima sozialer, politischer und wirtschaftlicher Verwerfungen prägte die ersten Lebensjahre von Anna, die im Sommer 1913, also ein Jahr vor Kriegsausbruch, auf die Welt kam. Die Jahre nach dem Ersten Weltkrieg waren weiterhin von Hunger,

Arbeitslosigkeit und Wohnungsnot, Chaos und Unsicherheit bestimmt. Die dramatische Versorgungslage, gekennzeichnet durch Wirtschaftskrise, Arbeitslosigkeit und Verelendung breiter Bevölkerungsschichten, bewirkte eine rasche Verschärfung der sozialen Spannungen in der fortwährenden Auseinandersetzung der politischen Parteien in den 1920er Jahren. Eine neue Partei, die NSDAP, etablierte sich in Klosterneuburg früh und präsentierte sich besonders aggressiv. Bereits 1924 errang sie ein Gemeinderatsmandat, bei den Wahlen 1929 sechs Mandate und stellte damit einen Vizebürgermeister. Die Polarisierung zwischen den beiden Großparteien im Klosterneuburger Gemeinderat, Christlichsoziale und Sozialdemokraten, verschärfte sich zusehends.

Mit der Ausschaltung des österreichischen Parlaments im März 1933 war als eine der ersten Maßnahmen die Aufhebung der bürgerlichen Grundrechte auf Versammlungsfreiheit und freie Meinungsäußerung verbunden; der sozialdemokratische Schutzbund wurde aufgelöst und in die Illegalität gedrängt. Kurz darauf wurden die Kommunistische Partei und die NSDAP verboten, im Februar 1934 erfolgte die Auflösung der Sozialdemokratischen Partei.

Inwieweit Anna diese politischen Verwerfungen als gut Zwanzigjährige mitverfolgte, ob sie politisch interessiert oder aktiv war, dazu gibt es keine Hinweise in Dokumenten oder familiären Überlieferungen.

Die Weichen werden gestellt

Wie es Anna in den Jahren nach Beendigung der Schulpflicht 1927 erging, bleibt unklar; es fehlen jegliche Unterlagen zu dieser Zeit. Sie hat vermutlich von einem guten Leben geträumt, vom Ende der Armut, von Geborgenheit und Frieden, vielleicht auch von der großen weiten Welt. Doch es kam anders – aber der Reihe nach.

Die sozialen und politischen Verhältnisse zeichnen in den ausgehenden 1920er und beginnenden 1930er Jahren eine schwierige Situation. Eindrücklich zeigt dies ein Blick auf die Wohnverhältnisse wohl großer Teile der Klosterneuburger Bevölkerung, den eine Reportage aus Armenvierteln Anfang der 1930er Jahre erlaubt:

Eine Serie in der *Neuen Klosterneuburger Zeitung* im Sommer 1932 nahm die Leser:innen mit auf einen Streifzug »Durch Klosterneuburgs Quartiere der Not und des Elends«, so der Titel. Dass die enorme Wohnraumknappheit, fehlende Kanalisation, Gas- und Trinkwasserversorgung der Haushalte bis Ende der 1920er Jahre ein ungelöstes Problem blieben, wird hier deutlich. Eine der aufgesuchten Adresse befand sich in der Bachgasse. Dort, im Haus Nr. 3, wohnte Anna zu Beginn und gegen Ende der 1930er Jahre. Unter den geschilderten Verhältnissen dürfte demnach auch sie gelebt haben.

Hier ein Ausschnitt aus der Reportage vom Mittwoch, 24. August 1932, übertitelt mit: »Ein Besuch in der Bachgasse«.

> Ein uraltes Haus. Über eine schmale Steinstiege erklimmen wir das erste Stockwerk. Ein Gewirr von schmalen engen Wohnungstüren. Endlich finden wir den von uns Gesuchten. Freundlich grüßend, bittet er uns einzutreten.
> Was wir sehen – das ist a u c h eine Wohnung. Ein Raum, »Zimmer« genannt, in dem die Bewohner das Kunststück zusammen-

> gebracht haben, denselben als Schlafzimmer, Wohnzimmer und Küche auszugestalten.
>
> Ein Fenster, das eine direkte Belichtung von außen eigentlich nicht zuläßt, führt auf einen schmalen Gang, auf dem sich auch die Eingangstür zu diesem Zimmer befindet. Der Gang selbst ist nach außen durch eine dünne Holzwand gegen das Freie »geschützt«. Ein sogenanntes Fenster ist natürlich auch vorhanden. In diesem Raum haust eine Familie. Junge Leute, Mann, Frau und zwei Kinder im Alter von drei Monaten und vier Jahren – der Mann ist arbeitslos …
>
> Er bezieht eine wöchentliche Unterstützung von 17 Schilling. Wenn er diese 17 Schilling dazu verwenden könnte, daß er sie auf Nahrungsmittel für seine Familie ausgäbe, dann wäre er schon glücklich. Aber davon muß er zehn Schilling allein für den Mietzins pro Woche weglegen, dann muß er das Wasser zahlen, ebenso das Licht. So bleiben ihm als Kostgeld für eine vierköpfige Familie beiläufig wöchentlich vier Schilling, das ist für den Tag 57 Groschen! […]

In der unmittelbaren Nachbarschaft befinden sich die Hundskehle, die Kreutzergasse, die Hofkirchnergasse, die Schrannengasse und die Anfänge der Wiener Straße; auch die Albrechtstraße und die Anfänge der Kierlingerstraße sind nicht weit – Adressen, an denen Anna in den 1930er Jahren gemeldet war. Damit ist eine Gegend abgesteckt, in der »Quartiere der Not und des Elends« vorherrschten. Die gesamte soziale Umgebung Annas war also – wie schon in der Kindheit – von Armut geprägt.

»Die Zeit des ›Ständestaates‹« (1933–1938) war – wie Gustav Spann[12] schreibt – »auch in Klosterneuburg gekennzeichnet von einer zunehmenden Verelendung der Unterschichten«. Die alleinige politische Macht lag bei der Vaterländischen Front und ihren Zweigorganisationen. Dem Elend der ärmeren Schichten konnte in der Zeit nur punktuell die Spitze genommen werden. So wurde beispielsweise im Jänner 1938 eine allgemeine Ausspeisung für die Klosterneuburger Bevölkerung, die besonders in den Wintermonaten mit einer schwierigen Versorgungslage zu kämpfen hatte, eingerichtet. Auch das Stift unterstützte diese Aktion und stellte rund dreißig Kindern für den Zeitraum von zwei bis drei Monaten täglich eine Mittagsmahlzeit zur Verfügung.[13] Von solchen Essensausgaben durch die Ordensschwestern in der Martinstraße erzählte viele Jahrzehnte später Siegrid Fahreckers Mutter Stefanie Cudy.

Über Annas unmittelbare Lebensumstände lassen sich erst ab 1930 wieder vage Aussagen treffen, und zwar anhand von Meldedaten zu Anna und den in ihr Leben am meisten involvierten Personen. Interessant ist etwa der Blick auf die bei Anna genannten Berufsbezeichnungen. 1931 wird Haushaltsgehilfin angegeben, 1933 lautete der Eintrag Kindermädchen.

Zu diesem Zeitpunkt war sie selbst bereits Mutter; ihr Sohn Leopold wurde – wie damals bei unverheirateten Müttern häufig der Fall – von den Großeltern betreut. Laut gerichtlichen Unterlagen (siehe dazu die folgenden Kapitel) arbeitete Anna in der zweiten Hälfte der 1930er Jahre in der Klosterneuburger Spinnerei & Weberei. Später, als verheiratete Frau, finden sich bei ihr die Einträge Haushalt oder »privat«.

Im Jahr 1930, für das der erste erhalten gebliebene Meldezettel unter ihrem Namen existiert, war Anna 17 Jahre alt und lebte bei ihren Eltern. Im Frühjahr 1931 war sie vorübergehend in Wien II am Volkertplatz gemeldet, vermutlich arbeitete sie dort als Hausgehilfin. Bald kehrte sie wieder zu den Eltern zurück. In die erste Hälfte der 1930er Jahre fielen auch die Geburten ihrer beiden unehelichen Kinder, Leopold und Stefanie. Deren Vater war Leopold Wannemacher, Jahrgang 1912 und von Beruf Bäcker.

Die Meldedaten belegen, dass Anna und Leopold für längere Zeit ein Paar waren und zusammenwohnten, wenngleich nicht durchgehend. Auffallend sind die wiederholten Wohnungswechsel, noch häufiger, als dies in Annas Kindheit der Fall war. Über die Gründe kann nur spekuliert werden, sie stehen vermutlich mit den finanziellen Verhältnissen der beiden in Zusammenhang. Wie im vorhergehenden Abschnitt beispielhaft dargestellt, prägten ärmliche Wohnungen bis hin zu Elendsquartieren und eine schlechte Wohninfrastruktur die Gegend, in der Anna meist lebte.

Auffallend ist auch, dass der Kindsvater zum Zeitpunkt der Geburt beider Kinder nicht mit Anna zusammenlebte. Als Anna am 17. Oktober 1932 den Erstgeborenen Leopold zur Welt brachte, lebte sie bei ihren Eltern. Bei der Geburt von Stefanie am 21. Juni 1934 waren Anna und Leopold bereits kein Paar mehr. Es ist davon auszugehen, dass sie spätestens Mitte April 1934 endgültig getrennte Wege gingen.

Zwischenzeitlich war einiges vorgefallen, was die Beziehung der beiden vermutlich belastete. Anhand der Meldedaten von Anna Lasser und Leopold Wannemacher ließ sich eruieren, dass beide am 11. Oktober 1933 am Landesgericht Wien II zu einer längeren Haftstrafe verurteilt worden waren: Leopold Wannemacher zu drei Monaten schwerem Kerker und Anna Lasser zu drei Monaten strengem Arrest. Was genau die beiden sich zuschulden kommen ließen und wo und wann, würde sich nur mithilfe des Strafakts eruieren lassen, der allerdings nicht erhalten geblieben ist. Die angegebenen Paragrafen erlauben zumindest eine Annäherung an die Tat: Diebstahl eines höheren Betrags, und zwar »während einer Feuersbrunst, Wassernoth, oder eines anderen gemeinen oder dem Bestohlenen insonderheit zugestoßenen Bedrängnisses«; so Paragraf 174 IIa StG, der vermutlich für die Höhe der Strafe ausschlaggebend war. Deutlich wird auch: Leopold war der Haupttäter, Anna wurde als »Mitschuldige und Theilnehmer an Verbrechen« (§ 5) geführt, was auch am unterschiedlich hohen Strafausmaß ersichtlich ist. Schließlich verrät die Meldekarte, dass sie die Strafe bedingt erhielten, bei beiden jedoch der Aufschub widerrufen wurde: bei Wannemacher am 6. Dezember 1933, bei Anna am 15. März 1934. Zu diesem Zeitpunkt war Anna hochschwanger. Dass an der Adresse Agnesstraße 26 eine Wohnsitzmeldung für Anna für den 15. April 1934 vorliegt, lässt vermuten, dass sie erst nach der Geburt ihrer Tochter Stefanie die Haft antreten musste.

Die gemeinsame Tat und beider Verurteilung war möglicherweise der letzte Anstoß für die endgültige Beendigung der Beziehung, die davor schon mehrmals örtliche Trennungen aushalten musste. Laut familiärer Überlieferung sollen Annas Eltern gegen eine Heirat der beiden gewesen sein. Möglich aber auch, dass Wannemacher die Beziehung beendete. Denn bereits im Jänner 1935, keine acht Monate nachdem Anna die gemeinsame Tochter Stefanie auf die Welt gebracht hatte, heiratete Wannemacher eine andere Frau. Im darauffolgenden Monat gebar ihm eine weitere Frau, mit der Wannemacher zwischen Anna und seiner zukünftigen Ehefrau liiert war, einen Sohn.

Erst spät im Laufe des Buchprojekts gesichtete Akten, die mir schlussendlich über die Wiener Kinder- und Jugendhilfe zugänglich wurden[14], erlauben eine Ahnung, in welcher wirtschaftlichen Not Anna in den frühen 1930er Jahren war, und auch, wie ihre privaten Verhältnisse zunehmend schwieriger wurden. Der Pflegschaftsakt zum Erstgeborenen Leopold beginnt mit einem Eintrag vom 21. Februar 1933. Ein Vermerk hält fest, dass Leopold Wannemacher im Amt vorstellig wurde und bekannt gab, er werde am folgenden Montag die Kindsmutter heiraten. Durch die Übersiedlung aus dem Sprengel der Martinspfarre in den Sprengel der Stiftspfarre kam es jedoch zu einer Verzögerung der Eheschließung um mehrere Wochen, wie eine weitere Notiz festhält. In dieser Zeit wurde die Beziehung brüchig – weshalb es schließlich nicht mehr zu einer Heirat kam. Am 4. Mai 1933 teilte Anna dem Amt mit, dass der Kindsvater sie nun schon zum zweiten Mal verlassen habe, dass sie ohne Wohnung sei und das Kind vorderhand bei der Schwester des Kindsvaters lebe.

Die Monate davor waren alles andere als einfach; ein zusammenfassender Bericht in der »Vormundschaftssache des mj. Leopold Lasser« hält fest: »Schon zur Zeit der Geburt des Kindes führten die K. E. [Kindseltern] in einem kleinen Wohnraum in der Statzengasse 2 einen armseligen, unsauberen Haushalt. Der K. V. [Kindsvater] war damals arbeitslos.« Am 28. Februar 1933 wurden Anna und Leopold delogiert und waren nun mit dem Kind obdachlos. Hier fand sich Leopolds Vater bereit – sein Sohn und Anna standen unmittelbar vor der Eheschließung –, den Zins für eine neue Wohnung aufzubringen. Anna und Leopold bezogen am Rathausplatz 7 »ein feuchtes Kabinett in Untermiete«. Nach der oben bereits erwähnten Trennung versöhnten sich die beiden wieder und »bezogen eine ganz enge Kammer in der Martinstraße 63«. Gemäß der Einträge im Pflegschaftsakt muss es bereits Herbst gewesen sein, als die Kindseltern ihren gemeinsamen Haushalt aufgaben und Anna mit dem Kind zu ihren Eltern in die Statzengasse 2 in Klosterneuburg zog. Nach kurzer Zeit wurde ihr jedoch von ihrem Vater die Tür gewiesen. »Sie wohnte dann mit dem Kind in der Martinstraße 82 bei Forman zu Bett und lebte von den Alimenten des K. V. [Kindsvater] (Abzug der A. U. [Arbeitslosenunterstützung]) und von öffentlichen und privaten Unterstützungen«, so das Amtsdeutsch weiter. Da die Vermieterin Anna bald aber nur noch ohne Kind bei sich behalten wollte und der Kindsvater seine dreimonatige Haftstrafe (von ihr war weiter oben bereits die Rede) antreten musste, blieb Anna nichts anderes übrig, als ihr Kind in fremde Pflege zu geben – und trotz zahlreicher Bemühungen sollte es ihr bis Herbst 1939 nicht mehr gelingen, ihren Sohn Leopold (und bald darauf auch die Zweitgeborene, Stefanie) in ihre Obhut zu bekommen. Zuerst kam Leopold als gut Einjähriger zu einer Frau Schröder in der Albrechtstraße. »Die Kindsmutter ersucht, ihr das Kind einmal für zwei Stunden zu überlassen«, lautet im März 1934 ein Eintrag der Fürsorge. Nach vier Monaten, Anfang April 1934, nahm Annas Mutter das Kind zu sich (zu der Zeit hatte sie bereits zwei Kinder von Annas Schwester Laura in Pflege).

Davor schon wie auch in den Folgejahren versuchten beide Elternteile, den kleinen Leopold zu sich zu nehmen. Doch bei beiden ließen die persönlichen Umstände es nicht zu. »Das Kind kann nun der K. M. [Kindsmutter] so lange nicht wieder in Pflege gegeben werden, als sie nicht eine ständige Wohnung und ein halbwegs gesichertes Einkommen hat« – so hieß es in dem bereits zitierten (leider undatierten) zusammenfassenden Bericht. Mehrfach wurde Leopold Wannemacher sein Einkommen bzw. seine Arbeitslosenunterstützung gepfändet, immer wieder war er mit den Unterhaltszahlungen im Rückstand. Je älter das Kind wurde (und womöglich auch: je öfter sich die Bemühungen, das Kind zu sich zu nehmen, zerschlugen), desto mehr sank die Bereitschaft, vom kargen Auskommen an die »Pflegeparteien« des Kindes abzugeben. Mehrfach heißt es im Akt, Wannemacher sei auf dieser oder jener Baustelle in Arbeit – er verdingte sich bei unterschiedlichen Arbeitgebern als Hilfsarbeiter, in seinem erlernten Beruf Bäcker war er in dieser Zeit nie tätig –, zahle aber keine Alimente. Der Kindsvater wiederum ersuchte immer wieder um Aufschub der Zahlungen.

Zudem gönnten sich die Elternteile gegenseitig nicht, das Kind bei sich zu haben. Bald nach Wannemachers Eheschließung im Jänner 1935 mit Karoline D. bemühte sich Leopold um seinen gleichnamigen Sohn. Anna ließ umgehend mitteilen, sie würde der Übergabe des Kindes auf keinen Fall zustimmen, es sei bei der Großmutter gut untergebracht. Im Herbst des Jahres 1935 war es Anna, die um die Obsorge ihres Sohnes Leopold wie auch ihrer Tochter Stefanie ansuchte. Auch sie war mittlerweile verheiratet, ihr Mann habe die letzten 17 Wochen gearbeitet, zudem sei er mit der Übernahme der Kinder einverstanden, teilte sie dem Amt mit. Nach dem Hausbesuch der Fürsorge stellte diese jedoch fest, dass Anna mit ihrem Mann »einen kleinen, düsteren, feuchten Raum« bewohne. Kurz darauf zog Anna ihren Antrag auf Übernahme der Kinder in Eigenpflege zurück. Sie behielt sich vor, den Antrag neuerlich zu stellen, sobald sich ihre Verhältnisse gebessert hätten.

Soweit zu Annas schwierigen Verhältnissen, wie sie der Pflegschaftsakt zu ihrem Sohn Leopold wiedergibt.

Wenige Monate nach Wannemachers Heirat verehelichte sich auch Anna. Am 1. Mai 1935 heiratete sie Karl Burger in der Klosterneuburger Pfarrkirche St. Martin. Und nicht einmal ein halbes Jahr später, im September 1935, verfasste sie ein Testament – da war sie gerade einmal 22 Jahre alt.

Das Testament ist das früheste erhalten gebliebene schriftliche Zeugnis von Anna. Und es wirft viele Fragen auf: Was veranlasste eine so junge Frau zu einem Testament? Warum hatte sie derart Sorge um ihre Kinder? Aber auch: Welche Rückschlüsse lässt dieses Schreiben auf die junge Ehe Annas zu?

> Klosterneuburg, am 21. September 1935. Mein letzter Wille ist, dass meine Kinder meiner Mutter als eigen zugesprochen werden, denn ich will nicht haben, dass sie in die Hände einer fremden Person kommen. Mit letztem Gruß, die Mutter von Poldi und Steffi, Anna Burger[15]

Beide Kinder lebten zum Zeitpunkt, als Anna diese Zeilen schrieb, längst bei Annas Eltern: Leopold wie auch Stefanie waren spätestens ab November 1934 bei den Großeltern gemeldet, da war Leopold zwei Jahre und Stefanie fünf Monate alt. Die Ehe von Anna und Karl verlief von Beginn an schwierig – davon wird in den folgen-

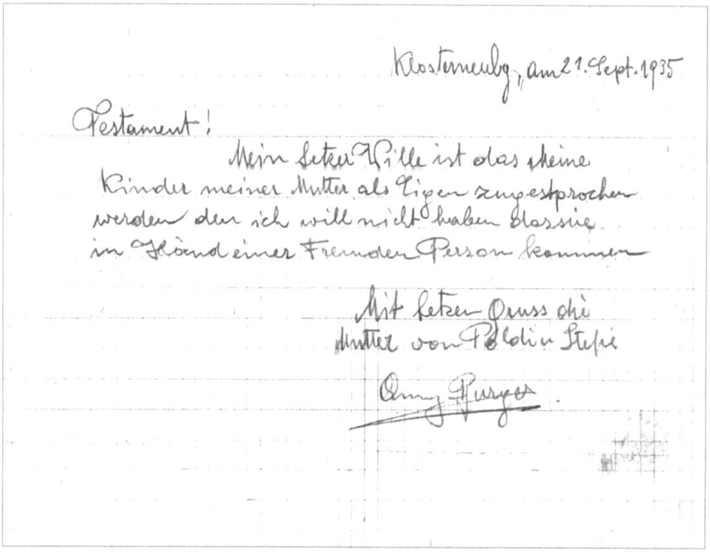
Klosterneuburg, am 21. Sept. 1935

Testament!

Mein letzter Wille ist das meine Kinder meiner Mutter als Eigen zugesprochen werden den ich will nicht haben das sie in Händ einer Fremden Person kommen

Mit letzen Gruss die Mutter von Poldi u. Stefi

Anny Burger

Abbildung 5: Testament, verfasst von Anna Burger im Alter von 22 Jahren
Quelle: Privatarchiv Siegrid Fahrecker

den Kapiteln noch zu lesen sein –, und Anna wollte sichergehen, dass ihre beiden ältesten Kinder unter allen Umständen bei ihren Eltern bleiben könnten. Dies wäre ein möglicher Grund für das Testament. Denkbar aber auch, dass Karl und Leopoldine Lasser ein Schriftstück einforderten, damit die Kinder, sollte mit Anna etwas passieren, in ihrer Obhut belassen würden. Dennoch bleibt es außergewöhnlich, dass eine 22-jährige Frau einen letzten Willen verfasst. Was mag sie sonst noch dazu veranlasst haben?

Flüchtiges Eheglück

Am 1. Mai 1935 heirateten Anna und Karl Burger in der Pfarrkirche St. Martin nach römisch-katholischem Ritus.[16] Wie sich die beiden kennenlernten, ist nicht bekannt. Fest steht aber, dass sie unbedingt heiraten wollten – allen Einwänden zum Trotz. Anna war im Frühjahr 1935 zwar 22 Jahre alt, Karl hingegen erst 19 Jahre und somit nach damaliger Gesetzeslage noch minderjährig. Er brauchte also die Zustimmung seines Vaters, um heiraten zu dürfen. Der allerdings verwehrte sie. Die Brautleute wussten sich zu helfen, indem sie einen Mann anheuerten, der sich in der Pfarre St. Martin als Karl Burgers Vater ausgab und die geforderte Unterschrift leistete. Acht Schilling habe er ihm dafür zahlen müssen, so Karl Jahre später zu seiner Mutter. Dass er den Mann überhaupt nicht kannte und diese rechtswidrige Aktion gegen seinen Willen geschehen war, wie er es nachträglich darstellte, war zu bezweifeln und sollte sich Jahrzehnte später auch als unwahr erweisen.[17]

Vermutlich hatte Karl Burgers Vater Alois mehrere Einwände gegen die Eheschließung. Noch so jung und unerfahren, der Bub, mag sich der Vater gedacht haben, und dann will er schon heiraten? Noch dazu eine um drei Jahre ältere Frau, die zudem zwei Kinder in die Ehe mitbringt! Wie will er die Familie ernähren, als Hilfsarbeiter, meist ohne Beschäftigung, ohne eigene Wohnung, ohne Geld?

In der Tat waren dies nicht die besten Voraussetzungen für eine Ehe. Die späteren Aussagen, die im Zuge eines ersten Scheidungsversuchs, initiiert von Anna Burger, zu Protokoll gegeben wurden, zeigen denn auch, dass sich bald Ernüchterung bei den Eheleuten einstellte, wohl auf beiden Seiten. Gründe dafür gab es genügend.

Da waren einmal die von Beginn an schwierigen Wohnverhältnisse: Nach der Hochzeit wohnten Anna und Karl zunächst in der

Schrebergartenhütte von Karls Mutter bzw. deren Lebensgefährten, wo es im Mai in den Nächten sicher oft noch empfindlich kühl war. Mitte des Jahres konnten die Eheleute in eine Wohnung in der Schrannengasse in Klosterneuburg ziehen. Nach wenigen Monaten wurden sie jedoch gekündigt und schließlich delogiert. Dieser Vorgang wiederholte sich in den folgenden Jahren zwischen vier und acht Mal, die Angaben dazu variieren. Anhand der Meldedaten lassen sich allein für das Jahr 1936 vier Wohnungswechsel belegen. Kündigungsgrund war jedes Mal, dass die beiden den Zins nicht bezahlt hatten. In dieser Zeit mussten Anna und Karl auch einmal in den Gemeindearrest, vermutlich aufgrund nicht erbrachter Zinszahlungen. Dem Dilemma entkamen sie dadurch, dass sie etwa sechs Wochen in einem Wohnwagen verbrachten – im November und Dezember 1938, also im tiefsten Winter. Als letzter Ausweg blieb schließlich Karl Burgers Mutter, bei der sie zuvor schon mehrfach Zuflucht gefunden hatten.

Diese Wohnumstände der Eheleute zeigen, dass sich auch mit dem nationalsozialistischen Regime ab März 1938 für viele Menschen die direkten ökonomischen Verhältnisse nicht so stark besserten wie oft behauptet. Hingegen änderten sich die politischen Verhältnisse nachhaltig – so auch in Klosterneuburg:[18]

Nach dem Einmarsch der deutschen Wehrmacht und der Machtübernahme der Nationalsozialisten im März 1938 herrschte in Klosterneuburg wie überall großer Jubel in weiten Teilen der Bevölkerung. Die Propaganda half zudem kräftig nach: Am 17. März versammelten sich

> Schüler und Lehrer der Klosterneuburger Schulen [...] am Rathausplatz, um die »Heimkehr der Ostmark in das Reich« zu feiern. Nachdem den Kindern die politischen Ereignisse der letzten Tage regimekonform näher gebracht worden waren, endete die Zusammenkunft mit dem Singen des »Deutschlandliedes« und des »Horst-Wessel-Liedes«.[19]

Bei der Volksabstimmung am 10. April 1938 stimmten in Klosterneuburg bei 10 662 abgegebenen Stimmen lediglich 31 gegen den Anschluss an das Deutsche Reich – das Ergebnis entsprach dem österreichweiten Abstimmungsverhalten. Besonders gravierend für die Stadt Klosterneuburg: Sie verlor als politische Verwaltungseinheit ihre Selbständigkeit, indem der Gerichtsbezirk Klosterneuburg, der aus sieben Gemeinden bestand, zum 26. Wiener Gemeindebezirk zusammengefasst wurde.[20]

Auch in Klosterneuburg griff der nationalsozialistische Terror rasch um sich: Die zuvor führenden Funktionäre der anderen (legalen wie illegalisierten) Parteien wurden verhaftet, in Gefängnisse gesperrt oder in Konzentrationslager verschleppt; die jüdischen Bürger:innen bei so genannten »Reibpartien« gedemütigt, später vertrieben und ermordet; jegliche Regimekritik versuchte man bis zum Ende der NS-Zeit durch Bedrohung von Leib und Leben möglichst zu unterbinden.

Der am 1. September 1939 entfachte Zweite Weltkrieg brachte für die Klosterneuburger:innen über mehrere Jahre einen zermürbenden Kriegsalltag mit sich: Lebensmittelrationierungen, Nutzung von Schulen als Lazarette, Dienstverpflichtungen für die Kriegsindustrie, immer mehr Tote und Verwundete. Für Anna war dies nur während der ersten Kriegsmonate Lebensrealität, denn ab Jänner 1940 änderte sich ihr Dasein nachhaltig – wovon noch ausführlich die Rede sein wird.

Doch zurück zum Winter 1938/39: Warum der Zins für die Wohnungen nie bezahlt worden war, darüber stritten die Eheleute später heftig vor Gericht. Anna verwies darauf, dass Karl ihr immer wieder über Wochen kein Geld zur Haushaltsführung gegeben habe; womit dann also Mietzins zahlen? Karl hingegen behauptete, seiner Frau seinen gesamten Verdienst überlassen zu haben, von dem sie eben auch die Wohnung bezahlen sollte; sie hingegen habe das Geld anderweitig verwendet. Welche Sichtweise der Wahrheit näher kam, konnte auch das Gericht nicht abschließend klären.

Die finanziellen Verhältnisse des Paars waren offenbar desolat. Laut Aussagen im Ehescheidungsprozess war Karl in den ersten Ehejahren meistens arbeitslos. Er habe immer nur 14 Tage oder drei Wochen gearbeitet, dann die Arbeit wieder stehen lassen, meinte etwa der Lebensgefährte seiner Mutter. Karl wiederum beschuldigte Anna, ihre Arbeit in der Spinnerei und Weberei A. G. in Klosterneuburg mutwillig aufgegeben zu haben, und zwar mit der Rechtfertigung, sie sei ja dumm, wenn sie arbeite, die Fürsorge und der Mann müssten sie schon erhalten.

Im Jänner 1939 zogen Anna und Karl gemeinsam zur Untermiete in die Bahngasse 5 in Klosterneuburg-Kritzendorf. Wenig später hieß es zu dieser Adresse, Anna lebe dort als Bettgeherin in einer Wohnküche. Es wird sich nicht nur um dieselbe Adresse, sondern auch um dieselbe Wohnung gehandelt haben, was bedeutet, dass die Eheleute in der Wohnung nicht allein lebten. Womöglich waren es diese beengten Wohnverhältnisse, die das Fass zum Überlaufen brachten: Nach nur vier Tagen geriet das Ehepaar in einen derart heftigen Streit, dass Karl Burger die gemeinsame Bleibe verließ und zurück zu seiner Mutter zog. Anna blieb noch einige Monate dort wohnen – und reichte eine Scheidungs- und Alimentationsklage gegen ihren Mann ein.

Das Instrument des Armenrechts, heute Verfahrenshilfe (Österreich) bzw. Prozesskostenhilfe (Deutschland) genannt, ermöglichte auch mittellosen Personen wie Anna, vor Gericht um ihr Recht zu kämpfen. Also stellte Anna am 6. April 1939 einen Antrag auf ein Verfahren unter diesem Titel. Eine Woche später wurde ihr ein Armenrechtszeugnis ausgestellt und ein Vertreter vor Gericht bestellt.

Am 2. Mai 1939 bestätigte die Staatsanwaltschaft beim Landgericht für Strafsachen Wien I die eingebrachte Klage der Anna Burger gegen ihren Mann Karl Burger. Das Verfahren dauerte bis Mitte Oktober. Die Klageschrift umfasst fünf Punkte, die Anna ihrem Noch-Ehemann vorhält. Als ersten Grund für die Zerrüttung der Ehe nennt sie boshaftes Verlassen der gemeinsamen Wohnung. Die Wohnumstände seien während der gesamten Zeit ihrer Ehe nicht angemessen gewesen, doch immerhin hätten sie zusammengelebt. Dann aber habe ihr Mann sie verlassen – nach Annas Darstellung grundlos – und sei zu seiner Mutter gezogen.

Zweitens mache sich ihr Mann ehewidrigen Verhaltens schuldig. Er habe (sexuelle) Beziehungen zu anderen Frauen gehabt, mit einer von ihnen habe er sogar einen gemeinsamen Haushalt gründen wollen. Ein Mietvertrag sei nur deshalb nicht zustande gekommen, weil der Vermieter gemerkt habe, dass Karl Burger mit einer anderen Frau verheiratet war. Auch davor habe er schon Ehe bruch begangen, welcher auch aktenkundig geworden sei.

Als dritten Scheidungsgrund führt Anna Beleidigungen und Tätlichkeiten ihres Ehemannes an. So soll er sie im Dezember 1938, als sie in der Nähe des Bahnhofs Kierling im Wohnwagen lebten, wiederholt geschlagen haben. Die Spuren der Misshandlung seien lange sichtbar gewesen. Auch in der gemeinsamen Wohnung in der Bahngasse 5 sei er ihr gegenüber handgreiflich geworden und habe sie zudem mit wüsten Schimpfwörtern belegt.

Des Weiteren klagt sie, viertens, aufgrund mangelnder Fürsorge. Ihr Mann habe ihr wochenlang kein Haushaltsgeld gegeben, aber gleichzeitig verlangt, ihm Nahrungsmittel zu beschaffen. Dafür sollte sie dort Schulden machen, wo sie noch als kreditwürdig galten. Auch schickte er sie in die Militärküchen der Kasernen vor Ort, um für ihn um Lebensmittel zu betteln.

Und schließlich verklagt Anna ihren Mann auf Alimentation. Ihr Mann arbeite bei der Reichsbahn im Oberbau und verdiene RM 35,– wöchentlich. Sie selbst sei im vierten Monat schwanger und könne daher keiner Erwerbsarbeit nachgehen. Im bescheidensten Ausmaß kalkuliert, benötige sie 45 Reichsmark monatlich für die laufende Lebenshaltung; dafür müsse ihr Mann aufkommen.

Mit diesen Anklagepunkten ließ Anna Burger den Antrag auf Scheidung ihrer Ehe durch ihren amtlich bestellten Armenvertreter einbringen. Dabei plädierte sie darauf, dass die Schuld für die Zerrüttung der Ehe allein ihren Mann Karl treffe. Das Gesetz verlangte einen Versöhnungsversuch, bevor das Gericht tatsächlich in Sachen Scheidung tätig wurde, der jedoch misslang.

Womit Anna vermutlich nicht gerechnet hatte: Karl Burger ging zum Gegenangriff über. Ende Mai 1939 klagte er seinerseits seine Frau. Dafür beantragte auch er eine Prozessführung nach dem Armenrecht, was ihm bewilligt wurde. Und auch er wollte erreichen, dass seiner Ehefrau die alleinige Schuld am Scheitern der Ehe zugesprochen werde.

Karl hatte eine gänzlich andere Sicht auf ihre vier Ehejahre. Zur Aufhebung der ehelichen Gemeinschaft, so hielt Karl in der Widerklage fest, sei es am 21. Jänner 1939 gekommen. Zuvor habe seine Frau vom Mobiliar, das sie von seiner Mutter bekommen hätten, ein Bett zu Brennholz zerhackt, sodass nur noch ein Bett als Schlafstätte übrig geblieben sei. Als er am besagten Tag von der Arbeit nach Hause kam, habe seine Frau erklärt, er solle am Boden schlafen oder besser gleich das Weite suchen. Dabei habe sie ihm zu Unrecht vorgehalten, geschlechtskrank zu sein, woraufhin er das Haus verlassen habe.

Des Weiteren warf Karl seiner Frau Anna vor, bereits im Oktober des Vorjahres mit einem Mann ein ehebrecherisches Verhältnis gehabt zu haben. Während er eine Zeit lang auswärts auf Arbeit war, habe sie mit diesem Mann sogar im gemeinschaftlichen Haushalt gewohnt. Generell unterstellte er Anna, es mit der ehelichen Treue nicht sehr genau genommen zu haben.

Zur Begründung der behaupteten Unwirtschaftlichkeit seiner Frau führte Karl Burger an, Anna habe seinen gesamten Verdienst hauptsächlich für Rauchwaren, Wein, beim Zuckerbäcker oder für Kinokarten ausgegeben. Sie habe Schulden gemacht und die Hauswirtschaft derart vernachlässigt, dass er am Wochenende kein Geld mehr für Essen gehabt habe und daher entweder zu seiner Mutter oder in das Stift zur Ausspeisung gehen musste.

Schließlich brachte er die Vernachlässigung ihrer gemeinsamen Kinder als weitere Beschuldigung vor. Anna habe sich so wenig um die beiden Mädchen gekümmert, dass ihr durch Verfügung des Amtsgerichtes Klosterneuburg das Kind Leopoldine entzogen und der Kinderübernahmestelle (KÜSt)[21] der Stadt Wien übergeben wurde. Die zweite gemeinsame Tochter Christine habe er bereits zwei Monate nach der Geburt seiner Mutter anvertraut; das Kind sei von seiner Frau derart vernachlässigt worden, dass es von der Ferse bis zum Rücken hinauf gänzlich wund gewesen sei.

Die Vorhaltung seiner Ehefrau, er hätte Ehebruch begangen, wies Karl Burger entschieden zurück; niemals habe er mit anderen Frauen Beziehungen irgendwelcher Art geführt. Er räumte zwar ein, dass er Anna im Streit beschimpft und ihr eine Ohrfeige gegeben habe, doch sei dies auf seine Aufregung infolge ihrer wüsten, ungerechtfertigten Beleidigungen zurückzuführen.

So halte er fest, dass im Scheidungsurteil das Verschulden der Ehezerrüttung allein seiner Frau zugesprochen werden müsse, was die Zahlung von Alimenten an sie selbstverständlich ausschließe.

Nach diesen gegenseitigen Beschuldigungen, für deren Bestätigung beide Streitparteien mehrere Personen als Zeug:innen benannten, machte sich das Gericht an die Beweisführung. Es besorgte eine Bestätigung der Eheschließung sowie einen Beleg über die Höhe von Karl Burgers Verdienst bei der Reichsbahn. Zudem lud es die Zeug:innen vor, die aber nur zum Teil vor Gericht erschienen.

Zum vorgeblichen Ehebruch der Anna Burger blieben die Aussagen spärlich. Eine Klosterneuburger Wirtin bestätigte, dass Anna mit Herrn Etzbacher im Herbst 1938 bei ihr zu Gast gewesen sei. Es seien allerdings mehrere Personen an ihrem Tisch gesessen, die sich unterhalten hätten. Dabei sei nicht ein einziges unanständiges Wort gefallen. Etzbacher selbst sagte aus, dass Anna, nachdem sie sich im Gasthaus kennengelernt hatten, fünf bis sechs Tage bei ihm gewohnt habe, danach habe er mit Anna Burger nicht mehr geschlechtlich verkehrt.

Mehr Belege fanden sich für ein ehebrecherisches Verhalten von Karl Burger. So wollte er bereits Ende Mai/Anfang Juni 1939 ein Kabinett in einem anderen Haushalt mieten. Die Familie, bei der er anfragte, wusste allerdings, dass Burger verheiratet und die Begleiterin nicht seine Ehefrau war; sie lehnte ihn als Mieter ab. Sowohl Annas Bruder Fritz als auch ihre Schwiegermutter bestätigten, dass Karl Burger seit einigen Wochen mit einer anderen Frau in Klosterneuburg in Lebensgemeinschaft zusammenwohne.

Hinsichtlich Annas finanziellen Möglichkeiten, einen geordneten Haushalt zu führen, existieren zwei Zeugenaussagen. Der Lebensgefährte von Annas Schwiegermutter berichtete, Karl Burger sei nach seiner Eheschließung zumeist arbeitslos gewesen. Er habe nie gesehen, dass Karl der Klägerin Geld gegeben hätte. Er bestätigte die Delogierungen aus mehreren Wohnungen sowie die Tatsache, dass sie eine Zeit lang im Wohnwagen, im Gemeindearrest und bei ihm gewohnt hatten. Annas Bruder Fritz sagte zudem aus, Karl Burger habe seiner Schwester so gut wie keine Unterstützung gegeben; stattdessen habe sie für ihn betteln gehen müssen.

Annas Stiefschwiegervater bestätigte die Unwirtschaftlichkeit der Klägerin, dies treffe aber genauso auf den Beklagten zu. Anna habe immer viel geraucht und oft Leute auf der Gasse um eine Zigarette angebettelt. Hatten sie von der Fürsorge etwas Geld bekommen, seien die beiden gleich ins Kino oder zum Zuckerbäcker gegangen. In der Zeit, während das Paar bei ihnen wohnte, habe Anna nie gekocht; sie besäße auch kein Geschirr, von ein paar Töpfen abgesehen. Beide hätten lediglich von der Ausspeisung im Stift und von dem gelebt, was er ihnen gegeben habe. Annas Schwiegermutter wiederholte die Auskunft ihres Lebensgefährten, beide Ehepartner seien in das Stift zur Ausspeisung gegangen, selbst in jenen Zeiten, in denen Karl Burger verdient habe.

Die Schwiegermutter bestätigte zudem, beide ehelichen Kinder des Paares im Jahr 1937 zu sich genommen zu haben, und zwar in einem schrecklich vernachlässigten Zustand. Dass Karl seiner Frau gegenüber handgreiflich wurde, bezeugte der Vermieter ihrer letzten gemeinsamen Unterkunft. Zudem habe Karl seiner Ehefrau den Strohsack weggenommen, sodass sie auf dem blanken Eisenbett liegen musste.

Einige Wochen später, am 18. Oktober 1939, kam es bei der öffentlichen mündlichen Verhandlung vor dem Landgericht Wien zu einer überraschenden Wende. Die beiden Streitparteien versöhnten sich und zogen ihre Klage bzw. Widerklage zurück. Dies erstaunt angesichts der schweren Verfehlungen, derer sich Anna und Karl gegenseitig bezichtigt hatten. Anlass für den Schritt mag wohl die Geburt des dritten gemeinsamen Kindes gewesen sein: Adolf war am 5. Oktober auf die Welt gekommen. Zwei Wochen später gaben die Eheleute ihre Versöhnung bekannt.

So erstaunlich dies klingen mag: Es wird in der Ehe von Anna und Karl auch schöne Momente gegeben haben, die freilich in einer Streitverhandlung nicht zur Sprache kommen. Sicher genossen auch sie zuweilen das Glück der gegenseitigen Anziehung und des Einander-Begehrens, gemeinsame Ausflüge, Kino- und Wirtshausbesuche, das Gefühl, nicht allein, sondern jemandem zugehörig zu sein, Familienfeiern und Zukunftspläne; und vor allem auch die Geburten der gemeinsamen Kinder. Warum nicht noch einmal dieses Glück versuchen?

Am Ende kam es allerdings ganz anders als wohl erträumt.

Das Jahr 1940: Anna auf dem Weg in den Abgrund

Die Kinder fort, die Ehe in Scherben

Ließ sich über das Leben von Anna Burger bislang nicht viel Erfreuliches erzählen, so gibt das Jahr 1940 erst recht keinen Anlass dazu. Im Gegenteil: Zusätzlich zur privaten Misere, die mit Mittellosigkeit und ehelichen Missständen umrissen werden kann, kam Anna nun auch mit dem Gesetz nachhaltig in Konflikt. Am 24. Jänner entwendete sie an zwei Orten in Klosterneuburg Decken sowie Überzüge von Kinderwägen. Der Diebstahl wurde zur Anzeige gebracht und Anna als Täterin ermittelt. Diesmal sollte ihre Verfehlung schwerwiegende Folgen für sie haben.

Auch in Bezug auf ihre Kinder drohte ihr Ungemach: Die Fürsorge hatte Anna schon länger unter verschärfter Beobachtung. Dies kam nicht von ungefähr: Leopold und Stefanie, die beiden Ältesten, waren bis Anfang Dezember 1939 bei Annas Eltern aufgewachsen, dann holte Anna sie zu sich. Möglicherweise entschied sie sich dazu, nachdem ihr Mann Karl Burger Anfang November 1939 zum Militär eingerückt war. Er hatte ein Zusammenleben mit seinen Stiefkindern, außer in den ersten Ehemonaten, stets abgelehnt, noch dazu, wo die gemeinsamen Töchter, Leopoldine und Christine, schon länger nicht mehr in ihrer Obhut waren. Bald nach deren Geburt hatte sich die Großmutter väterlicherseits, also Karl Burgers Mutter, zeitweilig ihrer angenommen. Vielleicht wollte Anna nicht allein sein; möglich auch, dass sie die Kinder zu sich nahm, um das Soldatensalär ihres Mannes durch die Unterhaltspflicht gegenüber minderjährigen Kindern zu erhöhen. Denkbar aber auch, dass Annas Eltern entschieden, Anna müsse sich fortan selbst um ihre beiden älteren Kinder kümmern.

Gesichert ist, dass Leopoldine bereits im Dezember 1937, da war sie gut ein Jahr alt, von der Kinderübernahmestelle in Wien in eine Pflegefamilie gegeben worden war. Sehr wahrscheinlich, dass auch die im September 1937 geborene Christine noch als Baby aus der Obhut der Großmutter zu einer Pflegefamilie kam. Schließlich gab es noch einen Säugling: Am 5. Oktober 1939 gebar Anna ihr fünftes Kind. Der Zeit entsprechend – und durchaus auch als Zustimmung zum nationalsozialistischen Regime zu werten – wurde der Sohn auf den Namen Adolf getauft. Die vier lebten nun also zusammen: Anna mit ihren beiden vorehelichen Kindern und dem Baby.

Im Scheidungsakt findet sich ein handschriftlicher Text der Fürsorgekommission Klosterneuburg Nord, der auf mehrere Hausbesuche der Fürsorge bei Anna Burger ab Herbst 1939 Bezug nimmt. Leider wusste die Fürsorge nichts Gutes über Anna zu berichten. »Wohnung etwas besser, die Fürsorgerin hat erfahren, dass die Kinder tagsüber wieder den ganzen Tag allein waren«, wurde etwa nach dem Besuch am 11. Dezember 1939 vermerkt. Drei Wochen später, zu Jahresbeginn 1940, hieß es: »Säugling sehr schmutzig, angeschissen am Gesäß, bis zu den Füßen vom Urin ganz aufgebissen.« Die Fürsorge verkürzte die Besuchsintervalle, zusammenfassend stellte sie fest: »In der Folge der öfter durchgeführten Besuche wurden die Kinder sehr schmutzig angetroffen, Wohnung fast nie zusammengeräumt.« Schließlich berichtete sie: »Am 26/1 40 wurden die Kinder durch das Jugendamt Klosterneuburg abgenommen.«

Diesen Schritt hatte die Fürsorge eigentlich schon früher setzen wollen, denn Nachbarn hatten am 8. Dezember 1939 angezeigt, »dass Frau Burger den ganzen Tag nicht zu Hause ist«. Der von der Fürsorgerin am selben Tag durchgeführte Hausbesuch am Nachmittag habe ergeben, »dass der Säugling mit dem 5 jähr. Schwesterchen allein angetroffen wurde, und war vollständig durchnässt und schrie vor Hunger, es musste die im Hause wohnhafte Fürsorgerätin Frau Grasl Milch besorgen um das Kind füttern zu können«.

Der Kindesabnahme Ende Jänner ging der Beschluss des Amtsgerichts Wien, Abteilung Jugendsachen, voraus, der den Eltern die Pflege und Erziehung der drei Kinder entzog und diese der Gemeindeverwaltung des Reichsgaus Wien überantwortete. Die Begründung für den Beschluss lässt keinen Zweifel offen, dass die Behörde für die Kinder Gefahr im Verzug sah:

Die drei genannten Kinder sind völlig von der Kindesmutter verwahrlost worden. Die Kindesmutter kümmert sich in keiner Weise um die Kinder, sie überlässt den Säugling den beiden anderen kleinen Kindern. Dementsprechend ist auch der körperliche Zustand der Kinder, die durchgeführten Erhebungen der zuständigen Fürsorgestellen haben ergeben, dass sich die Kinder in einem unbeschreiblichen Zustande befinden. Der Säugling bleibt ungestillt, ist stets über und über voll Kot und ist durchnässt, an mehreren Körperstellen ist er wund gelegen. Auch die beiden anderen Kinder laufen halb nackt in der Wohnung herum und starren vor Schmutz. Außerdem sind die Kinder körperlich gefährdet, weil sie, wenn sie allein daheim sind, sich an der brennenden Petroleumlampe und am angeheizten Ofen zu tun machen.
Es besteht daher die dringende Gefahr, dass die Kinder gesundheitlich und seelisch den größten Schaden leiden. Die Kinder müssen daher auch gegen den Willen der Kindeseltern bzw. der Kindesmutter sofort abgenommen werden, um die völlige Verwahrlosung der Kinder hintanzuhalten. Da die Kindesmutter nicht die geringste Einsicht für die Notwendigkeit der Unterbringung der Kinder hat und die Gefahr besteht, dass sie die Kinder aus den Pflegestellen entfernen könnte und so willkürlich gegen das Interesse der Kinder die mit öffentlichen Mitteln begonnene Fürsorgeerziehung unterbrechen könnte, war das Ausfolgeverbot zu erlassen.

Weshalb sich der Herr Fürsorgerat[22] einige Tage später nochmals in die Wohnung bemühte, ist nicht bekannt. Seine Schilderung über den Zustand der Wohnung fiel äußerst drastisch aus:

Ich habe am 30/1 40 die Wohnung persönlich besichtigt und ist dieselbe einfach entsetzlich dreckig, verschmiert. In den Kübel wurde die Notdurft verrichtet, dieser steht noch immer so in der Wohnung. Die Möbel hat sie von der N. S. V. bekommen, schöne altdeutsche Betten und Nachtkästchen, hiervon wurde schon ein Bett zertrümmert und das Holz teilweise verheizt. Das Bettgewand vollständig zerrissen, schwarz vor Schmutz etc. Es ist einfach unbegreiflich, dass eine Frau in einem solchen Zustande wohnen kann. Auch wurde die Beobachtung gemacht, dass die Frau Burger die Kinder als Aufpasser beim Stehlen benutzte.

Aus den Berichten der Fürsorge spricht zum einen die Sorge um das Wohlergehen der Kinder, wenn sie weiterhin unbeaufsichtigt und oft unversorgt auf sich alleingestellt blieben; gesundheitlicher und seelischer Schaden wurden befürchtet. Zum anderen ist zu konstatieren, dass in den damaligen behördlichen Dokumenten »Verwahrlosung der Kinder« und »Verwahrlosung der Wohnung« oftmals genannt wurden, um Frauen als ›asozial‹ zu diskreditieren.[23] Die Beurteilung des Fürsorgerats konnte jedenfalls keine Empfehlung für Anna im bald darauf von ihrem Ehemann angestrengten Scheidungsprozess sein. Karl Burger selbst war im Jänner 1940 nicht in Klosterneuburg; nach einer Magenoperation, der er sich unterziehen musste, verbrachte er ab 1. Dezember 1939 zwei Monate in einem Lazarett. Anschließend wurde er in häusliche Pflege entlassen, erst im März musste er wieder zurück zu seinem Stützpunkt in die Wiener Albrechtskaserne.

In diesen Wochen bis zu seinem Wiedereinrücken stellte Karl Burger die Weichen neu: Er beantragte die Scheidung. Vom 9. Februar 1940 stammt ein handschriftlicher Brief an das Landgericht Wien, in dem Karl Burger die Ehescheidung begehrt. Er führte drei Gründe aus: 1) Unwirtschaftlichkeit seiner Ehefrau, 2) ihre Diebstähle während seiner Abwesenheit und 3) liederlicher Lebenswandel.

Im Visier der Kriminalpolizei

Die genannten Gründe nehmen unmissverständlich auf jene Kriterien Bezug, die eine Person im Nationalsozialismus als ›asozial‹ stigmatisierten. Zwar wurden sie erst später in allgemein verbindlichen Richtlinien definiert, doch die Propagandamaschinerie gegen ›Gemeinschaftsunfähige‹ lief bereits auf Hochtouren. Gerade Niederösterreich, damals Reichsgau Niederdonau, war gemeinsam mit Wien in der Verfolgung von Frauen und Männern als ›Asoziale‹ federführend und für die energische Planung und Umsetzung von Maßnahmen reichsweit bekannt. Im Dezember 1939 war eine Abordnung aus Niederdonau zur Inspektion nach Bayern gereist, um Anregungen für den Umgang mit »arbeitseinsatzfähigen Wanderern«, »Arbeitsscheuen« und Bettlern zu erhalten. Der über den Besuch verfasste Bericht hielt fest, dass die »bayrischen Einrichtungen [...] mustergültig und unbedingt nachahmenswert« seien. Die in der Ostmark geltenden Gesetze erlaubten es jedoch nicht, ähnliche Maßnahmen zu ergreifen, vor allem fehle es an den erforderlichen polizeilichen Bestimmungen.

Es bestand allerdings im eigenen Gau bereits eine Möglichkeit, Männer wie Frauen in eine Arbeitsanstalt einzuweisen: Die »Zwangs- und Besserungsanstalt in Znaim« war mit Weisung vom 28. Juni 1939 an den Reichsgau Niederdonau übergeben worden. Sie sollte zu einer »Bewahrungsanstalt für asoziale Frauen und Mädchen« ausgebaut werden. Im Laufe der folgenden Jahre wurden überwiegend Frauen eingeliefert, in erster Linie aus Niederdonau stammend, aber auch aus anderen Gauen des ehemaligen Österreichs. Grundlage für die Einweisung waren fürsorgerechtliche Bestimmungen (§ 20 RFV).

Die Prüfung der ins Auge gefassten Personen folgte einem vom Rassenpolitischen Amt vorgegebenen Prozedere. Um dieses zu beschleunigen, wurden sogenannte »Asozialenkommissionen« geschaffen, die das behördliche Vorgehen koordinierten. Sie unterstanden dem Rassenpolitischen Amt, einer Teilorganisation der Nationalsozialistischen Deutschen Arbeiterpartei (NSDAP). Dennoch wurde diese Prüfung von einzelnen Landräten gern umgangen – der Ausschluss missliebiger Personen konnte ihnen nicht schnell genug gehen. Die ersten Asozialenkommissionen wurden ab Jahresende 1940 in Wien und Niederdonau gegründet; sie konnten also für Anna Burger noch keine Rolle spielen.

Mehr Gestaltungsmöglichkeit als einzelne Verwaltungsbehörden hatte die Kriminalpolizei – und sie zögerte nicht, ihre weitreichenden Kompetenzen anzuwenden. Ihr stand nämlich das Instrument der »Vorbeugenden Verbrechensbekämpfung« zur Verfügung, mit dem sie ohne viel Aufhebens Männer und Frauen von der ›nationalsozialistischen Volksgemeinschaft‹ wegsperren konnte. Anfangs traf diese Maßnahme sogenannte ›Gewohnheits-‹ und ›Berufsverbrecher‹: Personen, die in einem bestimmten Zeitraum mehrfach wegen einschlägiger Delikte wie Diebstahl, Betrug, Zuhälterei oder Wilderei gerichtlich zu längeren Haftstrafen verurteilt worden waren und daher als ›verbrecherischer Typ‹ galten. Vorbeugend, also vor der nächsten – hiermit unterstellten – Tat sollten sie aus der ›Volksgemeinschaft‹ entfernt werden. Ab 1933 kamen so im nationalsozialistischen Deutschland Zigtausende in unbefristete KZ-Haft, in erster Linie Männer.

Mit dem *Erlass über die vorbeugende Verbrechensbekämpfung durch die Polizei*, dem sogenannten *Grunderlass* vom Dezember 1937, wurde die Gruppe jener, die die Polizei ohne gesetzliche Grundlage absondern konnte, um die sogenannten ›Asozialen‹ erweitert. Aus Sicht der Kriminalpolizei handelte es sich dabei um Personen, die durch ihr ›asoziales‹ Verhalten die Gemeinschaft gefährdeten bzw. Straftaten unter falschem Namen zu begehen beabsichtigten.

Diese ›Vorbeugungshaft‹ war das zentrale polizeiliche Instrument zur Verfolgung von als ›asozial‹ oder ›gemeinschaftsfremd‹ bewerteten Personen. In einem Rundschreiben des Reichskriminalpolizeiamtes im Februar 1938 wurde festgehalten, dass auch jene Personen als ›Asoziale‹ interniert werden sollten, »die zwar vielleicht noch nicht nachgewiesenermaßen kriminell in Erscheinung getreten sind, die aber erfahrungsgemäß Verbrecher werden können«[24]. So unscharf formuliert und auf eine Möglichkeit in der Zukunft abzielend, eröffnete sich hier ein großer Ermessensspielraum. Die Begründungen vieler Fälle von Inhaftierung oder Zwangseinweisung zeigen, dass dieser Spielraum von den Behörden weidlich ausgenützt wurde, um sich unliebsamer Personen zu entledigen.

Am 26. Juli 1938 erlangte der Grunderlass auch in Österreich Gültigkeit. Die Polizei hatte allerdings schon im Juni in großem Maßstab vermeintliche ›Berufs- bzw. Gewohnheitsverbrecher‹ verhaftet, ebenso zahlreiche als ›asozial‹ definierte Personen, und sie zur Vorbeugungshaft in die Konzentrationslager deportiert. Im Vorfeld ermöglichten ein sogenannter Sondererlass sowie ein Schnellbrief Reinhard Heydrichs, Leiter der Sicherheitspolizei, für Österreich eine »Sonderaktion« sowohl gegen ›Berufsverbrecher‹ als auch gegen ›asoziale Elemente‹. Mittels »schlagartiger Zugriffe«, also Razzien und Polizeistreifen, sollten ›Gemeinschaftsunfähige‹ aufgespürt, verhaftet und isoliert werden.

> Spätestens mit diesen »Aktionen« hatte sich der Schwerpunkt der sicherheitspolizeilichen Tätigkeiten im »Dritten Reich« von der Bekämpfung der politischen Gegner auf die Bekämpfung der sozial und gesellschaftsbiologisch Unerwünschten verlagert,

so die Einschätzung von Ulrich Herbert.[25]

Dieses forcierte Vorgehen der Kriminalpolizei bekam wohl auch Anna Burger zu spüren. Die Kripo entschied und handelte. Und setzte damit nicht nur Fakten, sondern auch die Justizbehörden in ihren Amtsstuben unter Druck. Davon wird später noch die Rede sein. Was Anna Burger betraf, war das Urteil der Kriminalpolizei sofort klar: Für sie war Anna ›asozial‹, sie musste weg aus der Gemeinschaft.

Am 10. Februar 1940 schrieb Anna an ihre Mutter: »Die Polizei hat angesucht fürs Arbeitshaus.«

Wer galt als ›asozial‹?

Bis Kriegsende gab es keine allgemeingültige Definition von ›Asozialität‹. Die nationalsozialistischen Behörden zogen für die Einordnung von Menschen als ›asozial‹ unter anderem die *Richtlinie zur Umsetzung des Gesetzes zur Verhütung erbkranken Nachwuchses* aus dem Jahre 1940 heran.

Gemäß dieser Richtlinie erkenne man Personen als ›asozial‹ oder ›gemeinschaftsfremd‹ daran, dass diese

a) fortgesetzt mit Strafgesetzen in Konflikt geraten;
b) arbeitsscheu sind und den Unterhalt für sich und ihre Kinder nicht aufbringen können, sondern diesen den Wohlfahrtseinrichtungen aufbürden;
c) keinen geordneten Haushalt führen können und ihre Kinder nicht zu ›brauchbaren Volksgenossen‹ zu erziehen vermögen;
d) Trinker sind oder durch unsittlichen Lebenswandel auffallen (z. B. ›Dirnen‹).

Mit einer derart schwammigen Definition möglicher Verfehlungen war der Verfolgung missliebiger Personen Tür und Tor geöffnet. Bettler:innen, Hausierer:innen, Arbeitslose, Nichtsesshafte, Alkoholkranke und Sexarbeiterinnen, Vorbestrafte, von Sozialleistungen Abhängige, arme kinderreiche Familien – sie alle passten nicht ins

Bild der nationalsozialistischen ›arischen Herrenrasse‹. Auch berufliche Traditionen wie das Hausieren galten bei den sogenannten »Rassehygienikern« als vererbbar. Daher gerieten nicht nur vermeintlich unangepasste Personen ins Visier der Behörden, sondern auch ganze Familien.

Was die Stigmatisierung als ›asozial‹ bei Frauen anbelangt, erfolgte sie – im Unterschied zu den Männern – in erster Linie im Hinblick auf ihr vermeintliches Sexualverhalten. Als ahndungswürdig galt den Behörden angebliche »hemmungslose Triebhaftigkeit«, »sexuelle« oder »sittliche Verwahrlosung«, »liederlicher« oder »haltloser Lebenswandel«, »Hang zu Männerbekanntschaften« usw. Sehr häufig wurde ihnen Geheimprostitution unterstellt; Sexarbeiterinnen galten generell als ›asozial‹.

Auch eine unterstellte fehlende Arbeitsmoral beförderte die Einstufung als ›asozial‹. Mit Fortschreiten des Kriegs kam der Arbeitsleistung der Frauen in der Kriegsindustrie immer mehr Bedeutung zu; die Verpflichtung zur Arbeit und die Wochenarbeitszeit wurden sukzessive gesteigert. Bei Pflichtverletzungen wurden die Frauen dann wegen »Arbeitsvertragsbruchs«, »unerlaubten Fernbleibens vom Arbeitsplatz« oder »Arbeitsbummelei«, so die Diktion in den behördlichen Dokumenten, verurteilt. Vielfach überschnitten sich in den Begründungen der vermeintlichen ›Asozialität‹ diese beiden Argumentationsstränge, sodass die Zuschreibung der »Verwahrlosung« sowohl sittliche wie auch arbeitsmoralische Vorwürfe aufwies. Derartige Stigmatisierungen hatten immer Folgen, sie konnten bis zur Einweisung in Konzentrationslager führen.

Dies war auch das Schicksal von Anna Burger. Und es war in erster Linie die Kriminalpolizei, die ihre Deportation betrieb. Zuerst drohte sie mit Einweisung ins Arbeitshaus, doch schon wenige Wochen später stand fest: Anna sollte in ein Konzentrationslager.

Liebste Mutter!

Einzig zwei Briefe sind von Anna erhalten geblieben. Ihre Tochter Stefanie erzählte später, sie habe zahlreiche Briefe ihrer Mutter aufbewahrt, eines Tages allerdings weggeworfen. Nicht aus Zorn oder Geringschätzung, vielmehr aus Trauer und Schmerz.

Durch diese Briefe sei sie immer an das traurige Schicksal ihrer Mutter erinnert worden, und das habe ihr zugesetzt.

Zwei Briefe indes behielt sie, doch erst nach Stefanies Tod erfuhr Siegrid vom Inhalt. In handschriftlichem Kurrent verfasst, benötigte es einige Anstrengungen, sie zu entziffern. Insbesondere der erste Brief zeigt eine äußerst fahrige Schrift – wohl ein Spiegelbild von Annas aufgewühltem Inneren. Datiert vom 10. Februar 1940, spricht aus ihm abgrundtiefe Verzweiflung.

> 10. Februar 1940
> Liebste Mutter! Sei mir nicht böse, dass ich mich noch an dich mein Schreiben wenden tue. Ich habe doch noch meine Mutter, aber nicht mehr lange. Ich gehe von meiner Heimat, denn da fand ich ja so kein Glück, und ich lasse meine Geschwister schön grüßen. Denn ich habe kein Glück, und sollte mir was sein, dann schaue auf meine Kinder, denn ich will nicht mehr leben, mein Leben ist zu kurz, ich komme ja sowieso ins Arbeitshaus. Sage Burger, Mutter so helfe mir, ich werde dir alles bekannt wo ich mich aufhalten, aber du weißt, wer Schuld ist, ich hätte sollen ja nicht heiraten. Ich bin für Unglück, da kann man nichts machen. Es sind schwere Stunden über mich gekommen, und Annerl hält es aus. Aber Mutter, jetzt ist es vorbei. Liebe Mutter helfe mir, die Polizei hat angesucht fürs Arbeitshaus. Du weißt, wohin ich jetzt geh. So bin ich noch Mutter denen die Ich schon gehabt habe und sollte ich nicht mehr sein, dann schaue auf Poldi und Steffi, es sind meine ersten Kinder gewesen, ich lasse sie schön grüßen. Sag ihnen, sie haben eine gute Mutter gehabt, denn ich werde schon kühl unter der Erde liegen und mein Poldi und Steffi werden oft stehen auf meinem Grabe und werden denken, hier ruht meine Mutter sage ich lasse sie schön grüßen und soll immer denken, wenn ich auch nicht mehr lebe, aber mein Geist lebt noch. Also Mutter. Ich mache Schluss, deine Tochter Annerl, viele Grüße an meine Kinder.

Erst spät im Nachzeichnen von Annas Lebensgeschichte konnte entziffert werden: Es war die Polizei, die ihr früh mit einer Einweisung in ein Arbeitshaus gedroht hatte. Dieses Vorhaben muss

Anna einen gehörigen Schrecken eingejagt haben zu Recht, wie die weiteren Entwicklungen zeigen. Zum Zeitpunkt, als Anna den Brief an ihre Mutter schrieb, war sie für einige Tage zu einer Bekannten geflohen; die drei Kinder, die bei ihr gelebt hatten, waren ihr bereits abgenommen worden. Eventuell gab der weiter oben genannte Scheidungsbegehr Anna den Anstoß, die gemeinsame Wohnung mit Karl Burger zu verlassen; später erzählte sie auch von Gewalthandlungen Burgers gegen sie. So aussichts- und freudlos empfand Anna die Situation, dass sie ihrem Leben wohl ein Ende bereiten wollte – die obigen Zeilen lesen sich wie ein Abschiedsbrief.

Ab dem Scheidungsgesuch und Annas Verlassen der gemeinsamen Wohnung fühlte sich Karl Burger frei, seinerseits zu einer anderen Frau zu ziehen – so lassen sich zumindest seine eigenen Angaben im Scheidungsbegehren interpretieren. Ab Mitte Februar 1940 wohnte er bei jener Frau, die bereits im ersten, von Anna angestrebten Scheidungsverfahren 1939 Anlass zu Vorhaltungen des Ehebruchs gegeben hatte.

In diese Zeit fiel auch Annas Verhaftung: Am 15. Februar 1940 wurde sie ins Untersuchungsgefängnis beim Landgericht Wien gebracht.

Die Scheidung rückt näher

Zum Gerichtstermin im Scheidungsprozess am 9. März 1940 wurde Anna aus der Haft vorgeführt. Auch ihr Mann war anwesend. Der für diesen Tag gerichtlich angeordnete Versöhnungsversuch scheiterte, also nahm das Verfahren seinen Lauf. Wie zuvor Karl wurde auch Anna abermals das Armenrecht gewährt und ihr ein Rechtsanwalt als Armenvertreter zur Seite gestellt.

Die erste Verhandlung fand knapp vier Wochen später statt. An diesem Termin ließ Karl Burger den Scheidungsgrund des »eigenmächtigen Verlassens« der gemeinsamen Wohnung fallen, die anderen Gründe hielt er aufrecht. Anna wies die Vorhaltungen ihres Mannes zurück. Das Gerichtsprotokoll hielt fest:

> Die Beklagte bestreitet das Klagevorbringen. Richtig ist lediglich, dass sie im Jänner 1940 sich Diebstähle habe zuschulden kommen lassen. Ob diese Diebstähle zur Zerrüttung ihrer Ehe beigetragen

haben, könne sie nicht beurteilen. Sie beantragt Scheidung der Ehe aus beiderseitigem Verschulden und behauptet, dass der Kläger mit einer Frauensperson namens Kundiger im gemeinsamen Haushalt lebt und mit ihr Ehebruch treibt.

Dann wurden die ersten Zeugen befragt; sie stützten Annas Sichtweise. Wieder einen Monat später kam es zu einer weiteren Begegnung von Karl und Anna vor dem Scheidungsrichter. Im Wesentlichen wurde bei diesem kurzen Termin vereinbart, das Verfahren »nach Besprechung des Sachverhalts«, der im Protokoll allerdings nicht ausgeführt wird, ruhen zu lassen.

Grund mag die bevorstehende Verhandlung im Strafprozess gegen Anna Burger gewesen sein, welche für den 12. Juni 1940 angesetzt war.

»Volksschädling verurteilt«

Wie schon erwähnt, ist der Strafakt, der die gerichtliche Verurteilung von Anna dokumentierte, nicht erhalten geblieben. Lediglich die Aktnummer ist bekannt. Wir können uns dem Strafprozess und insbesondere seinen Auswirkungen daher nur über den Scheidungsakt nähern.

Dass Anna Burger am 15. Februar 1940 verhaftet worden war, ließ sich anhand einer auf ihren Namen lautenden Meldekarte, aufbewahrt im Stadtarchiv Klosterneuburg, eruieren. Der Scheidungsakt hält fest, dass sie in Zelle 164 im Untersuchungsgefängnis beim Landgericht Wien am Frankhplatz 1 untergebracht war. Mehr ist uns über diese Zeit nicht bekannt – nicht, wie Anna ihre Diebstähle rechtfertigte; nicht, ob sie Unterstützung in der Verteidigung erhielt; nicht, welche Fragen sie beschäftigten und mit welchen Gefühlen sie kämpfte.

Nicht unbedeutend für das Verfahren und das zu fällende Strafausmaß dürften die Vorhaben der NSDAP sowie der Kriminalpolizei gewesen sein. Da der Scheidungsrichter entsprechend verständigt worden war, ist davon auszugehen, dass erst recht das Strafgericht Kenntnis dieser Absichten erlangt hatte: Die Partei wollte Anna in ein Zwangsarbeitslager stecken. Als die NSDAP am 2. Mai 1940 dem für den Scheidungsprozess zuständigen Ge-

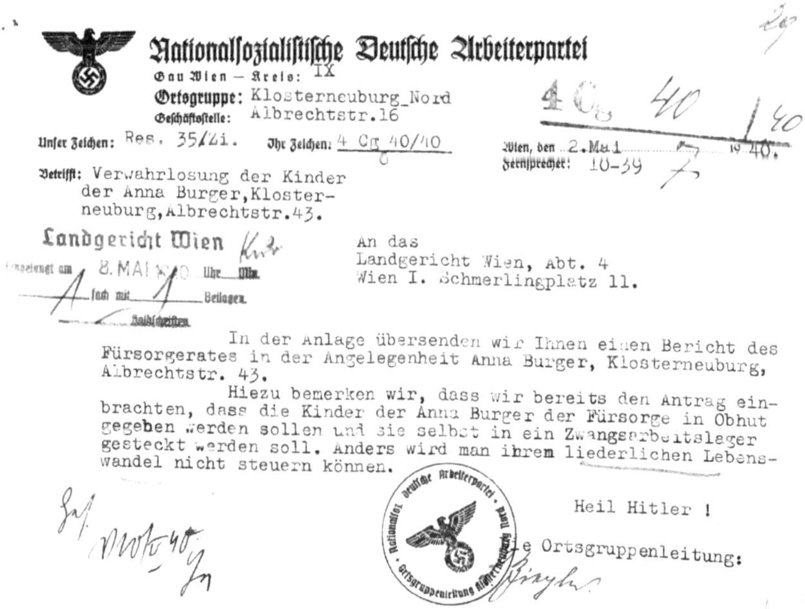

Nationalsozialistische Deutsche Arbeiterpartei
Gau Wien – Kreis: IX
Ortsgruppe: Klosterneuburg_Nord
Geschäftsstelle: Albrechtstr.16

Unser Zeichen: Res. 35/Zi. Ihr Zeichen: 4 Cg 40/40 Wien, den 2.Mai 1940.
Fernsprecher: 10-39

Betrifft: Verwahrlosung der Kinder der Anna Burger, Klosterneuburg, Albrechtstr.43.

Landgericht Wien
Eingelangt am 8. MAI 1940 Uhr Min.
fach mit Beilagen.
Halbschriften.

An das
Landgericht Wien, Abt. 4
Wien I. Schmerlingplatz 11.

In der Anlage übersenden wir Ihnen einen Bericht des Fürsorgerates in der Angelegenheit Anna Burger, Klosterneuburg, Albrechtstr. 43.

Hiezu bemerken wir, dass wir bereits den Antrag einbrachten, dass die Kinder der Anna Burger der Fürsorge in Obhut gegeben werden sollen und sie selbst in ein Zwangsarbeitslager gesteckt werden soll. Anders wird man ihrem liederlichen Lebenswandel nicht steuern können.

Heil Hitler !

Die Ortsgruppenleitung:

Abbildung: 6: Die NSDAP urteilt über Anna Burgers Lebenswandel
Quelle: Wiener Stadt- und Landesarchiv, 4 Cg 40/40, Scheidungsakt Burger gegen Burger

richt einen Bericht des Fürsorgerats »in der Angelegenheit Anna Burger« übermittelte, fügten die Absender an:

> Hierzu bemerken wir, dass wir bereits den Antrag einbrachten, dass die Kinder der Anna Burger der Fürsorge in Obhut gegeben werden sollen und sie selbst in ein Zwangsarbeitslager gesteckt werden soll. Anders wird man ihrem [sic!] liederlichen Lebenswandel nicht steuern können.

Am 7. Mai informierte die Kriminalpolizei telefonisch den Scheidungsrichter über die geplante Abgabe Anna Burgers an ein Konzentrationslager am 14. Mai.

Doch dazu kam es nicht. Zunächst wurde am 12. Juni 1940 über Anna Burger abschließend strafrechtlich verhandelt. Wie das

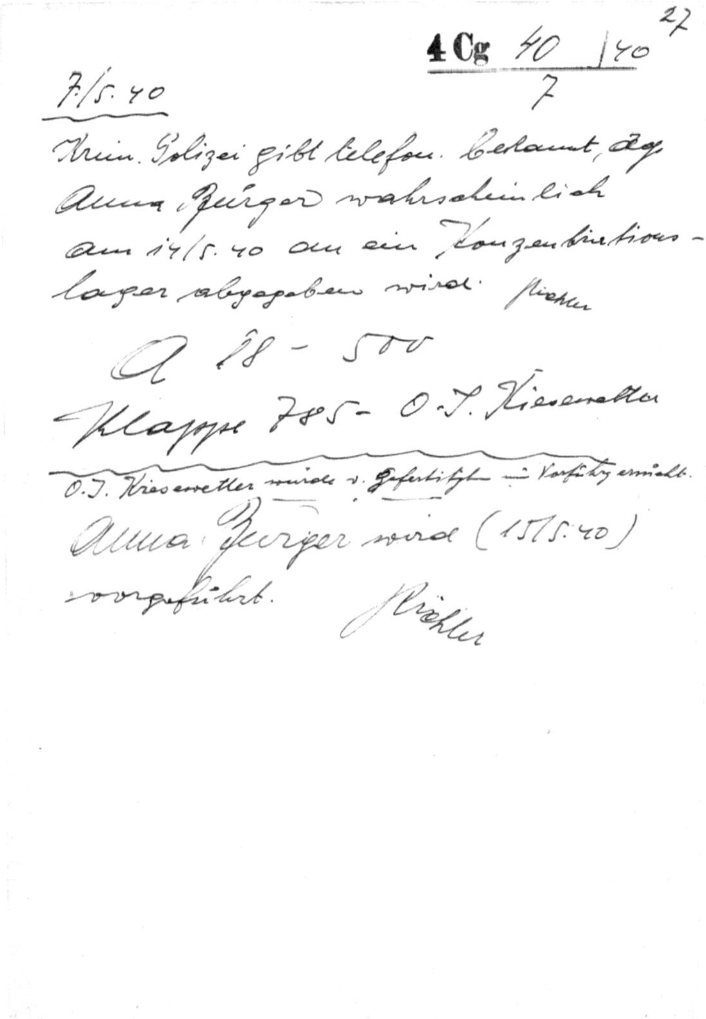
4 Cg 40/40 27
7

7/5.40

Krim. Polizei gibt telefon. bekannt, daß Anna Burger wahrscheinlich am 14/5.40 an ein Konzentrations-lager abgegeben wird. Pichler

A 18 - 500

Klappe 785 - O.I. Kiesewetter

O.I. Kiesewetter wurde v. Gefertigten um Vorführung [illegible]

Anna Burger wird (15/5.40) vorgeführt. Pichler

Abbildung 7: Nachricht der Kripo über eine baldige Deportation von Anna Burger in ein Konzentrationslager
Quelle: Wiener Stadt- und Landesarchiv, 4 Cg 40/40, Scheidungsakt Burger gegen Burger

Urteil ausfiel, ließ sich zwei Tage später in mehreren Zeitungen lesen. Auf der Kopie des Zeitungsausschnitts im Scheidungsakt fehlt leider der Hinweis auf den Namen der Zeitung, und auch das Erscheinungsdatum 14. Juni ist handschriftlich hinzugefügt. Doch druckten der *Völkische Beobachter* und die *Kleine Volkszeitung* dieselbe Anzeige mit gleichem Wortlaut, lediglich die Überschriften der Artikel weichen geringfügig voneinander ab.[26]

In den Zeitungen war zu lesen:

> Volksschädling verurteilt
> Diebstahl bei Verdunkelung
>
> Ein Erkenntnissenat des Landgerichts Wien (II) unter Vorsitz des Landgerichtsdirektors Doktor Hirsch (Staatsanwalt Dr. Lieberich) verhandelte gegen eine gewisse Anna B., die sich wegen Verbrechen des Rückfallsdiebstahls in Tateinheit mit dem Verbrechen nach § 2 der Verordnung gegen Volksschädlinge zu verantworten hatte.
> Die Angeklagte, die dreimal wegen Diebstahls vorbestraft ist, stahl unter Ausnutzung der Verdunkelung in Klosterneuburg vor einer Geschäftstür angebrachte Decken sowie Steppdecken und Überzüge von Kinderwagen, die zwei Frauen vor der Fürsorgeberatungsstelle hatten stehen lassen.
> Anna B. wurde im Sinne der Anklage schuldig gesprochen und zu einem Jahr Zuchthaus verurteilt.

Das Gericht verurteilte Anna also nach einer neuen Bestimmung (Verordnung gegen Volksschädlinge) und zu einer in Österreich neuen Strafform (Zuchthaus), die erst 1938 mit der Übernahme nationalsozialistischer Gesetze in Österreich eingeführt worden war. Die *Verordnung gegen Volksschädlinge*, gemeinhin *Volksschädlingsverordnung (VVO)*[27] genannt, wurde unmittelbar nach Kriegsbeginn erlassen. Paragraf 2 bezog sich auf die »Verbrechen bei Fliegergefahr«. Dort heißt es:

> Wer unter Ausnutzung der zur Abwehr von Fliegergefahr getroffenen Maßnahmen ein Verbrechen oder Vergehen gegen Leib,

Leben oder Eigentum begeht, wird mit Zuchthaus bis zu 15 Jahren oder mit lebenslangem Zuchthaus, in besonders schweren Fällen mit dem Tod bestraft.

Zwar gab es im Jänner 1940 noch lange keine Fliegerangriffe auf Wien und Umgebung, dennoch wurde die Verordnung zur Verdunkelung bereits umgesetzt; sie ermöglichte der Justiz, die Bevölkerung in Schach zu halten. Dadurch konnten auch geringfügige Taten hart bestraft werden – wie sollte man den Diebstahl von ein paar Decken und Kinderwagenüberzügen sonst bezeichnen? Anna hätte doch argumentieren können, aus purer Not gehandelt zu haben, um ihre Kinder vor Kälte zu schützen. Sie habe sich nicht mehr anders zu helfen gewusst, auch wenn sie andere dadurch eventuell schädigte. Dass sie den Diebstahl unter Ausnutzung der verpflichtenden Verdunkelung begangen hatte, wog jedoch schwer.

Je konsequenter das Ziel der ›arischen Volksgemeinschaft‹ angestrebt wurde, desto stärker beurteilten Polizei und Gerichte einen Vorfall weniger im Hinblick auf die begangene Tat als vielmehr auf die Person, die die Tat ausgeführt hatte. Das Bestreben ging dahin, einen bestimmten Tätertypus zu erkennen, der ›gewohnheitsmäßig‹, also aufgrund seiner Veranlagung, immer wieder eine Tat begehe und daher unverbesserlich sei. Mehrfach des Diebstahls überführt zu werden, wie dies bei Anna der Fall war, galt bereits als Anzeichen von ›Asozialität‹. Das »Milieu« der ›Asozialen‹ wurde zudem als »Nährboden« für ›Kriminalität‹ gesehen.[28]

Es ist anzunehmen, dass Anna ein derart hohes Strafausmaß auferlegt wurde, weil sie nach der *Volksschädlingsverordnung* verurteilt wurde und gleichzeitig als Rückfalltäterin galt. Die Verkündigung in unterschiedlichen Zeitungen sollte sicherlich abschreckend wirken, machte das Urteil doch deutlich, dass auch kleine Vergehen hart bestraft wurden.

Allerdings wäre Annas Tat wohl noch schärfer geahndet worden, wäre ihr Fall vor dem Sondergericht verhandelt worden, das üblicherweise für den Vollzug der VVO zuständig war.[29] Die Sondergerichtsbarkeit war im nationalsozialistischen Deutschland bereits 1933 eingeführt worden und wurde in erster Linie bei Delikten nach der *Heimtücke-Verordnung* (1933) bzw. dem erweiterten *Heimtückegesetz* (1934) und damit beim »vordringlichen Problem« der Bekämpfung politischer Gegner eingesetzt. Im November 1938 wurden die Kompetenzen der Sondergerichte massiv erweitert, nach Kriegsbeginn im September 1939 fielen insbesondere die neu erlassenen Kriegsgesetze, darunter die *Volksschädlings-* und die *Rundfunkverordnung*, in ihre Kompetenz. Die Verfahren vor dem Sondergericht sollten aufgrund ihrer Schnelligkeit (sondergerichtliche Schnellverfahren unter Ausschluss von Rechtsmitteln) einer moralischen »Zersetzung« an der »Heimatfront« entgegenwirken.

Annas Diebstahl wurde vor keinem Sondergericht, sondern vor der zivilen Gerichtsbarkeit behandelt – warum dies der Fall war, ließ sich nicht klären. Die Berücksichtigung des Paragraf 2 der VVO war jedoch ein erschwerender Umstand, der, in Verbindung mit der Tatwiederholung, das Strafausmaß von einem Jahr Zuchthaus ermöglichte. Ob das Gericht auch mildernde Umstände berücksichtigte, die eine noch höhere Strafe verhinderten, wird in den Zeitungsberichten nicht erwähnt.

Gut eine Woche nach Urteilsverkündung, am 20. Juni 1940, wurde Anna in das Strafgefängnis München-Stadelheim und ein dreiviertel Jahr später, Anfang Februar 1941, in das Landgerichtsgefängnis in Traunstein überstellt. Dort verblieb Anna bis zum regulären Haftende im April 1941.

Anna kämpft um eine gerechte Scheidung

Eine Woche nach Annas Verurteilung erreichte den Scheidungsrichter Dr. Wilhelm Jedliczka ein handschriftlicher Brief von Karl Burger: Das Scheidungsverfahren sei umgehend wieder aufzunehmen! Und wenn möglich, rasch zu Ende zu führen – denn unter diesen Umständen könne er nicht leben! Er könne sich in Klosterneuburg nicht mehr auf der Straße blicken lassen, da die Leute mit dem Finger auf ihn zeigen würden. Das halte er nicht aus. Die Verurteilung seiner Frau zu einem Jahr Zuchthaus müsse doch Beweis genug sein, dass sie allein die Scheidung zu verschulden habe. Demgegenüber zeichnete er sich selbst als »ehrlich« und »rechtschaffen«. Sein Leben läge in den Händen des Richters:

> Wenn Sie ein Menschenleben, das sich ehrlich und rechtschaffen durch das Leben bringt, sein Brot durch Fleiß und Arbeit verdient, retten wollen, dann bitte ich Sie nochmals, machen Sie dem Verfahren ein jähes Ende. Ansonsten muss ich ein Ende machen, aber mit meinem Leben.[30]

Abschließend drohte Burger dem Richter: Er habe sich bereits beim Rechtsberater der Wehrmacht erkundigt und werde sich gegebenenfalls an die Reichsgerichtskammer wenden und ihr seinen Fall schildern. Tatsächlich wollte Richter Jedliczka Anna Burger vorladen lassen – doch war Anna mittlerweile ins Gefängnis München-Stadelheim überstellt worden, was das Verfahren verzögerte.

Karl Burger selbst hielt sich selten in Klosterneuburg bzw. Wien auf, weshalb er im Zuge des Scheidungsprozesses immer wieder darum ersuchen musste, festgesetzte Verhandlungstermine zu verschieben. Nach einer weiteren Magenoperation im Frühjahr 1940 kam er ins Lazarett ins Schloss Cumberland in Gmunden, damals im Gau Oberdonau gelegen. Dort muss er seine spätere zweite Ehefrau kennengelernt haben. Wieder gänzlich genesen und in den Militärdienst zurückgekehrt, begleitete er als Rangierer bei der Reichsbahn immer wieder Transportzüge, sodass ihm Post des Öfteren nur verzögert zugestellt werden konnte.

Bei einer Beweisaufnahme in Gmunden am 7. Oktober 1940 bekräftigte Karl Burger Annas Diebstähle als primären Scheidungsgrund.

> Insbesondere will ich nicht die Ehe mit einer zuchthausbestraften Diebin. Sie war sogar in der Zeitung als Volksschädling angeprangert, als sie 1 Jahr Zuchthaus erhielt. Ich kann unter diesen Umständen mit ihr nicht zusammensein.

Karl Burgers Wunsch nach rascher Scheidung – gut möglich, dass er im Sommer 1940 bereits wieder Heiratspläne schmiedete – erfüllte sich nicht. Denn Anna kämpfte auch aus dem Münchener Gefängnis um eine für sie gerechte Scheidung, nämlich eine Scheidung aus beiderseitigem Verschulden. Dazu wurde sie Anfang November vom Amtsgericht München befragt. Dort gestand sie die

Diebstähle ein, wie zuvor schon im April, und auch, Möbelstücke verheizt zu haben – ein neuer Vorwurf, den ihr Ehemann im Oktober eingebracht hatte. Auch die Affäre mit einem gewissen Etzbacher im Jahr 1938 bestätigte sie, bestritt aber neuerlich, danach einen unrechtmäßigen Verkehr mit ihm gehabt zu haben. Auch stellte sie weiteres ehebrecherisches Verhalten in Abrede. Anna wehrte sich vehement gegen die Vorhaltung, unwirtschaftlich zu sein. Vielmehr habe ihr Mann sie nicht unterstützt, sondern seinen Verdienst mit anderen Frauen ausgegeben.

> Unwirtschaftlich gewesen zu sein, muss ich bestreiten. Wenn mir mein Mann kein Geld gibt, kann ich nicht wirtschaften. […] Meine Mutter und meine Geschwister führe ich als Zeugen dafür auf, dass mir mein Mann kein Wirtschaftsgeld gab und mit anderen Frauenspersonen sich herumtrieb.

Auch bestritt Anna die Vorhaltungen der Fürsorge, zu deren Bericht sie abermals befragt wurde.

Die Aussage der Ehefrau ihres Bruders Fritz – ihrer Schwägerin Anna Lasser – bei der Beweisaufnahme vor dem Bezirksgericht Klosterneuburg Ende November 1940 gab Einblick in die Beziehungs- und Wohnverhältnisse des Ehepaares Burger. Das Protokoll hielt fest:

> Es ist ein rechtes Durcheinander bei dieser Familie. Einmal sind sie auseinander, dann, wenn sie ein Kind kriegt, kommt der Mann wieder zu ihr, und wenn sie schwanger ist, geht er wieder weg. Es sind nun so drei arme Hascherln da.
> Von Ostern 1939 an war die Frau Burger ca. 6 Monate allein bei uns, als sie schwanger war. Ich muss dazu bemerken, dass die Burgers keine Wohnung hatten und zeitweilig obdachlos waren. Sie lebten auch in der Au im Freien.
> Im Oktober/November 1939 haben sich nach der Entbindung der Beklagten die beiden Streitteile wieder versöhnt. Vorher hat er ein Verhältnis mit einer Frau Kundinger gehabt und auch nach seiner eigenen Angabe bei ihr gewohnt. Wie lange er dort gewohnt hat, weiß ich nicht. […]

> Im Frühjahr des Jahres 1939 bis gegen Mai oder April hat Burger bei seiner Mutter in Klosterneuburg gewohnt, ist aber dann ausgezogen, wahrscheinlich zu der Frau Kundinger, wo wäre er denn sonst gewesen.

Ähnlich argumentierte die Schwester von Anna Burger. Doch obwohl beide zu diesem Gerichtstermin geladenen Zeuginnen die Umstände zugunsten von Anna schilderten, fällte das Gericht am 11. Dezember 1940 sein Urteil zu ihren Ungunsten: Es schied die Ehe nach Verschulden beider Teile, stellte jedoch fest: »Das überwiegende Verschulden trifft die Beklagte.«

Das Gericht begründete die Mitschuld von Karl Burger an der Zerrüttung der Ehe vor allem mit dessen Beziehung zu Frau Kundinger. Wenngleich ihm ehebrecherisches Verhalten nicht nachgewiesen werden konnte, so schenkte es seiner Behauptung, er habe lediglich zur Untermiete bei ihr gewohnt, keinen Glauben.

Hingegen sah das Gericht bei Anna als erwiesen an, dass sie ihr eheliches Kind Adolf insbesondere im Dezember 1939 »in krasser Weise verwahrlosen ließ«.[31] Als besonders »ehrloses Verhalten« stufte es die drei Diebstähle im Jänner »unter Ausnützung der Abwehr von Fliegergefahr« ein, was ihr die Verurteilung zu einem Jahr Zuchthaus einbrachte. Die Frage der Unwirtschaftlichkeit der Beklagten wurde gar nicht erörtert. Mit Rücksicht auf die beiderseitige eheliche Untreue sei ihrer Ehe ohnehin »kaum noch ein sittlicher Wert beizumessen«, sie sei jedoch gänzlich in die Brüche gegangen, »seit der Kläger von der Verurteilung seiner Frau wegen Diebstahls zu einem Jahr Zuchthaus erfahren« habe. »Begreiflicherweise« wolle er »nichts mehr von einer Wiedervereinigung wissen. [...] Es war deshalb mit der Scheidung der Ehe aus dem überwiegenden Verschulden der Letzteren vorzugehen.«

So endete das Jahr 1940 für Anna mit einem weiteren aus ihrer Sicht ungerechten Schicksalsschlag – und wieder wird sie sich in ihrem Gefühl, kein Glück im Leben zu finden, wie sie es ihrer Mutter klagte, bestätigt gesehen haben.

Anna gibt nicht auf

Ein Hoffnungsschimmer

Das schriftliche Urteil erreichte Anna allerdings erst zu Jahresbeginn 1941 im Gefängnis München-Stadelheim. Keine zwei Wochen später erklärte sie vor einem Urkundsbeamten für den Gefängnisdienst, dass sie dagegen berufen wolle, wofür sie auch diesmal um Bewilligung des Armenrechts und Beigabe eines Rechtsanwalts ersuche.

Es scheint, als hätte Anna vor diesem Beamten erstmals ausführlich ihre Sichtweise darlegen können, denn dieses Protokoll klingt anders als jenes des Gerichts in Wien. Diesmal hob Anna die prekären Verhältnisse hervor, in denen zu leben sie gezwungen war. Nächteweise habe sie bei Verwandten unterkommen müssen, teilweise sogar im Freien schlafen, sodass an eine Haushaltsführung in den Jahren 1938 und 1939 gar nicht zu denken gewesen sei. »Ich musste auch in letzter Zeit betteln gehen, um die Kinder nicht verhungern zu lassen.« Den Lohn, den ihr Mann von der Reichsbahn erhielt, habe er zum großen Teil »mit seinen Mäderln« ausgegeben. »Während seiner Einrückungs- und Spitalzeit presste er mir von meinem Unterhaltsbeitrag Geld heraus und verbrachte es selbst.« Für viel »unnötiges Zeug« habe ihr Mann Geld ausgegeben, Geld, das ihr dann im Haushalt gefehlt habe, »dafür bekam ich wieder Schläge«. Und Anna weiter:

> Ich kam derart in Not, dass ich mich in meiner Verzweiflung hinreißen ließ und zum Stehlen ging, nur damit meine Kinder nicht zu frieren und zu hungern brauchten.
> Ich kann nicht alles so angeben, wie es sich gehören würde, jedenfalls behaupte ich, wenn mein Mann für seine Familie richtig gesorgt hätte und ein Familienvater gewesen wäre, wäre ich nicht zu dieser hohen Strafe gekommen. Die überwiegende Schuld an

der Scheidung liegt nicht an mir und kann ich mich mit einer Scheidung nur aus beiderseitigem Verschulden einverstanden erklären.

Gleichzeitig bat sie, die Scheidung zurückzustellen »bis zu meiner Entlassung, d. i. am 25. 4. 41 und werde ich mich persönlich bei Gericht dann einfinden, da ich auch noch für einen Unterhaltsbeitrag für mich und meine Kinder Klage stellen werde«. Wäre die Hauptschuld an der Scheidung ihr zugesprochen geblieben, hätte Anna keinen Anspruch auf Unterhaltszahlungen gehabt. Dies war sicher ein wesentlicher Grund für sie, weiterhin vehement das vorläufige Urteil anzufechten.

Der ihr am 28. Jänner neu zugewiesene Armenvertreter Dr. Otmar Kukowitsch aus der Probusgasse 3 in Wien 19 verfasste eine engagiert klingende Berufungsschrift. Als Berufungsgründe machte er unrichtige Beurteilung, Mangelhaftigkeit des Verfahrens und unrichtige Beweiswürdigung geltend. Seine Ausführungen wurden umgehend von der gegnerischen Partei als unrichtig abgetan, die abermals ihre Sicht der Dinge darlegte. Doch siehe da: Das Oberlandesgericht Wien als Berufungsgericht gab der Berufung Folge, der Scheidungsbeschluss wurde aufgehoben.

Es waren wohl zwei Umstände, die das Gericht zur Neubeurteilung bewogen: Es zitiert einen neu ins Verfahren eingebrachten, aber nicht näher benannten Pflegschaftsakt, in dem Karl Burger selbst Frau Kundinger im Jahre 1939 zweimal als seine Lebensgefährtin angab, mit der er eine Hausstandgründung beabsichtige. Des Weiteren habe Anna Burger in ihrer Berufung vorgebracht,

> dass sie zu den Diebstählen nur durch die völlige Vernachlässigung der väterlichen und ehemännlichen Unterhaltspflicht seitens des Klägers veranlasst worden sei und hat als neuen Scheidungsgrund geltend gemacht, dass er ihr kein Wirtschaftsgeld gegeben und sich auch nicht im geringsten bemüht habe, für die Familie ein Heim zu schaffen.

Diese Behauptungen gelte es zu prüfen, und sollten sie zutreffen, »dann könnte, in Sonderheit, falls eine schuldbare Verletzung der

Unterhaltspflicht vorläge, wohl von einem Überwiegen des Verschuldens der Beklagten nicht gesprochen werden«. Damit konnte Anna nochmals Hoffnung schöpfen.

»Vater, du kannst dir es nicht vorstellen!«

In den Tagen zuvor war es mit Annas Zuversicht nicht weit her. Am 6. Februar 1941 war sie von München-Stadelheim zur Straffortsetzung ins Landgerichtgefängnis in Traunstein, etwa zehn Kilometer westlich des Chiemsees, gebracht worden. Neben der aktenkundigen Überstellung zeugt ein Brief von der dortigen Haftzeit – das letzte erhalten gebliebene Schriftstück von Annas Hand, diesmal in erster Linie an ihren Vater gerichtet:

> Traunstein, 20. Februar [1941]
> Lieber guter Vater! Heute nach so vielen Jahren bin ich an dich, mein guter Vater, zu schreiben. Lieber Vater, wenn ich dir schon weh getan habe, so verzeih mir und vergib mir, was ich Böses tat. Denn du hast mich doch großgezogen und ich bin so gefallen, dass ich in so ein schweres Haus gekommen bin. Es reut mich und kränkt mich sehr, dir weh tut, guter Vater, wir haben ja meinen armen Bruder Karl auch verloren, da gehen viel Leute zugrunde. Vater, du kannst dir es nicht vorstellen, ich habe es mir auch nicht so dacht, wie es da zugeht. Aber Vater, ich schwöre dir heute, hebe dir mein Schreiben auf, ich rühre mein Leben nichts mehr an. Lieber guter Vater, bitte dich, schau auf meine zwei Kinder, Steffi und Polderl. Die sind sehr arm, haben nur dich, Vater. Lieber guter Vater, bitte dich nochmals um Verzeihung, dass ich weiter dein Kind bin. Bitte, lieber Vater, Mutti soll mir einen Kamm schicken, ich habe lauter Ausschlag im Gesicht, und einen Büstenhalter soll mir meine Schwester Laura auch schicken. Guter Vater, ich werde es mir merken, werde mit dir nicht grob sein, jetzt weiß ich, was Eltern sind. Bitte, Vater, vergib und verzeih mir, ich bin ein unglücklicher Mensch, bin in einen schlechten Jahrgang geboren, haben die Herren gesagt. Die Herren sind gut zu mir, aber die Leut im Kerker sind bös und der Kerker ist so schwer. So schließ ich und bitte dich nochmals, Vater, lieber, guter, um Verzeihung. Ich werde dich mit gar

> nichts lästigen, nur, dass du mir verzeihen tust. Grüße mir meine arme Mutti und Fritzl, Laura und Bussi an meine armen Kinder, deine arme Tochter Anna.
> Liebes Mütterlein bitte du auch für mich bei unserem Vater er soll alles verzeihen was ich getan habe. Liebe Mutti du bist ja immer so eine gute Mutter und habe dir so oft geschrieben du hast mir niemals geschrieben bin auf österreichischem Boden schon da ist es schon besser wie in Stadelheim bitte Mutti mach du das mit dem Vater dass er mit mir gut ist. Ich werde ihn nimmer beleidigen, so schließe ich mit vielen Grüßen an euch auch an die Großmutter verbleibe deine arme Tochter Anna[32]

Auch aus diesem Brief schreit förmlich Annas Unglück. Ein Unglück, für das sie einsteht, weshalb sie den Vater mehrfach um Verzeihung bittet. Welche bösen Taten verziehen werden sollen, führt Anna nicht aus, doch bekundet sie demütig ihre Reue und gelobt Besserung. Wie ein Jahr zuvor im Brief an ihre Mutter, ersucht sie hier ihren Vater, sich um ihre beiden Erstgeborenen, Steffi und Polderl, zu kümmern. In ein »schweres Haus« sei sie gekommen, wenngleich es nach der Überstellung nach Traunstein, das sie irrtümlicherweise in Österreich wähnt, etwas besser geworden zu sein scheint. Zuchthausstrafe bedeutete ja Haftvollzug unter verschärften Bedingungen – insbesondere Verpflichtung zu harter Zwangsarbeit. Welche Art von Arbeit Anna in München-Stadelheim und später in Traunstein verrichten musste und wie ihr Haftalltag aussah, ließ sich nicht feststellen. Die Häftlingspersonalakte der Anstalt München-Stadelheim blieb nicht erhalten.[33]

Zu den Haftbedingungen von Anna Burger lassen sich nur über Umwege Anhaltspunkte finden, etwa über Erfahrungsberichte von Frauen, die im Zuchthaus Aichach einsitzen mussten. Aus der Zuchthausabteilung für Frauen in München-Stadelheim ließen sich keine Berichte von länger dort festgehaltenen Frauen finden.

Eine von den in Aichach Internierten war die Wiener Architektin Margarete Schütte-Lihotzky. In ihren »Erinnerungen aus dem Widerstand«[34] schildert sie den Schock bei der Ankunft im Zuchthaus:

Der erste Eindruck beim Betreten des halbdunklen, riesigen Hauses war niederschmetternd. Gleich beim Eingang mussten wir in Viererreihen stehenbleiben, sehr lange. […] In den dicken Mauern hinter den vergitterten Gängen schwere, eisenbeschlagene Türen, hinter denen Menschen in Zellen lebten, ständig durch winzige Gucklöcher, »Spione«, beobachtet. […] Die ersten Tage als »Zugang« gab es für uns nichts als stehen, stehen und wieder stehen, mit dem Gesicht zur Wand, weit getrennt von den Mitgefangenen zur Rechten und zur Linken. […] Die Zuchthäuslerin wird mir eingebläut. Bei der Leibesvisitation: stehen. Beim Arzt: stehen. Zum Bad: stehen. Zur Einkleidung: stehen. Warten und stehen, schweigend, stundenlang.

In Aichach mussten die Frauen nach Ankunft zudem folgenden Hinweis auf einem Formular unterschreiben – gut möglich, dass Ähnliches auch in München-Stadelheim verlangt wurde:

> Ich habe davon Kenntnis genommen, dass es zur Waffenanwendung keiner vorherigen Warnung des Strafvollzugsbeamten bedarf, wenn ich während eines Fliegerangriffes oder einer Verdunkelung einen Fluchtversuch mache.[35]

Besonders hilfreich für die Annäherung an die Haftbedingungen im Zuchthaus München-Stadelheim war die Publikation von Gabriele Hackl »Frauenzuchthaus Waldheim 1933–1945«. Mit Fokus auf diese Haftanstalt in Sachsen widmet sich Hackl einem bislang stark unterbelichteten Thema in der NS-Forschung, nämlich dem Strafvollzug an Frauen.[36] Anhand dieser Studie lassen sich die Bedingungen umreißen, die ein Jahr Zuchthausstrafe ausmachten: Wesentlich für Annas Hafterfahrungen war der Umstand, dass bereits Krieg herrschte, als sie am 20. Juni 1940 nach München-Stadelheim gebracht wurde. Einen Monat später, am 22. Juli 1940, wurde eine Strafvollzugsverordnung zur »Vereinheitlichung der Dienst- und Vollzugsvorschriften für den Strafvollzug im Bereich der Reichsjustizverwaltung« veröffentlicht.[37]

Die Verordnung stellte insgesamt eine Verschärfung der Haftbedingungen dar, was sich im geänderten Ziel des Strafvollzugs manifestierte: Der Erziehungsgedanke wurde gänzlich fallengelassen, oberste Priorität hatte nun der Schutz der ›Volksgemeinschaft‹. Bei Zuchthausstrafen war ein verschärfter Anfangsvollzug angeordnet, der besonders bei kürzeren Strafen langfristig in Erinnerung bleiben sollte: Die ersten sechs Monate waren in Einzelhaft zu verbringen, für die geforderte Arbeit gab es keine Entlohnung. Die Neuzugänge durften Briefe weder erhalten noch schreiben, Besuche nur aus gewichtigen Gründen empfangen.[38]

Die Arbeitspflicht wurde auf über zehn Stunden erweitert[39], der Einsatz von arbeitserleichternden Maschinen verboten. Auch die Hausstrafen wurden verschärft: Zellen konnten nun gänzlich unbeleuchtet bleiben, der Aufenthalt im Freien zur Gänze verboten, das Hausgeld komplett entzogen (und damit dringend notwendige Zukäufe von Lebensmitteln oder Hygieneartikeln unterbunden) werden. Für »schlechte Leistung« bei der Zwangsarbeit setzte es strenge Strafen, wie etwa Essensentzug, Arrest und auch Prügel.[40] Die Strafen konnten nun bis zu einer Dauer von zwei Wochen verhängt werden.

Alle Gefangenen waren von der ab Kriegsbeginn stark zunehmenden Überbelegung der Haftanstalten betroffen, besonders aber die Frauen, deren Zahl sich in den Jahren 1939 bis 1944 verfünffachte (während sich die Zahl der männlichen Justizgefangenen verdoppelte). Das bedeutete Zusammenrücken auf engstem Raum: Einzelzellen, die doppelt und dreifach belegt wurden, ohne die spärliche Einrichtung zu ergänzen, sodass sich die Frauen Schlafsack, Pritsche, Essgeschirr und Abortkübel – von dem zumeist ein unerträglicher Gestank nach Fäkalien und Chlor[41] ausging – teilen mussten. Kleidung, Wäsche, Hygieneartikel und Medikamente waren Mangelware. Die Essensrationen wurden kleiner, die Frauen hungerten.[42]

Dennoch mussten sie enorme Arbeitsleistungen erbringen: Ihre Tätigkeiten reichten von den »typisch weiblichen« Aufgaben in Küche, Waschküche und Vorratskammer über sämtliche Putz- und Instandhaltungsarbeiten bis hin zur Beschaffung von Heizmaterial; sie mussten Wasser schleppen, die Senkgruben leeren, die Fäkalien fortschaffen und vieles mehr. Mit zunehmendem Arbeitskräftebedarf in Wirtschaft, Landwirtschaft und Kriegsindustrie wurden die Frauen vermehrt nach ihren erlernten Berufen eingesetzt, doch mussten sich auch die ungelernten, isoliert untergebrachten oder kranken Gefangenen nützlich machen: Federn schleißen, Lumpen oder Lederreste verwerten, Knöpfe sortieren, Tüten kleben, Bindfäden knüpfen und dergleichen.

Letztgenannte oder ähnliche Tätigkeiten wurden wohl auch Anna als ungelernter Hilfsarbeiterin auferlegt[43]; eventuell spielten dabei ihre Erfahrungen in der Klosterneuburger Spinnerei und Weberei bei der Zuteilung der Arbeitsverpflichtung eine Rolle. Die begehrten Außenarbeiten blieben ihr als ›gemeinschaftsfremder‹ Insassin jedenfalls versagt. Zudem erhielt sie als Zuchthausgefangene weniger Lohn als Gefängnisgefangene, Frauen generell weniger als Männer (das galt auch für die Nahrungsmittelrationen). Die geringere Entlohnung der Frauen wurde auch nach 1940 beibehalten, als sie kriegsbedingt längst »Männerarbeiten« verrichten mussten. Überbelag, mangelnde Ernährung und Hygiene, verbunden mit dem Zwang zu hohen Arbeitsleistungen, erhöhten die Anfälligkeit der Frauen für Krankheiten. Insbesondere Magen-, Darm-, Haut- und Infektionskrankheiten waren stark verbreitet; auch Epidemien wie Ruhr, Diphterie, Fleckfieber, Scharlach und Grippe grassierten.

Wenngleich Anna Burger kurz vor den genannten Verschärfungen in Haft kam, zeigen diese Umstände doch die rauen Bedingungen, die in den Zuchthäusern herrschten. Sie müssen schlimm gewesen sein, wenn sie ihrem Vater klagt: »Vater, du kannst dir es nicht vorstellen, ich habe es mir auch nicht so dacht, wie es da zugeht.« Diese Zeilen schreibt Anna, nachdem sie zuvor auf das Schicksal ihres Bruders Karl verwiesen hat, die wahre Tragödie mit »da gehen viele Leute zugrunde« nur andeutend: Er war in Sachsenhausen umgekommen.[44]

Sehr wahrscheinlich ist auch, dass die zunehmende Idealisierung der ›Volksgemeinschaft‹ den Haftalltag für inhaftierte Frauen, die als ›asozial‹ galten und zu einer Zuchthausstrafe verurteilt worden waren, nachhaltig verschlechterte. Dazu trug vermutlich auch die Zwangsgemeinschaft von Gefangenen mit gänzlich unterschiedlichen Haftgründen und Strafausmaßen bei, die Spannungen, Misstrauen (Angst vor Denunziation!) und Konkurrenz mit sich brachte. Die aus »politischen« Gründen verurteilten Frauen empfanden sich vielfach den ›Kriminellen‹ oder ›Asozialen‹ gegenüber moralisch und geistig überlegen, oft trennte sie auch ein unterschiedlicher sozialer Status. Die Leitlinie, die »Politischen« von den ›Kriminellen‹ und ›Gemeinschaftsfremden‹ zu trennen, ließ sich unter den zunehmend beengten Bedingungen in den Anstalten nicht einhalten.

Obwohl in der Strafvollzugsverordnung vom Juli 1940 mit Nachdruck eine getrennte Unterbringung der Geschlechter und besondere Vorsicht und Zurückhaltung der männlichen Justizbeamten gegenüber weiblichen Gefangenen gefordert wurde, ließen sich Kontakte zwischen Männern und Frauen nicht vermeiden (so etwa beim Gefangenentransport, bei der Zwangsarbeit, beim Anstaltsarzt, beim Seelsorger). Da bereits in der Verfügung zum »Vollzug der Freiheitsstrafen und der Untersuchungshaft an Frauen« vom 2. Februar 1939 – die einzige frauenspezifische Strafvollzugsverfügung der NS-Zeit und dennoch in der Forschung unbeachtet, wie Hackl hervorhebt – das Postulat der Geschlechtertrennung betont und erweitert wurde, ist davon auszugehen, dass es immer wieder zu unerwünschten, auch sexuellen Kontakten zwischen Männern (Beamte, Häftlinge) und Frauen (Gefangene) kam, die unterbunden werden sollten. Die Bandbreite der sexuellen Begegnungen reichte wohl auch hier – wie dann auch in den Konzentrationslagern – von beiderseits gewollten Liebschaften über Beziehungen zum Wachpersonal, durch die sich die Gefangenen Haftvergünstigungen erhofften, bis hin zu sexuellen Übergriffen bzw. Nötigung und Vergewaltigung.

Den widrigen Haftumständen zum Trotz versuchten die Frauen auf ihr Äußeres zu achten, indem sie Reparaturen und Anpassungen bei ihrer Kleidung vornahmen, sich aus Papierstreifen Lockenwickler bastelten, die Wangen mit Rouge aus Bodenfarbe bemalten und dergleichen. Darauf verweist auch der Brief von Anna: Sie fragt nach Kamm und Büstenhalter. Zudem erzählt sie von einem Ausschlag im Gesicht, was auf die bereits erwähnten unhygienischen Verhältnisse, gepaart mit unzureichender Ernährung, verweist.

Auffällig ist Annas Unterscheidung zwischen »den Leuten«, also den Mitgefangenen, und »den Herren«, die gut zu ihr seien und ihre missliche Lage auf den »schlechten Jahrgang«, in dem sie geboren wurde, zurückführten – womöglich ein Hinweis auf den schwierigen Start ins Leben, wenn die ersten Lebensjahre in die Zeit eines Weltkriegs fallen. Es bleibt unklar, welches Verhalten der Justizbeamten Anna hier lobte; möglich auch, dass sie im Bewusstsein der Briefzensur so formulierte. Fraglich ist zudem, inwieweit sich die Haftbedingungen in Traunstein insgesamt gebessert hatten – wie auch offen bleibt, warum Anna nach Traunstein überstellt wurde.[45]

Anna wendet sich im Brief abschließend an ihre Mutter, der sie des Öfteren geschrieben habe, ohne je Antwort bekommen zu haben – sicherlich eine bittere Erfahrung, wo doch gerade in den langen Gefängnismonaten jede Nachricht von außen herbeigesehnt wird und »Briefe zu lesen und zu schreiben [...] eine der wenigen Gelegenheiten (war), aus dem brutalen Alltag von Schwerarbeit und Schikane kurz aufzutauchen und sich als Mensch zu fühlen«.[46] Anna bittet ihre Mutter um Fürsprache bei ihrem Vater, dass er ihr verzeihen möge, ihr, seiner armen Tochter. Ob sie mit diesem Brief die Eltern kurz vor der erwarteten Entlassung positiv stimmen wollte? Schließlich waren die Angehörigen einer »Zuchthäuslerin« in ihrem Umfeld schlecht angeschrieben. Oder spürte Anna eine böse Ahnung von kommenden Ereignissen?

Denn statt der ersehnten Freiheit kam der nächste große Schrecken: Anna wurde zwar nach regulärem Ende der Gefängnisstrafe am 24. April 1941 einen Tag später nach Wien rücküberstellt – aber nicht in die Freiheit. Obwohl sie ihre Haftstrafe vollständig verbüßt hatte, verblieb sie in den Fängen der Kriminalpolizei, die sie aus eigenem Gutdünken umgehend in das Konzentrationslager Ravensbrück überstellte.

Wende im Scheidungsprozess

Von Annas Überstellung ins Frauenkonzentrationslager erfuhr der Scheidungsrichter erst spät. Ende Mai 1941 schickte das Gericht noch Post für Anna ins Gefängnis nach München-Stadelheim, das seinerseits die Post nach Traunstein weitersandte. Auch dort saß Anna längst nicht mehr ein. Sie hatte bereits Anfang Mai 1941 den Überlebenskampf im KZ Ravensbrück aufnehmen müssen. Währenddessen wurde in Wien der Scheidungsprozess fortgeführt. Das Gericht ließ neue Beweise zu, um die Behauptungen der Berufungsschrift zu prüfen. Dabei befasste es sich erstmals mit der Verantwortung des Ehemannes und Vaters für seine Kinder. Bis dahin wurde das Kindswohl als alleinige Aufgabe der Frau und Mutter angesehen; Initiativen des Mannes bzw. Vaters der Kinder, um die häuslichen Notstände zu beenden, waren nicht eingefordert worden.

Erst im Oktober 1941 wurde Anna vor dem Amtsgericht Lychen, in dessen Zuständigkeitsbereich das Frauenkonzentrationslager Ravensbrück fiel, befragt. Dies geschah aufgrund eines Rechtshilfeansuchens aus Wien. In erster Linie ging es um die ökonomischen Verhältnisse in ihrer Ehe. Anna bekundete abermals, dass ihr Mann, auch als er verdiente, ihr nur wenig Wirtschaftsgeld gegeben habe, »sodass ich betteln und stehlen musste«.

Die langen Abstände zwischen den Verhandlungen im Jahr 1941 lagen nur zum Teil im verzögerten Informationsfluss begründet, den Annas KZ-Haft mit sich brachte. Auch Karl Burger war immer wieder schwer zu erreichen; seine Post konnte ihm aufgrund seines Dienstes bei der Reichsbahn nur verspätet zugestellt werden. In diese Zeit fällt sein erneutes Schreiben an Richter Jedliczka mit der Frage, wie es denn mit seiner Scheidungsangelegenheit stehe. Dort heißt es:

> Ich möchte Sie, Herr Dr., ersuchen, der Sache bald ein Ende zu machen, da ich mit dieser Sache fortlaufend Unannehmlichkeiten habe. Vor kurzem wurde die Kompanie angerufen, ob ich weiß, dass meine Frau im Konzentrationslager ist. Ich führe nur mehr diese beiden Gründe an 1. Die Bestrafung mit einem Jahr Zuchthaus und 2. Die Verurteilung zum Konzentrationslager.
> Ich bin der Ansicht, dass dies allein Grund genug ist, um die Ehe aus dem alleinigen Verschulden der Frau zu scheiden. Denn solche Frauen sind ja gar nicht wert, dass sie den Namen Frau noch weiter führen.
> Es zeichnet sich mit Heil Hitler
> Gefr. Burger Karl

Am 19. Jänner 1942 kam es vor dem Landgericht Wien zu einer weiteren Scheidungsverhandlung, bei der Karl Burger persönlich anwesend war. Abermals schilderte er seine Sicht der Dinge, diesmal fokussierte er auf die Wohnumstände während seiner Ehe mit Anna Burger sowie auf seine Einkünfte bei der Bahn und die von ihm getätigten Unterhaltszahlungen an seine Frau. Und abermals wichen seine Angaben stark von Annas Ausführungen ab.

Knapp zwei Wochen später fällte Landgerichtsdirektor Wilhelm Jedliczka als Einzelrichter neuerlich ein Urteil im Scheidungsfall Karl gegen Anna Burger. Diesmal allerdings hatte Karl das Nachsehen: Das Verschulden für das Scheitern der Ehe treffe beide Teile gleichermaßen. Die Urteilsbegründung ging in erster Linie auf die Vorwürfe ein, die Anna in der Berufung neu eingebracht hatte, nämlich »dass der Kläger ihr kein Wirtschaftsgeld gegeben und sich nicht im geringsten bemüht habe, für die Familie ein neues Heim zu schaffen«. Inwieweit Karl Burger sich um eine Wohnung bemüht hatte und es tatsächlich an seiner Ehefrau lag, dass sein Bemühen ohne Erfolg geblieben war, wie von ihm behauptet, konnte nicht geklärt werden. Allerdings musste der Richter »die Behauptungen der Beklagten über eine Verabsäumung der Unterhaltspflicht durch den Kläger als stichhältig erachten«. Er sah als erwiesen an, dass Karl Burger seine damals, im Jahr 1939, schwangere Frau zumindest zeitweise nicht alimentiert hatte, sodass diese auf Unterstützung von dritter Seite angewiesen war. Da aber Karl Burger nach eigenen Angaben »in der in Frage kommenden Zeit ständig Verdienst hatte, muss ihm diese Verabsäumung der Unterhaltspflicht als schwere Eheverfehlung angelastet werden«. Diese Eheverfehlung gegenüber der schwangeren Frau falle »in Hinblick auf den heutigen Zustand der Beklagten erheblich ins Gewicht«.

Zudem habe der Kläger im Sommer 1938 und nach eigenen Angaben auch im Februar und März 1940 mit Ernestine Kundinger zusammengewohnt. »Da der Kläger entschieden in Abrede stellt, dass diese Beziehungen ehebrecherisch waren, erscheint daher ein sicherer Beweis nicht erbracht, wenn auch nach der ganzen Sachlage der dringende Verdacht des Ehebruchs besteht.« Auf Seiten Annas fielen auch diesmal »die mit einem Jahr Zuchthaus geahndeten Diebstähle als ehrloses Verhalten besonders ins Gewicht, sodass das Verschulden beider Teile an der Zerrüttung der Ehe als im wesentlichen doch schwer zu erachten ist«. Abschließend hielt das Protokoll fest:

> Dass das Verhalten beider Ehegatten zu einer hoffnungslosen Zerrüttung der Ehe geführt hat, unterliegt unter den gegebenen Umständen keinem Zweifel, zumal beide auch von einer Wiedervereinigung nichts wissen wollen. [...] Ihre Ehe war daher zu scheiden u. zwar aus ihrem beiderseitigen Verschulden.

Am 27. März 1942 wurde das Scheidungsurteil vom 31. Jänner rechtskräftig. Bis Mitte März war beiden Streitparteien das Urteil zugestellt und von diesen keine neuerliche Berufung eingebracht worden. Zahlreiche Postzustellungsurkunden belegen den weiteren Informationsfluss der Behörde gegenüber Anna und Karl Burger.

Am 23. Mai wurde Anna der Beschluss im KZ Ravensbrück ausgehändigt. Ob sie wohl Genugtuung empfand, wo sie doch so sehr um ein gerechtes Urteil gekämpft hatte? Wir werden es nie erfahren.

Im Konzentrationslager: Ein endloses Entsetzen

Annas Weg nach Ravensbrück

Ob Anna eine Vorstellung davon hatte, was sie nach ihrer Haftzeit in den Gefängnissen München-Stadelheim und Traunstein erwarten würde? Wie lange war sie überzeugt davon, nach dem Jahr im Gefängnis die verdiente Freiheit zu erlangen? Wann schwand diese Sicherheit?

Immerhin schwebte drohende KZ-Haft ständig über den Zuchthaus-Gefangenen. Hieß es doch bald nach der Machtergreifung der Nationalsozialisten in Österreich oft sogar im normalen Alltag, wenn ein Mann rebellierte oder sich unangepasst verhielt: »Wenn'st so weitermachst, kommst nach Dachau!« Dass es Konzentrationslager gab, war also bekannt. Frauen, die in Arbeitsanstalten Zwangsarbeit leisteten, wurde bei ungenügender Arbeitsleistung oder unbotmäßigem Verhalten gegenüber den Aufsichtspersonen mit einer Verlegung ins KZ gedroht. Gut vorstellbar, dass dies ebenso in den Gefängnissen der Fall war. Möglich auch, dass es unter den Mithäftlingen Frauen gab, die bereits einige Monate KZ-Haft hinter sich hatten und hinter vorgehaltener Hand Andeutungen machten. Man darf davon ausgehen, dass darüber gemunkelt wurde.

Gesichert ist – das zeigen die Akten –, dass Anna Burger am 25. April 1941 vom Gefängnis Traunstein nach Wien rücküberstellt wurde. Zuständige Behörde war die Kriminalpolizeileitstelle Wien, Inspektion I c: jene Abteilung, welche die ›Vorbeugende Verbrechensbekämpfung‹ verantwortete. Sie hielt Anna weiterhin gefangen – vorbei der Traum von Freiheit und Rückkehr nach Klosterneuburg und, für Anna sicherlich bitter: vorbei auch die Möglichkeit, ihren Kampf um gerechte Scheidung voranzutrei-

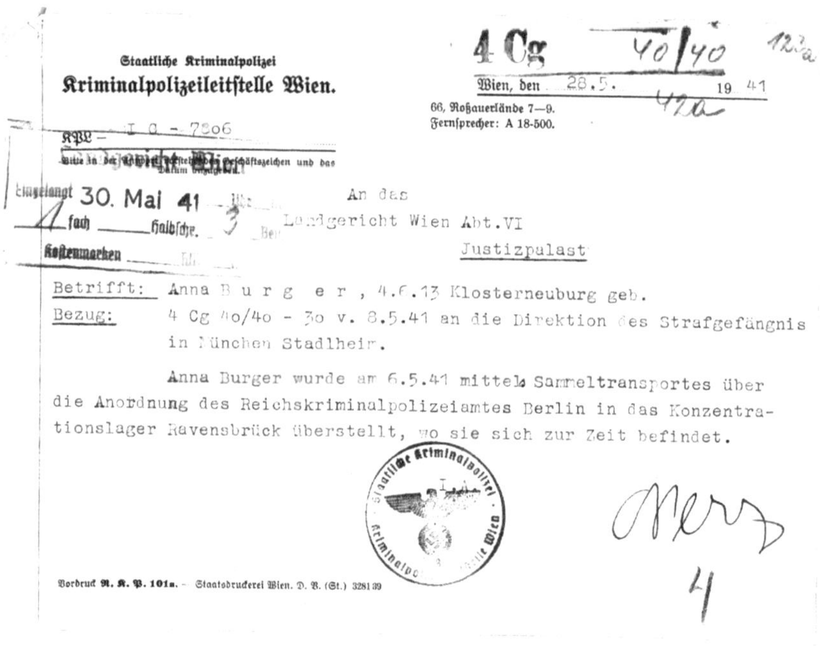

Staatliche Kriminalpolizei
Kriminalpolizeileitstelle Wien.

4 Cg 40/40

Wien, den 28.5. 1941

66, Roßauerlände 7—9.
Fernsprecher: A 18-500.

KPL – I C – 7806

Bitte in der Antwort Geschäftszeichen und das Datum anzugeben.

Eingelangt 30. Mai 41

An das
Landgericht Wien Abt.VI
Justizpalast

Betrifft: Anna Burger, 4.6.13 Klosterneuburg geb.
Bezug: 4 Cg 40/40 – 30 v. 8.5.41 an die Direktion des Strafgefängnis in München Stadlheim.

Anna Burger wurde am 6.5.41 mittels Sammeltransportes über die Anordnung des Reichskriminalpolizeiamtes Berlin in das Konzentrationslager Ravensbrück überstellt, wo sie sich zur Zeit befindet.

Vordruck K. K. P. 101a. – Staatsdruckerei Wien. D. B. (St.) 3281 39

Abbildung 8: Die Kriminalpolizeileitstelle Wien bestätigt die Überstellung von Anna Burger ins KZ Ravensbrück
Quelle: Wiener Stadt- und Landesarchiv, 4 Cg 40/40, Scheidungsakt Burger gegen Burger

ben und persönlich für ihre Sache einzutreten. Gut zehn Tage nach Ankunft in Wien, als ausreichend Frauen für einen Transport beisammen waren, trat Anna ihre letzte Reise an – Richtung KZ Ravensbrück.

So bestätigte knapp einen Monat später die Kripo Wien gegenüber dem Landgericht Wien, Abt. VI – dort wurde die Scheidung verhandelt –, dass Anna Burger »am 6.5.41 mittels Sammeltransportes über die Anordnung des Reichskriminalpolizeiamtes Berlin in das Konzentrationslager Ravensbrück überstellt [wurde], wo sie sich zur Zeit befindet«.

Wie sehr mag Anna von dem Beschluss der Kriminalpolizei, sie in ein Konzentrationslager zu deportieren, überrascht worden sein? Die Kripo selbst hatte diesen Schritt längst geplant, wie das bereits erwähnte Dokument aus dem Scheidungsakt belegt: Schon am 7. Mai 1940, also keine drei Monate nach Annas Inhaftierung, kündigte sie für eine Woche später, ohne das gerichtliche Urteil im Strafprozess abzuwarten, Anna Burgers »Abgabe« in ein Konzentrationslager an. Allerdings war die Überführung Annas in die KZ-Haft erst nach Ende ihrer Haftzeit im Zuchthaus und Rücküberstellung nach Wien möglich.

Der übliche Transportweg nach Ravensbrück führte von Wien aus über Linz, Prag und Berlin, wo die Frauen in den örtlichen Polizeigefängnissen untergebracht wurden und weitere Gefangene hinzukamen, bevor der Zug sich wieder Richtung Bahnhof Fürstenberg in Bewegung setzte. Gemäß der Häftlingsnummer, die Anna in Ravensbrück erhielt und mit der sie sich künftig statt ihres Namens melden musste, erfolgte die Registrierung im Lager höchstwahrscheinlich am 11. Mai 1941 – exakt lässt sich der Tag nicht bestimmen, weil die SS unendlich viel Beweismaterial aus der Lagerverwaltung in den letzten Kriegstagen vernichtete.[47]

Blieb aus dem Gefängnis Traunstein zumindest ein Brief von Anna Burger an ihre Eltern erhalten, so gibt es keinerlei persönliche Nachrichten von ihr aus dem Konzentrationslager Ravensbrück, immerhin aber Unterlagen, die den weiteren Verlauf der Ehescheidung nachvollziehbar machen (und in den vorhergehenden Kapiteln bereits erwähnt wurden). Lediglich zwei Hinweise auf ihren Zwangsarbeitseinsatz und schließlich ihren Tod im Dezember 1943 sind an Dokumenten noch vorhanden. Wir können also nur versuchen, über den Umweg der bekannten Bedingungen einer Konzentrationslagerhaft sowie den Erinnerungen eines Mithäftlings ein Bild von Annas zweieinhalb Jahren im KZ Ravensbrück anzudeuten.

Namenlos, rechtlos und geknechtet

Das Frauenkonzentrationslager Ravensbrück, etwa achtzig Kilometer nördlich von Berlin gelegen, bestand ab Mai 1939.[48] Die ersten Häftlinge waren Frauen, die vom KZ Lichtenburg überstellt wurden, das als Haftstätte für Frauen ausgedient hatte. Wie in allen anderen für männliche Häftlinge errichteten Lagern, erhielten auch die Frauen in Ravensbrück eine Nummer und wurden einer Kategorie zugeteilt. Beides musste an der Kleidung für alle erkenntlich sein: Am linken Ärmel sowie vorne rechts auf Brusthöhe war ein Stoffdreieck anzunähen, »Winkel« genannt, dessen Farbe die Haftkategorie signalisierte, darunter die Nummer. Welche Farbe das Stoffdreieck einer Frau im Kennzeichnungssystem der SS erhielt, wurde bereits von der einweisenden Behörde vorab mitbestimmt. Vor allem sollte der Winkel Auskunft über den Grund geben, aus dem die jeweilige Frau in ein Konzentrationslager deportiert worden war.

Die von der Kriminalpolizei überstellten Frauen kamen als ›Vorbeugehäftlinge‹ nach Ravensbrück – mit ihrer Absonderung aus der Gesellschaft sollte ›vorbeugend‹ eine (weitere) Schädigung der ›nationalsozialistischen Volksgemeinschaft‹ verhindert werden. Die betroffenen Frauen galten als ›kriminell‹, wenn sie mehrfach zu Haftstrafen von über einem halben Jahr aufgrund von Diebstahl, Betrug, aber auch wegen Abtreibung oder Zuhälterei verurteilt worden waren. Im Konzentrationslager mussten sie einen grünen Winkel tragen. Als ›Asoziale‹ galten alle anderen, denen ›gemeinschaftsfremdes‹ Verhalten unterstellt wurde: Das Spektrum reichte von ›mangelnder Arbeitsmoral‹ bis hin zu ›unsittlicher Lebensführung‹. Es waren sehr viele Frauen, die unter dieser bewusst breit und unbestimmt gefassten Begrifflichkeit ›gemeinschaftsfremd‹ verfolgt werden konnten. Sie alle mussten einen schwarzen Winkel als Kennzeichnung tragen. So auch Anna Burger. Als von der Kripoleitstelle Wien nach Ravensbrück Deportierte erhielt sie den schwarzen Winkel der ›Asozialen‹, ihre Häftlingsnummer lautete 6193.

In den ersten zwei Jahren stellten die ›Asozialen‹ einen Großteil der Häftlinge im KZ Ravensbrück. Im Frühjahr 1939, als die Zahl der Häftlinge noch unter Tausend lag, machte der Anteil der als ›asozial‹ Kategorisierten rund ein Viertel aller Inhaftierten aus.[49] Damit stellten sie nach den Bibelforscherinnen – so wurden damals die Zeuginnen Jehovas bezeichnet – die zweitgrößte Gruppe. Mit Kriegsbeginn im September 1939 änderte sich die Zusammensetzung der sogenannten Häftlingsgesellschaft; im Laufe der folgenden Jahre kamen Frauen aus zahlreichen anderen Ländern nach Ravensbrück, insbesondere Polinnen. Dennoch stellte die Gruppe der als ›asozial‹ Gebrandmarkten im Juni 1940 mit 1033 Frauen ein Drittel der über 3 000 registrierten Häftlinge. Noch im letzten Quartal 1940, für das die Zugangslisten lückenlos vorliegen, machten die ›Asozialen‹ 38 Prozent der Neuzugänge in Ravensbrück aus.[50] Bereits zu diesem Zeitpunkt war die Aufnahmekapazität des Lagers erreicht. Das bedeutete, dass die Frauen in den Baracken enger zusammenrücken mussten, das Essen weiter schlechter wurde und sich generell die Lebensbedingungen im Lager verschärften – wovon noch ausführlich die Rede sein wird. Insgesamt schätzt Schikorra die Anzahl der als ›Asoziale‹ inhaftierten Frauen für die gesamte Dauer von Ravensbrück auf etwa 5 000.[51]

Als Anna Burger im Mai 1941 das Frauenkonzentrationslager erreichte, war dieses bereits massiv überbelegt. Und Woche für Woche kamen noch mehr Frauen an, aus vielen Ländern Europas. Bald war in den Schlafräumen der Blocks kein Platz mehr zu finden, Neuankömmlinge mussten auf dem Boden der Tagräume schlafen. Wenigstens blieb den Frauen aufgrund der Überfüllung eine der zahlreichen Schikanen erspart: sonntags nach dem Zählappell eine Stunde auf der Lagerstraße marschieren zu müssen. Da das Lager aus allen Nähten platzte, wurde sein Ausbau zügig vorangetrieben. Im August 1941 waren die ersten Baracken des »neuen Frauenlagers« bezugsfertig.[52] Insgesamt kamen zu den ursprünglich 16 weitere zehn hinzu. Die neuen Blocks sollten verstärkt nach Nationalitäten und Haftgrund getrennt belegt werden – ein Vorhaben, das insbesondere von den politischen Häftlingen eingefordert worden war und vor allem von den Polinnen als große Erleichterung des Lageralltags beschrieben wurde: die Trennung von jenen Frauen, die bei ihrer Einweisung einen schwarzen oder grünen Winkel erhalten hatten. Anna Burger war zuerst im Block 13 untergebracht und später, ab Frühjahr 1942, im Block 22 und damit im neuen Lagerabschnitt.

Zu Beginn des Jahres 1942 belief sich die Gefangenenstärkemeldung auf nahezu 7 000 weibliche Häftlinge. Trotz laufender Deportationen von Häftlingen in Vernichtungslager und Tötungsanstalten sowie Erschießungen polnischer Widerstandskämpferinnen blieb das Lager überfüllt. Dies zog zunehmend hygienische Probleme nach sich; Wäsche und saubere Häftlingskleidung wurden knapp, erstmalig wurden auch Wanzen und Läuse im Lager gemeldet. Drei Frauen teilten sich nun zwei Strohsäcke und vier einen Spind. War es bislang üblich gewesen, dass die Häftlinge im Sommer auf Strümpfe und Schuhwerk verzichten und von Mai bis Oktober barfuß laufen mussten, fehlte nun für viele die Fußbekleidung sogar im Winter. Die Qualität des Essens war ohnehin immer schon unzureichend.

Einen neuen Schrecken im Lager verursachten die Humanexperimente, die ab Sommer 1942 erfolgten: Der Lagerarzt Dr. Gebhardt startete eine klinische Versuchsreihe zur Bekämpfung von Gasbrand; neben Sulfonamid-Experimenten führte er auch Knochenregenerations- und Transplantationsversuche durch. Vor allem polnische Frauen wurden für diese Menschenversuche herangezogen und erlitten schreckliche Qualen durch die an ihren Beinen vorgenommenen Operationen. Insgesamt waren achtzig Frauen von dieser Tortur betroffen, manche von ihnen bis zu fünfmal. Von den 74 polnischen »Versuchskaninchen«, wie diese gequälten Frauen im Lagerjargon genannt wurden, starben zehn unmittelbar nach der Operation, einige von ihnen wenige Monate oder Jahre nach der Befreiung an den Folgen der Eingriffe.

Von Beginn an waren die Frauen im Konzentrationslager zu Zwangsarbeit verpflichtet. Sämtliche Tätigkeiten im Lager wurden von Häftlingen verrichtet: Sie mussten die Blöcke sauber halten, Essen zubereiten und verteilen, Wäsche waschen, Kleidung verwalten und auch produzieren, das männliche wie weibliche SS-Personal versorgen – all das tun, was den Betrieb am Laufen hielt. Besonders gefürchtet waren die körperlich schweren Arbeiten beim Auf- und Ausbau des Lagers und die damit einhergehenden ständigen Schikanen, Demütigungen und Erniedrigungen. Bis zur völligen Erschöpfung mussten Häftlinge oft zermürbende, weil unsinnigste Schwerstarbeit durchführen. Gelangte eine Häftlingsfrau an die Grenzen ihrer Kräfte und konnte die Schaufel mit Sand einfach nicht mehr heben, wurde ihr das als Sabotage ausgelegt und es setzte Schläge, oft gefolgt von Strafblock oder Bunker, dem gefürchteten Gefängnis im Konzentrationslager. Die zahlreichen Zählund Strafappelle taten ihr Übriges, um die Frauen zu entkräften und zu demoralisieren.

Drill und Terror, ausgeübt vom Lagerführer über die Aufseherinnen bis zu den Kapos und Anweisehäftlingen, die die Arbeitskommandos beaufsichtigten, prägten den Alltag der inhaftierten Frauen. Nicht wenige starben an Entkräftung, ihr Tod wurde bewusst in Kauf genommen. Dies änderte sich im Laufe der Kriegsjahre, insbesondere ab 1942. Als wichtig galt nun die Erhaltung der Arbeitskraft, die zunehmend für die Versorgung der Soldaten an der Front und auch für die Rüstungsindustrie benötigt wurde – Schikanen, Terror und Arbeitsdruck blieben. Am Beispiel der Textilindustrie in Ravensbrück, wo auch Anna Burger zur Zwangsarbeit angehalten war, wird dies später exemplarisch ausgeführt.

Die Versorgungslage in Ravensbrück war im Herbst 1942 derart angespannt, dass Reichsführer SS Heinrich Himmler, verantwortlich für sämtliche Konzentrationslager, den Häftlingen ab Ende Oktober den Empfang von Lebensmittelpaketen erlaubte und sie zudem Zivilkleidung erhalten durften. Für die Masse der Häftlinge konnte nicht mehr ausreichend Kleidung angefertigt werden – zumal auch die Produktion zunehmend auf Uniformen für die Wehrmacht umgestellt wurde. Um eine Flucht aus dem Lager in Alltagskleidung zu verhindern, wurde diese mit einem weißen oder schwarzen Kreuz aus Ölfarbe auf Rücken und Brust gekennzeichnet.

Das Jahr 1943, Annas letztes Jahr in KZ-Haft, begann mit einer Entlausungsaktion bei 1700 Häftlingen, die sich dafür im Jänner einer Desinfektion unterziehen mussten – so desolat waren mittlerweile die hygienischen Verhältnisse. Ab Jahresmitte ertönte auch wiederholt Sirenengeheul wegen Fliegeralarms, was den Frauen weniger Angst als vielmehr eine kurze Verschnaufpause bei der Zwangsarbeit einbrachte, wenngleich es für sie keinen Schutzbunker gab. Unruhe kam vermutlich jedes Mal auf, wenn größere Transporte abgingen – wie etwa im März des Jahres, als der ganze Block 7, vor allem mit Jüdinnen belegt, ins KZ Majdanek geschickt wurde. Ob die Frauen ahnten, dass diese Transporte in den Tod gingen? Dass Ende April im Konzentrationslager ein eigenes Krematorium mit zwei Verbrennungsöfen den Betrieb aufnahm – bis dahin erfolgten die Einäscherungen durch das Krematorium der Stadt Fürstenberg –, zeugt von der Zunahme der Todesfälle und den miserablen Lebensbedingungen.[53]

Und wie weit sich wohl im Lager herumgesprochen hatte, dass neuerdings Häftlingsfrauen in andere Konzentrationslager verschickt wurden, um dort männlichen Häftlingen in Bordellen sexuell zu Diensten zu sein? Dies war ab Mitte 1942 der Fall; zuerst ging es nach Mauthausen und Gusen, dann auch in die anderen großen Männer-KZs. Immer wieder wurden Frauen – darunter viele aus der Gruppe der ›Asozialen‹ und hier insbesondere aus dem Milieu der Prostituierten rekrutiert – nach Ravensbrück rücküberstellt, und sicherlich kursierten Gerüchte über diese besondere Art der Zwangsarbeit.

Das Grauen der ersten Tage

Als Anna Burger im Mai 1941 eingeliefert wurde, waren über 4500 Frauen in Ravensbrück inhaftiert, also noch einmal um 1500 über der Zahl, für die das Lager ausgerichtet war. Was muss die Ankunft für ein Schock gewesen sein!

Lassen wir – in Ermangelung von Annas Stimme – Antonia Bruha, von allen Toni genannt, hier zu Wort kommen. Die Wienerin war im politischen Widerstand der tschechischen Minderheit gegen den Nationalsozialismus aktiv. Im Oktober 1941 geriet die Widerstandsgruppe in die Fänge der Gestapo, ein Jahr später wurden die dreizehn Frauen unter ihnen nach Ravensbrück deportiert. Toni Bruha war zu diesem Zeitpunkt annähernd so alt wie Anna Burger, die rund eineinhalb Jahre früher in Ravensbrück eingeliefert worden war.

Toni Bruha veröffentlichte unter dem Titel »Ich war keine Heldin« im Jahre 1984 ihre Erinnerungen an Widerstand und Verfolgung.[54] Gerade ihre KZ-Haft in Ravensbrück gibt sie lebhaft und anschaulich wieder. Toni schildert ihren Zustand kurz vor der Ankunft in Ravensbrück, nach vierzehn Tagen auf Transport, zweihundert Frauen zusammengepfercht in überfüllten Waggons, oft schlaflos, ohne Essen oder Waschgelegenheiten: »Ich kann kaum atmen; die Luft ist voll Gestank von wochenlang nicht gewaschenen, verschwitzten Menschen.«[55]

Am Fürstenberger Bahnhof, endlich an der frischen Luft, müssen sich die Frauen in Fünferreihen zum Weitertransport nach Ravensbrück bereitstellen. Zum ersten Mal begegnen sie den Aufseherinnen. »Es sind Frauen in SS-Uniformen, mit Hosenröcken und gewichsten Stiefeln. Neben ihnen große Wolfshunde, die ein unheimliches Geheul ausstoßen und uns immer wieder umkreisen.« Die Neuankömmlinge werden auf einen Lastwagen verfrachtet und ins Lager gebracht. »Hinter uns das Tor, durch das wir gekommen sind: ein schweres, eisernes Tor, doppelt verschlossen. Eine hohe, dicke Mauer umgibt das Lager, auf ihr ist Stacheldraht gespannt. Später erfahren wir, dass dieser Draht Tag und Nacht elektrisch geladen ist, um jede Flucht unmöglich zu machen.«

Dann erfolgt die Aufnahmeprozedur. An sie erinnern sich alle Frauen, denn so etwas kannten sie bislang nicht: Ein Häftling mittleren Alters – in einem Konzentrationslager müssen fast alle Arbeiten die Häftlinge anstelle der SS verrichten – sitzt in einem engen Vorraum an einer Schreibmaschine, eine SS-Frau neben ihr als Aufpasserin. Name, Alter, Geburtsort, wohin zuständig, und der Grund der KZ-Einweisung sind zu nennen. Im nächsten Raum muss Toni ihre Ohrringe abgeben, der einzige Schmuck, der ihr geblieben ist. Der nächste Befehl lautet »Ausziehen! Alles!« Toni schildert ihre Gefühle: »So froh ich bin, dass ich meine schmutzigen Kleider ablegen kann, so ist mir doch dabei, als zöge ich mein eigenes Ich aus, als presste man mich mit Gewalt in ein fremdes Schicksal. Die Häftlinge werfen alles auf einen großen Haufen und schieben mich nackt und allen Eigentums beraubt in den nächsten Raum. Eine angenehme Überraschung: es ist ein Duschraum.« Dann geht es weiter zur Entlausung: Häftlinge suchen die Neuankömmlinge nach Kopfläusen und Filzläusen ab, »und jede, die dank dieses Transports Läuse bekommen hat, wird kahlgeschoren. Aber auch manche, die keine Läuse haben, die nur der Aufseherin zu hübsch erscheinen, werden kahlgeschoren.« Tonis Gruppe hatte Glück, keine von ihnen büßte die Haare ein. Viele Stunden müssen die Frauen auf die ärztliche Kontrolle warten. Kälte frisst sich in die unbekleideten Leiber. Endlich kommen fünf Männer in SS-Uniformen. »Nun beginnt eine peinliche Nacktparade vor der SS-Versammlung. Viele junge Mädchen weinen, die geilen Blicke und die derben Witze sind so erniedrigend. Keiner, nicht einmal der Arzt, interessiert sich für irgendwelche Krankheitssymptome.«

Die Frauen werden mehr schlecht als recht eingekleidet: »Als die Sonne sinkt, stehen wir wieder vor dem Bad. Nicht wir, sondern eine Gruppe unmöglich angezogener Menschen. Eine hat ein zu großes Hemd, die andere ein zu kleines, die Schlüpfer sind meist zerrissen, darüber ein schlecht gewaschenes, gestreiftes Lagerkleid, der Stoff ist hart und kratzt auf der Haut unserer abgemagerten Körper. Strümpfe haben wir keine, nur Holzpantinen, die schmerzhaft drücken. Auf dem Kopf ein Kopftuch, das oft die Kahlheit nur schlecht verdeckt. Wir sind keine Frauen mehr und keine Menschen. Jede hat ihre Lagernummer erhalten, und somit ist sie in die große Schar der Rechtlosen und Namenlosen aufgenommen. Wir stolpern, von einem Anweisehäftling angeführt, die Lagerstraße entlang zu der Holzbaracke für Neuzugänge.«

Die Blockälteste, erkennbar an ihrer grünen Binde, schlägt aus Leibeskräften auf eine andere Frau ein, die des Diebstahls bezichtigt wird. »Also Blockälteste ist diese Frau. Wir haben noch keine Ahnung von den Einrichtungen des Lagers. Vor uns liegt ein Raum mit zehn Tischen, und um jeden Tisch stehen zwölf Stockerln. Auf jedem Stockerl sitzen schon zwei Frauen. Auf den ersten Blick gleichen sie einander sehr, alle sind kahlgeschoren. ›Setzt euch nieder‹, schreit die Blockälteste, ›rückt zusammen, ihr anderen‹. Aber sie sagt nicht, wie sie zusammenrücken sollen. Es ist zwar kein Platz, aber es muss gehen. Schreien, Schimpfen, Stoßen und Jammern von allen Seiten und in allen Sprachen. Endlich sitzen wir, zu viert auf einem Stockerl.«

Als nächstes beschreibt Toni die Essensausgabe. Die Neuankömmlinge erhalten blecherne Schüsseln, Holzlöffel, einen Topf und ein kleines kariertes Tuch. »Wir sind sehr hungrig, da wir den ganzen Tag nichts zu essen bekommen haben, aber aus dem Kessel dringt ein Gestank, dass man sich am liebsten die Nase zuhalten möchte. Als wir dann hintereinander um den Kessel marschieren und jede einen Schöpfer Essen in die Schüssel bekommt, schauen wir erstaunt.« Denn die Suppe im Kessel ist aus Steckrüben zubereitet – damit werden daheim die Schweine gefüttert. »Die Schweine sind jetzt wir.« Der Magen rebelliert beim ersten Löffel, der nach Erde schmeckt und stinkt; aber der Hunger der Frauen ist größer, und so bekämpfen sie den Widerwillen.

An den Tagraum schließt der Schlafraum an, »je drei Betten liegen übereinander; die obersten sind für uns bestimmt«. Zu zweit müssen sie in ein Bett, zu zweit bekommen sie einen Überzug und zwei Decken. Toni Bruha tut sich mit ihrer Freundin Irma Trksak zusammen. »Der Strohsack ist so schmutzig, dass Irma und ich zusammen in unseren Bettüberzug kriechen und die Decken über uns breiten. Obwohl wir eng aneinandergepresst liegen, ist uns sehr kalt, und wir können nicht schlafen.« Es dauert lange, bis die beiden von der Müdigkeit überwältigt werden; sie wachen aber bald und immer wieder auf, da sie sich nicht erwärmen können. Zudem kreisen die Gedanken – was wohl die nächsten Tage bringen werden?

Als eine Sirene sie aufschreckt, fühlt es sich noch wie mitten in der Nacht an. Doch jemand sagt: »Viertel fünf, wir müssen zum Zählappell!« In viel zu kurz bemessener Zeit müssen sich die Frauen anziehen, eine undefinierbare schwarze Brühe, die Kaffee sein soll, getrunken haben, die Betten peinlich genau geordnet und sechshundert Frauen mit insgesamt sechs Klosetts zurande gekommen sein. »Endlich ist es so weit, dass wir zu zehnt nebeneinanderstehen und dann auf den vorgeschriebenen Platz marschieren.« Die Blockälteste meldet die Zahl der angetretenen Häftlinge, und obwohl die Zahl stimmt, geht der Appell weiter, »wir frieren erbärmlich, denn es ist Oktober, wir haben keine Strümpfe, zerfetzte Unterwäsche, keinen Mantel und sind ausgehungert. Hände und Füße werden steif, alles ist schwer wie Blei, wir sind so müde, und wir stehen noch immer.«

Dann rücken die bereits bestehenden Arbeitskommandos aus, eine Kolonne nach der anderen marschiert ab. Nur die Neuzugänge stehen noch, sie werden zu unterschiedlichen Arbeiten eingeteilt. Toni hat Pech, sie kommt zum Lorenfahren: Vor der Küche liegt ein großer Haufen Schlacke, mit Kohlenstaub gemischt. Vier Frauen werden einer Lore zugeteilt, auf die sie Schlacke schaufeln müssen, um sie dann ans andere Ende des Lagers zu fahren und dort zu entladen. Jeder Handgriff ist eine Qual, bald halt Toni Blasen an den Händen, doch die Arbeitsschicht hat erst begonnen. Es wird ein quälend langer Tag. Als sie ohne Strafhiebe am Abend in den Block zurückkehrt, genießt sie es, sich waschen zu können, wenngleich das Wasser eiskalt aus den Hähnen kommt. »Während ich mich anziehe, sind meine Toilettesachen verschwunden. Gestohlen! Mein letztes Eigentum ist weg!« Eine Frau klärt sie auf: »Hier stehlen die Asozialen, die leider unter uns sind, alles, was sie erwischen.«

So oder so ähnlich mag es auch Anna Burger am ersten Tag im Lager ergangen sein. Alle Frauen berichten vom Schock der Ankunft, der demütigenden Aufnahmeprozedur, dem großen Durcheinander, den vielen irritierenden Eindrücken, die die neue, bittere Realität ankündigen; sie erinnern sich an die endlos langen Zählappelle morgens und abends, die ungewohnte Kost, mit Magenschmerzen und Durchfall einhergehend, die desolaten sanitären Umstände, die Beengtheit und die fehlende Privatsphäre.

Anna Burger war zu Beginn ihrer KZ-Haft in der B-Stube von Block 13 untergebracht. Das zeigen mehrere Dokumente aus ihrem Scheidungsakt, die bis Februar 1942 datieren. Aus einem weiteren Dokument ist zu schließen, dass Anna im Frühjahr 1942 den Block wechseln musste: ein Blockbuch vom Block 22, das undatiert ist, jedoch Eintragungen zu Überstellungen und Entlassungen für den Zeitraum 21. Oktober 1941 bis 13. April 1942 enthält. Sehr wahrscheinlich ist also, dass Anna Burger im Zuge der ersten Erweiterungsphase des Konzentrationslagers (Herbst 1941 bis Frühjahr 1942) gegen Ende dieser Phase verlegt wurde.

Das Dokument ist noch in weiterer Hinsicht von Interesse: Es belegt, dass Anna Burger zur Zwangsarbeit in der Neuen Nähstube verpflichtet war.

Der Blick der Mithäftlinge

Das Bild des ›asozialen‹ Häftlings

Obwohl so viele Frauen als ›Asoziale‹ im Konzentrationslager waren, kennen wir nahezu keine ihrer Stimmen. Sie wurden nicht gefragt – und schwiegen lieber. Das geringe Ansehen bei den Mithäftlingen setzte sich selbst nach 1945 in der Gesellschaft fort; lange wurde auch zwischen rechtmäßiger und unrechtmäßiger KZ-Haft unterschieden. Letztere betraf alle Regimegegnerinnen und rassistisch Verfolgten. Aber die Diebinnen, die Prostituierten und die ›Arbeitsscheuen‹ – mussten die nicht wirklich von der Gesellschaft weggesperrt und zu einer verantwortungsvolleren Lebensführung angehalten werden? Ähnlich sahen dies auch die Nachkriegsregierungen in Österreich und Deutschland: Wurden die politisch sowie rassistisch Verfolgten gesetzlich als Opfer des Nationalsozialismus anerkannt, so blieb den vermeintlich ›Asozialen‹ oder ›Kriminellen‹ jegliche Anerkennung und daher auch Entschädigungsleistung verwehrt. Daher gab es für die betroffenen Frauen und Männer keinen Grund, an die Öffentlichkeit zu gehen. Gepaart waren das Unverständnis und der Schuldzuspruch von Seiten der Gesellschaft mit individueller Scham über die erlittene Verfolgung. Somit sprachen die wenigsten über ihre Erfahrungen.

Stattdessen ist das Bild der ›Asozialen‹ geprägt von den Erfahrungsberichten, Zeuginnenaussagen in Nachkriegsprozessen und Autobiografien jener Mithäftlinge, die als »Politische« galten.[56] Dabei hielt sich die Vorstellung von der ›Asozialen‹ als Prostituierte – was damit zusammenhängen mag, dass die ohnehin seltenen, ausführlicheren Beschreibungen dieser Gruppe von Frauen stammen, die im ›Dirnenblock‹[57], wie Block 2 in den ersten Jahren vor der Erweiterung des Lagers genannt wurde, Blockälteste waren: Margarete Buber-Neumann und Nanda Herbermann. So unterschiedlich der weltanschauliche Hintergrund beider Frauen war – Buber-Neumann eine Kommunistin, Nanda Herbermann aus dem katholischen Widerstand kommend –, so ähnlich fiel ihre Geringschätzung gegenüber den Häftlingen ihres Blocks aus. Als »tobende Meute« erlebte Buber-Neumann sie, als »meine Dirnen«, die »nicht zu bändigen waren«, beschrieb Herbermann die Inhaftierten auf ihrem Block. Zwar machte Herbermann unterschiedliche Charaktere aus, in ihrem moralischen Empfinden ähnelten sie sich aber alle: »Große Verschiedenheit gab es unter ihnen, die sie doch fast sämtlich dem gleichen Laster anhingen.«[58] Sehr grobschlächtig zeichnete auch Buber-Neumann ihre Mithäftlinge: »Aber man denke sich eine Prostituierte, meistens geschlechtskrank, sehr häufig mit geistigem Defekt behaftet, an ein Leben mit Rauschgiften gewöhnt, ein Mensch, dessen Gesundheit bereits untergraben ist, der nie regelmäßig gearbeitet hat« – und eine Frau mit solchem Vorleben sei nun einem »nazistisch-preußischen Konzentrationslagerregime« unterworfen.[59] Von Mithäftlingen auch als »Schädlinge« oder schlicht »Weiber« bezeichnet, wurden die Frauen in abwertend stereotyper Anonymität gehalten. Vermutlich bezog sich die französische Ethnologin Germaine Tillion auf die Gruppe der ›Asozialen‹, wenn sie als ehemaliger Ravensbrück-Häftling meinte, dass »unser weiblicher Abschaum aus simplen Diebinnen, Spitzelinnen oder brutalen Weibern bestand«.[60] Indem alle als ›asozial‹ inhaftierten Frauen als »Dirnen« gebrandmarkt wurden, ist auch die ihnen zugeschriebene »sexuelle Triebhaftigkeit« nicht verwunderlich: Für die ›asozialen‹ Mithäftlinge gab es demnach »nur noch Sexualität«, die sie nun in gleichgeschlechtlicher Liebe ausleben würden. »Total verkommen« würden sie untereinander die tollsten Dinge treiben.[61]

Viele der »Politischen« sahen das Zusammengesperrtsein mit den ›Asozialen‹ als Zumutung und Erniedrigung an, als besondere Finte der SS ihnen gegenüber, um ihre Moral zu zersetzen. Besonders unter Kommunistinnen war diese Haltung verbreitet. Sie beschuldigten die ›Asozialen‹ der Unruhestiftung und des Verrats: »Das Denunzieren war überhaupt das Erbärmlichste bei den Asozialen.«[62] Ein weiterer Vorwurf bestand darin, dass ausgerechnet die ›Arbeitsscheuen‹ das enorme Arbeitstempo der Zwangsarbeit mitverursacht hätten: So betonte Alfredine Nenninger den

»ungünstige[n] Einfluss der Schwarzwinkeligen und Grünen (Arbeitsscheue, meist Prostituierte und Berufsverbrecher)« auf die Arbeitslast: »Sie überboten jedes Arbeitspensum und die allgemeine Tagesleistung wurde daher höher und höher geschraubt.«[63] Die »Politischen« setzten später die Aufteilung in den Wohnblocks nach Nationalitäten und Haftkategorien durch; eine getrennte Unterbringung nach Haftgruppen war aber wegen Überfüllung des Lagers schwer einzuhalten. Alicja Gawlikowska-Świerczyńska behauptete, die ›Asozialen‹ hätten sich zu sehr gehen lassen und zu wenig auf ihr Äußeres geachtet:

> Unter den Deutschen gab es die Asozialen und Kriminellen, die nicht so auf sich achteten. Man kann es nicht verallgemeinern, aber sie waren stärker verwahrlost als die politischen Häftlinge. […] Die Politischen gaben sich Mühe, auf ihr Aussehen zu achten, den Asozialen lag nichts daran, sie hatten einfach eine andere Psyche. Weil Verwahrlosung mit der Psyche zusammenhängt.[64]

So zeichneten diese Frauen nicht nur widersprüchliche Bilder von ihren ›asozialen‹ Mithäftlingen, sie vermeinten gar, deren Psyche deuten zu können. Doch nicht nur Vorurteile der Mithäftlinge prägten die KZ-Haft der ›Asozialen‹. Ihre ganz realen Überlebensbedingungen unterschieden sich von anderen Haftgruppen. In der hierarchisch strukturierten sogenannten Lagergesellschaft war ihnen innerhalb der Reichsdeutschen ein Platz auf den untersten Stufen zugewiesen. Sie lebten zumeist in stark überfüllten Blöcken und wurden zu ungeliebten Arbeitskommandos eingeteilt, die körperlich schwere Arbeit verrichten mussten: Säuberung der Kläranlage und Kanalräumung; Baukommando, Leichenkommando, Krematoriumskommando und dergleichen – sicher gab es auch hier Ausnahmen, wie nachstehend gezeigt wird, doch dies war die übliche Zuteilung. Die unterschiedlichen Haftbedingungen sprach auch die Überlebende Irma Trksak an: »Dass es allen gleich schlecht gegangen ist, ist nicht wahr.«[65] Je näher die Arbeit eines Häftlings bei der SS oder zivilen Arbeitern angesiedelt war, umso günstiger wirkte sich dies aus, da hier viel mehr auf Hygiene geachtet wurde und die Frauen sich regelmäßig waschen durften; ein wahres Privilcg im KZ. Manche Frauen durften hingegen nie ins Bad, so Trksak. Die unterschiedlichen Haftbedingungen betont auch Strebel: »Die stets nur rückwirkend reagierende Verwaltung des zunehmenden Elends führte zu einer immer markanteren Differenzierung des Lagers in verschiedene Abschnitte mit jeweils sehr unterschiedlichen Überlebenschancen.«[66]

Die verschärften Haftumstände der ›Asozialen‹ spiegeln sich auch in deren hoher Todesrate wider, wenngleich auch da nur ein Annäherungswert genannt werden kann. Strebel schätzt, dass etwa 25 000 bis 26 000 der 123 000 bis 132 000 in Ravensbrück inhaftierten Frauen umkamen[67]; das wären rund 20 Prozent. In unserer Untersuchung zu den Österreicherinnen, die in Ravensbrück inhaftiert waren, konnten wir einen geringeren Wert von 17,6 Prozent errechnen – selbstredend nur für jene, deren Schicksal, ob überlebt oder nicht, bekannt war. Nach Haftgruppen differenziert, ließ sich allerdings feststellen, dass die Todesrate bei den als ›asozial‹ Verfolgten gravierend höher ist: Weniger als die Hälfte der Frauen dieser Gruppe, über die gesicherte Daten vorliegen, haben überlebt (47,6 Prozent).[68]

Zurück zur Sichtweise der Mithäftlinge auf die als ›asozial‹ Geltenden: Differenzierte Ansichten über sie sind selten zu lesen. Rosa Jochmann gab in einem Bericht die Diskussionen mit ihrer ebenfalls aus Wien stammenden sozialdemokratischen Genossin Käthe Leichter wieder, und zwar ging es um die »Straßenmadln«, die sie interviewt, aber auch um die Diebinnen und Mörderinnen, mit denen sie geredet hatten: »Oft hat die Käthe zu mir gesagt, Rosa, unter den gleichen Bedingungen wären wir genauso geworden.«[69]

Äußerst selten sind positive Schilderungen über Frauen überliefert, die im KZ als ›Asoziale‹ geführt wurden. Eine stammt von Buber-Neumann über Else Krug. Sie war der einzige Anweisehäftling in Block 2 in der Zeit, als Buber-Neumann dort Blockälteste war. Else Krug befehligte die Kellerkolonne, »die nur aus Asozialen bestand und der begehrteste Arbeitsplatz war«. Denn im Keller lagerten die Essensvorräte des Lagers. »Welche Möglichkeiten zu stehlen! Und welche Gefahren, erwischt zu werden!« Buber-Neumanns Anerkennung fand Else Krug, indem sie es schaffte, über ein Jahr lang keine Meldung zu erhalten, weil sie die Beute unter allen Mitgliedern der Kolonne gerecht verteilt hatte. Aber schließlich wurde sie doch denunziert, was ihr zuerst Bunker und danach ein Jahr Strafblock einbrachte. Als Max Koegel eines Tages Krug befahl, die Prügelstrafe an einem Mithäftling durchzuführen, soll sie geantwortet haben: »Nein, Herr Lagerkommandant, ich schlage niemals einen Mithäftling!« Diese Antwort war ihr Todesurteil: Einige Wochen später stand Else Krug auf der Liste eines »Krankentransports«, der ins Gas ging.[70]

Eine weitere namentlich bekannte Häftlingsfrau aus der Gruppe der ›Asozialen‹ war Else Niegeball, Anweisehäftling in den Schneidereibetrieben in der sogenannten U-Baracke. Nicht nur, dass sie versuchte, das Arbeitstempo an den Nähmaschinen in einem vernünftigem Maß zu halten, »nutzte sie die Bewegungsfreiheit zwischen den Näherinnen dazu, diese unauffällig zu ermuntern, nicht aufzugeben«[71]. Auch Irma Trksak fand anerkennende Worte zu den »Prostituierten«, wie sie die ›Asozialen‹ bezeichnet, die in den Siemens-Werken arbeiteten: »Das waren prima Frauen, prima Kumpel – freundschaftlich, kameradschaftlich, haben nichts verraten. Aber gut gearbeitet haben sie, haben sich nichts dabei gedacht.«[72] Womit Irma ihnen trotz der Anerkennung den Sinn für Sabotage und Widerstand abspricht.

Doch worüber erzählen die Frauen, die als ›Asoziale‹ in Konzentrationslagerhaft waren, selbst? Es bleibt ein nicht wiedergutzumachendes Versäumnis, dass nahezu keine Lebenserinnerungen von diesen Frauen existieren. Einige wenige konnte Christa Schikorra für ihre Studie »Kontinuitäten der Ausgrenzung. ›Asoziale‹ Häftlinge im Frauen-Konzentrationslager Ravensbrück« sammeln und sichern. Zum einen interviewte sie selbst vier Frauen, die in Ravensbrück inhaftiert waren, zum anderen wurden ihr Interviewtranskripte zu drei Frauen aus dieser Haftgruppe zur Verfügung gestellt.[73] Mehrheitlich kamen die Frauen in den Jahren 1943 und 1944 in KZ-Haft, also deutlich später als Anna Burger. In dieser Zeit waren die ›Asozialen‹ bereits in der Minderzahl – umso deutlicher wird in ihren Schilderungen die Vereinzelung, ja gar Vereinsamung in der großen Masse der international zusammengesetzten Häftlingsgesellschaft spürbar.

Während sehr viele Überlebende die Bedeutung von Kontakten und Freundschaften (vielfach aus der Zeit vor der Verhaftung), von Unterstützung und Solidarität[74] betonen, so war all dies für die Gruppe der ›Asozialen‹ nicht in vergleichbarem Ausmaß gegeben. Zum einen waren sie nicht durch ideologische Weltanschauungen oder einen gezielten Kampf gegen das NS-Regime miteinander verbunden; zum anderen konnten sie nur selten auf zuvor in der Verfolgungszeit oder im Gefängnis geschlossene Freundschaften zurückgreifen. Außerdem wurden sie vielfach durch die etablierten Vorurteile gegenüber Sexarbeiterinnen, Bettlerinnen, Hausiererinnen und Obdachlose von Solidarnetzen ausgeschlossen. Wurde manche politische Häftlingsfrau von ihren ehemaligen Kameradinnen im Widerstand mit den Worten: »Wir haben schon auf dich gewartet!« begrüßt, oder wurden unter den Neuankommenden Frauen der gleichen Nationalität gezielt gesucht, so konnte keine der Frauen aus der Gruppe der ›Asozialen‹ auf einen derartigen Empfang hoffen.[75]

Die Vereinzelung unter den ›Asozialen‹ und der Mangel an Gruppenidentität lagen auch darin begründet, dass die nationalsozialistischen Behörden eine große Bandbreite an Verhaltens- und Lebensweisen als ›asozial‹ klassifizierten. Die Prostituierte, die bei Razzien aufgegriffen wurde; die junge Frau, die sich dem Reichsarbeitsdienst entzog; die mehrfache Mutter, die mit viel Aufwand ihre Kinder zu ernähren versuchte; die Jugendliche, die nach mehreren Heimaufenthalten als ›unerziehbar‹ galt; die Arbeiterin, die nicht in der Firma erschien, weil sie keine Schuhe für den Weg dorthin hatte; die mehrfach wegen Kleinkriminalität Vorbestrafte; die Jugendliche, die sich auf Soldaten eingelassen hatte; eine andere, die die Mitgliedschaft im Bund deutscher Mädel verweigerte; eine wiederholt wegen »Trunkenheit« von der Polizei aufgegriffene Frau – so unterschiedlich waren die konkreten Umstände, die Frauen aufgrund ›Arbeitsscheu‹ oder ›moralischer Verkommenheit‹ in Konzentrationslagerhaft brachten.

Trotz der Vereinzelung unter den als ›asozial‹ Inhaftierten gab es auch unter ihnen widerständige Handlungen. Dazu zählte jede kleine Tat, die das eigene Überleben wahrscheinlicher machte, Worte und Gesten, die die Moral hoben – etwa durch geheime

Aktivitäten oder das »Organisieren« von zusätzlichen Lebensmitteln. Nanda Herbermann, Blockälteste vom Block 2, dem sogenannten ›Dirnenblock‹ in den Anfangsjahren, schildert mit Genugtuung geheime Stunden voller Tanz und Theater, Verkleidung und Gesang, an denen der ganze Block teilnahm[76] – ein seltenes, weil gefährliches, aber alle aufmunterndes Unterfangen.

In Interviews mit ehemals ›asozialen‹ Häftlingen ist im Unterschied zu den Überlieferungen der »Politischen« viel mehr von Abkapselung und Rückzug die Rede als von gegenseitiger Unterstützung und Solidarität. Hilde Marbach etwa schaffte es immer wieder, in der Schneiderei unbemerkt Stoff für den Eigenbedarf beiseitezuschaffen. »Du konntest da an und für sich alles machen, du durftest nur nicht auffallen, dann war es aus.«[77] Ihr einsamer Überlebenskampf bestand oft in Abwehr von Übergriffen ihrer Mithäftlinge. Marbach hinterfragt denn auch die Erzählung anderer, die von gegenseitiger Unterstützung und Solidarität der Häftlinge untereinander sprachen: »Da kann mir keiner sagen, dass er da und da geholfen hat. Da waren vielleicht zwei, drei Frauen, die in der Clique waren, die dann aber wieder gegen die anderen waren.«[78]

So resümiert Schikorra: »Die Solidarität unter Häftlingen war ein fragiles Gebilde, und nur einzelne Gruppierungen konnten die notwendige Vertrautheit aufbauen, die gegenseitige Unterstützung zuließ.«[79] Am ehesten gelang dies zwischen Personen, die sich aus der Zeit vor dem Lager kannten: Mutter und Tochter, Mitstreiterinnen in derselben Widerstandsgruppe, Frauen aus demselben Ort, derselben Minderheit oder sozialen Herkunft. Allerdings konnten Beziehungen, die im Lager vorsichtig geknüpft wurden, rasch wieder zerstört werden: etwa durch einen Wechsel in ein anderes Arbeitskommando oder auf einen anderen Block; weil man in den Strafblock versetzt wurde; weil man krank war und für ein paar Tage ins Revier kam.

Konnte Anna Burger stabile und unterstützende Bekanntschaften in Ravensbrück schließen? Traf sie jemanden aus der Haft in München-Stadelheim oder Traunstein? Lernte sie eine Frau aus Wien oder Klosterneuburg kennen? Wir wissen es nicht.

Zwangsarbeit im Akkord, die Angst stets im Nacken

Nach einigen Wochen auf dem Quarantäneblock wurden sämtliche Häftlinge zur Zwangsarbeit eingeteilt. Kurz nach Ankunft im Lager konnten sie als »Verfügbare« zu allerlei unterschiedlicher Arbeit geholt werden. Alicja Gawlikowska-Świerczyńska, wie Anna Burger im Jahr 1941 nach Ravensbrück deportiert, schildert die Mühen der ersten Monate:

> Nach der Quarantäne, als wir den Block verlassen konnten, war es wichtig, eine Arbeit zu finden, die nicht zu kräftezehrend war. Am schlechtesten wurden die Häftlinge behandelt, die gerade erst im Lager angekommen waren und keinen festen Arbeitsplatz hatten. [...] Die ersten Monate waren die schlimmste Zeit, weil wir nur die schwersten Aushilfsarbeiten bekamen: auf dem Bau, beim Straßenbau. Und die dreckigsten: bei der Abfallbeseitigung, beim Reinigen der Kanalisation, beim Leeren der Fäkaliengruben.[80]

Wer Kontakte im Lager hatte, versuchte, die Einteilung zu beeinflussen, um von den schweren Außenarbeiten wegzukommen und beim Schuften wenigstens ein Dach über dem Kopf zu haben, was aber nur den allerwenigsten Häftlingen gelang. Sehr viele arbeiteten in der Textilverarbeitung im sogenannten Industriehof; sie mussten stricken, schneidern, weben, waschen, bügeln, ausbessern; alles am laufenden Band und im Akkord – klassische Frauenarbeit.

Ein Eintrag des Blockbuchs vom Block 22 belegt, dass Anna Burger zur Zwangsarbeit in der Neuen Nähstube verpflichtet war, und zwar wurde sie in der Schnittmacherei eingesetzt.

Diese Zwangsarbeit Annas wurde von Toni Bruha bestätigt: Die ehemalige Häftlingsfrau wohnte bereits in einem Seniorenheim, als Annas Enkeltochter Siegrid sie telefonisch mehrfach kontaktierte, bis sie sich zu einem Treffen bereit erklärte. Das Porträt von Anna Burger[81], das ihr Siegrid zeigte, entlockte Toni ein Schmunzeln. »Ja, die kenne ich«, erklärte sie. Jeden Morgen, wenn sie die Zuschneiderei von der Nachtschicht verließ, sei sie Anna, die ihrerseits zum Dienst dorthin musste, begegnet. Vermutlich kannten sich die Österreicherinnen untereinander, und auch wenn Gespräche zwischen den Häftlingen bei der Arbeit verboten waren –

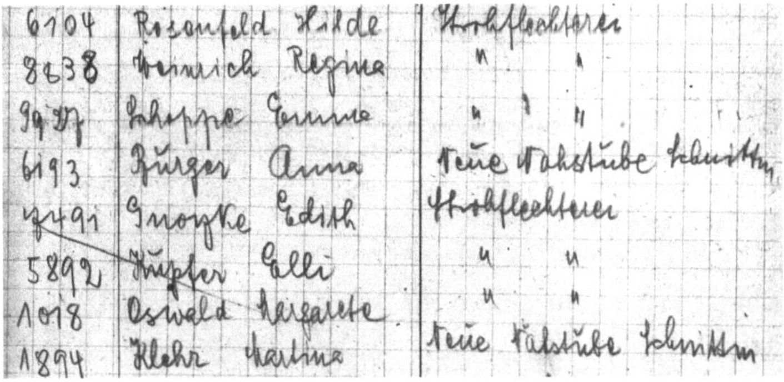

6104	Rosenfeld Hilde	Strohflechterei
8838	Heinrich Regina	" "
9937	Schoppe Emma	" " "
6193	Bürger Anna	Neue Nähstube
7491	Gnoyke Edith	Strohflechterei
5892	Küpfer Elli	" "
1018	Oswald Margarete	" "
1894	Klehr Martina	Neue Nähstube

Abbildung 9: Ausschnitt aus dem Blockbuch von Block 22 – Numerisches Häftlingsverzeichnis, undatiert
Quelle: Institut für Nationales Gedenken, Warschau, GK 135/45 t

ein leichtes Kopfnicken reichte vielleicht schon, um ein gewisses Zusammengehörigkeitsgefühl zu vermitteln. Vielleicht erleichterte diese Begegnung Anna den Beginn ihrer langen Arbeitsschicht.

Ob ihr wohl jemand zu diesem Arbeitsplatz verholfen hatte? Anna hatte bereits in ihrer Jugend in der Klosterneuburger Spinnerei und Weberei A. G. gearbeitet, eventuell war sie auch in den Gefängnissen zu ähnlichen Arbeiten verpflichtet gewesen. Diese Erfahrungen erwiesen sich möglicherweise als wertvoll, um in der Zuschneiderei unterzukommen. Denn dort musste man Fertigkeiten mitbringen, wie die Erzählungen von Toni Bruha zeigen: Als eine Aufseherin kam und fragte, wer Stoff zuschneiden könne, habe sie sich gemeldet, obwohl sie davon keine Ahnung hatte. Aber sie wollte unbedingt von der schweren Außenarbeit wegkommen. Als aber der zuständige Anweisehäftling sie nach ihren Fähigkeiten fragte und Toni nichts vorweisen konnte, lag der Ausweg darin, sie als Trägerin einzusetzen. »Und dann hab ich Stoffballen getragen. Immer in der Nacht, von einer Baracke in die andere. Diese Stoffballen waren wahnsinnig schwer. Ich bin auf allen vieren gekraxelt.«[82] In der Zuschneiderei wurden schwere Gerätschaften verwendet, die Kraft und Geschicklichkeit verlangten. Toni weiter:

> Dann war dort eine Maschine, wo man Pelzmäntel von Häftlingen zugeschnitten hat auf Handschuhe für Soldaten. Das war

eine kleine Ma… das war ein riesiger Tisch. Da wurde gespannt für die Tarnjacken, fürs Militär. So fünfzig Lagen. Dann wurde die Zeichnung aufgetragen. Dann war eine, so eine Schneidemaschine, wie ein …, das hat ausgeschaut, wie so ein Ding beim Straßenbau. Da hat man das da zugeschnitten. Das hat auch ein Häftling gemacht.[83]

Um die Herausforderungen von Annas Arbeitsplatz zu verstehen, hilft ein Blick in die Entwicklung der Zwangsarbeit in den Textilbetrieben des KZ Ravensbrück:[84]

Bereits im Juni 1940 gründete die SS die »Gesellschaft für Textil- und Lederverwaltung GmbH«, kurz Texled. Ihr Sitz war anfangs in Dachau, sodass die Ravensbrücker Produktionsanlagen auch weiterhin meist »Dachauer Betriebe« genannt wurden. Sie wuchsen von Jahr zu Jahr. Nachdem Reichsführer SS Heinrich Himmler, oberster Kontrolleur der Konzentrationslager, im Jänner 1940 Ravensbrück besucht hatte, ordnete er den Bau weiterer Baracken an; hier sollte sämtliche Häftlingsbekleidung für alle Konzentrationslager hergestellt und gelagert werden. Diese Baracken bildeten den Grundstock für den als Industriehof bezeichneten Werkstättenbereich. Dessen Umfang wurde laufend erweitert, zudem wurde sukzessive auf die Produktion von Soldatenuniformen umgestellt.

Der Geschäftsbericht der Texled im März 1941 führte folgende Betriebe in Ravensbrück an: Schneiderei, Zuschneiderei, Hand- und Maschinenstrickerei, Rohrmattenflechterei und Strohschuhflechterei; geplant und teilweise im Aufbau befindlich waren eine Reißerei, eine Spinnerei und ein Webereibetrieb mit einer Abteilung Kunstgewerbe. Die Texled war das einzige SS-eigene Unternehmen, das von Beginn an schwarze Zahlen schrieb und hohe Gewinne einbrachte. Dies war durch die zunehmende Modernisierung der Betriebsstätten und Mechanisierung der Arbeitsprozesse möglich – vor allem aber aufgrund der extremen Ausbeutung der dort arbeitenden Frauen.

Anfangs wurde in drei Schichten gearbeitet, nach einer Inspektion Himmlers im März 1942 jedoch auf Zweischichtbetrieb zu je elf Stunden umgestellt. Die Nachtschicht war besonders gefürchtet, da der Lagerbetrieb tagsüber mit Zählappell und Essensausgabe keine Rücksicht auf die abgerackerten Frauen nahm. Im September 1942, am Höhepunkt des Arbeitseinsatzes, waren in der Texled über 5 000 Häftlinge beschäftigt; das entsprach rund 60 Prozent der weiblichen Häftlinge. Im Akkord stellten die Frauen Uniformen, Mützen, Handschuhe, Matten und vieles mehr her. Die Produktionszahlen stiegen stetig, und mit ihnen auch der Leistungsdruck.

Eine massive Verschärfung erfolgte abermals im Frühjahr 1943, als die sogenannte »Schneiderei I« in Betrieb genommen wurde, eine Erweiterung des Industriehofs in Form einer großen Fabrikhalle, die mit modernsten Maschinen nach damaligem Stand der Technik eingerichtet war: An 13 Schiebebändern reihten sich jeweils 22 bis 26 Nähmaschinen aneinander, zudem gab es Einlegetische für Zuschnitte, Handarbeits- und Kontrolltische sowie Spezial- und Knopflochmaschinen, später auch noch eine Dampfbügelanlage. 600 Häftlinge arbeiteten zeitgleich in dieser Halle, sowohl die Tag- als auch die Nachtschicht dauerte elf Stunden.

Neben dem Strafblock und dem Zellenbau galt die Schneiderei I als Schrecken des Lagers – nicht nur wegen des mörderischen Arbeitspensums, das den Frauen abverlangt wurde. In der Schneiderei I herrschte eine Atmosphäre des Terrors und der Gewalt. Im Unterschied zu den anderen Arbeitskommandos lagen die faktische Kontrolle und disziplinarische Aufsicht nämlich in den Händen der SS. Werksleiter Fritz Opitz, sein Stellvertreter Josef Graf, Werkmeister Gustaf Binder aus Österreich – mit Brutalität und Jähzorn, Gebrüll und Drohungen, Fußtritten und Schlägen machten sie die Arbeitsschichten der Frauen zum Martyrium. Insbesondere wenn Alkohol im Spiel war, was bei Binder und Graf des Öfteren vorkam, drohten den Frauen unkontrollierte Wutausbrüche und Misshandlungen.

Einen Eindruck von den Verhältnissen in der Schneiderei ermöglicht die Schilderung von Milada Cábová aus Lidice, die als 18-Jährige nach Ravensbrück kam, im Interview mit Loretta Walz:

> Später dann arbeitete ich in der Schneiderei I an der Maschine. […] Es war Fließbandarbeit, jede hatte dabei bestimmte Arbeit

> zu machen, und wieder wurde das Pensum festgelegt. Eine große Tragödie war es, wenn die Nadel gebrochen oder die Maschine kaputtgegangen war. Dann türmten sich die Sachen hinter einem, über uns ein schreiender SS-Mann: »Schnell, schnell!« … man lebte im schrecklichen Stress, in Angst, die Arbeit nicht zu schaffen, einen Fehler oder etwas kaputtzumachen und dafür Prügel zu bekommen.[85]

Auch die Österreicherin Emma Horvath lernte Opitz von seiner schlechtesten Seite kennen. Im Interview erzählte sie von einem Vorarbeiter, der sich in sie verliebt hatte und dies mit einem Kuss auf Emmas Wange kundtat. Diese Geste sah leider Opitz, der sie daraufhin grün und blau schlug:

> [M]ich haben's halb umgebracht, ich hab nicht blaue Augen gehabt, sondern schwarze, unterlaufen, Blutergüsse so neben den Augen und im Gesicht und am Körper herum, die haben mich getreten wie ein …, also solche Sachen [gemurmelt] furchtbar hab ich ausg'schaut, nur weil der mir des Bussi gegeben hat, eh nur auf die Wange, und der Verbrecher, der Hitler [gemeint ist Opitz] hat das gesehen.[86]

Von ungerechtfertigter Bestrafung erzählte Berta Fröhlich, 1939 als 18-Jährige aus dem Burgenland nach Ravensbrück verschleppt. Sie wagte es eines Tages, ihr viel zu großes Kleid an ihrem Arbeitsplatz in der Schneiderei kleiner zu nähen. Der Oberaufseherin fiel beim Appell Bertas adrettes Äußeres auf; sie fragte sie, für wen sie sich denn schön mache.

> Sag ich: »Für mich.« – Da habe ich vierzehn Tage Zellenbau gekriegt. Verdunkelung. Jeden vierten Tag was zum Essen. Jeden vierten Tag einen Strohsack. Ich habe meine Stimme verloren. Das war einundvierzig.[87]

Tausende Frauen waren solchen Torturen ausgesetzt. Wenngleich ab 1942 die Anordnung galt, die für die Kriegswirtschaft äußerst günstigen Arbeitskräfte zu erhalten, wurde deren Ausbeutung in weiteren Produktionsstätten und bei laufend erhöhtem Arbeitstempo forciert, oft begleitet von Prügel. Ende 1943/Anfang 1944 ließ die SS sogar vier Wohnbaracken am Gelände des Industriehofs errichten, in denen die hygienischen Zustände miserabel waren. So gab es für alle viertausend Häftlinge nur einen gemeinsamen Toiletten- und Waschraum in der Mitte des Industriehofgeländes. Mila Kalibová, ebenfalls aus Lidice, war eine der Insassinnen dieser Baracken:

> Dann wurde der Industriehof gebaut und wir, die in der Schneiderei arbeiteten, verschwanden hinter einem weiteren Tor und einer weiteren Mauer. Praktisch durften wir das alte Lager nicht mehr betreten. Man wollte damit verhindern, dass die ständigen Appelle dort auf Kosten unserer Arbeitszeit gehen. Im Industriehof mussten wir nur noch die Arbeitsappelle stehen, keine Zählappelle mehr.[88]

Ilse Heinrich lernte in der Schneiderei des Industriehofs die Brutalität Gustav Binders kennen:

> Dann kam ich in die Schneiderei auf dem Industriehof. Da wurden die Tarnanzüge genäht. Man muss sich das vorstellen wie am Fließband. Das ging so: Die eine musste die Naht machen, die andere die nächste, das wurde dann immer weitergeschoben. Wenn man aber jetzt was nicht begriffen hatte, hatte der nächste keine Arbeit, und die Arbeit stapelte sich. Und so schnell konnte man gar nicht gucken, da hatte ich ein paar 'rüber über den Kopf mit der Peitsche von dem SS-Mann. Der hieß, glaube ich, Binder oder so ähnlich. Da hab ich gedacht, jetzt wirst du totgeschlagen. Die SS waren ja alles stabile Kerle.[89]

Von derartigen Misshandlungen erzählen auch Toni Bruha[90] und Anna Borst[91], die dies beobachtet, aber nicht selbst erlebt hatten.

Die Modernisierung der Anlagen sowie eine Umstellung der Produktion von Lohn- auf Vollaufträge, also inklusive Beschaffung und Lagerung des Fertigungsmaterials – ein Gutteil davon Beutegut –, ermöglichte der Texled die Steigerung des Umsatzes trotz

Schneiderei*:		
Für die Waffen-SS:	140 681	Abänderung versch. Bekleidungsstücke
	648 517	Neuanfertigung versch. Bekleidungsstücke
	151 160	Paar Fausthandschuhe
Für die KZ:	798 210	Bekleidung für männliche Häftlinge
	706 307	Wäsche für männliche Häftlinge
	129 513	Paar Fäustlinge für männliche Häftlinge
	415 000	Paar Fäustlinge für weibliche Häftlinge
	81 842	Bekleidung für weibliche Häftlinge
	70 922	Wäsche für weibliche Häftlinge
	3 328	Bekleidung für weibliche KL-Bewachung
Strickerei:	198 870	Paar Socken für Häftlinge
	13 880	Wollwesten für Häftlinge
Strohschuhflechterei:	47 059	Paar Strohhausschuhe
Rohrmattenweberei:	41 596	Rohrmatten
	17 868	Schattendecken
	10 676	Reformdecken
Weberei:	188 574,5 m	Drillich
	130 172,0 m	Köper
	50 381,5 m	Nessel, weiß
	29 208,0 m	Kleiderstoff für Häftlinge
	22 033,5 m	Unterrockstoff für Häftlinge
	96 735,5 m	Hemdenflanell für Häftlinge
	1 850	Paar Fußlappen
Kürschnerei:	8 693	Pelzmäntel
	59 035	Pelzanoraks
	600	Pelzwesten
	5 660	Paar Pelzfäustlinge
	20	Lammfelldecken
	48 240	Pelzmützen
	600	Mützen für weibl. KL-Bewachung
	2 160	Paar Füsslinge
	309 900	Lederschnitte
	930	Paar Schulterstücke
	104 170	Nähzeugtaschen

* Der Geschäftsbericht hebt hervor, daß sich die Gesamtproduktion in der Schneiderei mit 3 145 420 Einzelteilen im Vergleich zum Vorjahr mehr als verdoppelt hatte

Abbildung 10: Geschäftsbericht der Texled für das Jahr 1943
Quelle: Strebel 2003, 217

sinkender Beschäftigungszahlen. Denn die Zwangsverpflichteten wurden nun zunehmend in Rüstungsbetrieben eingesetzt. Siemens & Halske etwa richtete in unmittelbarer Nähe des Lagers Produktionsstätten (und später auch Wohnbaracken für die bei ihnen eingesetzten Häftlinge) ein.

Der Geschäftsbericht der Texled für das Jahr 1943 zeigt das ungeheure Ausmaß der Produktion, die die Häftlinge in ihren Betrieben vollbringen mussten.

Für den Umsatz von über 8 Millionen Reichsmark trug zu gut 48 Prozent die Kürschnerei, zu 38 Prozent die Schneiderei und zu sieben Prozent die Weberei bei; Strickerei und Strohschuhflechterei leisteten rund zwei Prozent, die Rohrmattenflechterei gut ein Prozent Beitrag am Gesamtumsatz. 80 Prozent der Fertigung erfolgte 1943 für die Waffen-SS, nur 17 Prozent für das Konzentrationslager, drei Prozent beruhten auf zivilen Aufträgen.

In diesem Texled-Universum arbeitete auch Anna Burger. Wie lange sie in der Zuschneiderei Zwangsarbeit leistete, inwieweit sie an den schweren Maschinen eingesetzt war, ob sie den Arbeitsplatz wechseln musste oder konnte, ob sie später auch in der gefürchteten Schneiderei I schuften musste – dazu können keine Aussagen getroffen werden. Wurde auch sie von Binders Jähzorn und seiner scharfen Peitsche malträtiert? Bekam sie Unterstützung, wenn die Kräfte sie verließen? Viele Fragen drängen sich auf.

Wir wissen auch nicht, welche der Umstände, die in den Jahren von Anna Burgers Haft das Lagerleben prägten, sie besonders gequält haben mögen. Ob sie jemals von daheim ein Paket mit Essen oder warmer Kleidung erhalten hat, wie es etwa zu Weihnachten 1941 möglich gewesen wäre? Oder musste Anna gar einmal in den Strafblock, um für einen minimalen Verstoß gegen die SS-Lagerordnung, ein fehlendes Kopftuch vielleicht, diszipliniert zu werden? Nicht wenige Frauen verbrachten drei bis zwölf Monate dort, darunter viele ›Asoziale‹ oder ›Kriminelle‹.[92] Die Antworten auf all diese Fragen müssen offen bleiben.

In ihren letzten Lebenstagen bekam Anna Burger nochmals das ganze Ausmaß an SS-Schikane zu spüren. Eine Frau hatte gewagt zu flüchten. Wie in solchen Fällen üblich, mussten andere Frauen, solange die Flüchtende abgängig war, zur Abschreckung Appell ste-

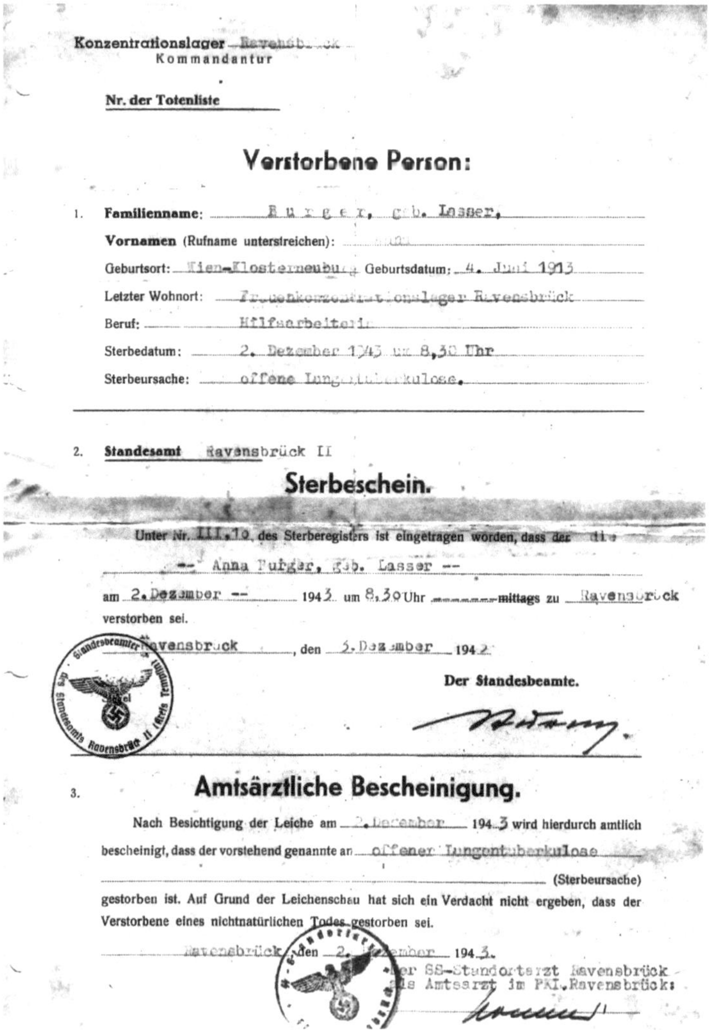

Konzentrationslager Ravensbrück
Kommandantur

Nr. der Totenliste

Verstorbene Person:

1. **Familienname:** Burger, geb. Lasser,
Vornamen (Rufname unterstreichen): Anna
Geburtsort: Wien-Klosterneuburg Geburtsdatum: 4. Juni 1913
Letzter Wohnort: Frauenkonzentrationslager Ravensbrück
Beruf: Hilfsarbeiterin
Sterbedatum: 2. Dezember 1943 um 8,30 Uhr
Sterbeursache: offene Lungentuberkulose.

2. **Standesamt** Ravensbrück II

Sterbeschein.

Unter Nr. III.10 des Sterberegisters ist eingetragen worden, dass der die
-- Anna Burger, geb. Lasser --
am 2. Dezember -- 1943 um 8,30 Uhr --mittags zu Ravensbrück
verstorben sei.
Ravensbrück, den 3. Dezember 1943.

Der Standesbeamte.

3. **Amtsärztliche Bescheinigung.**

Nach Besichtigung der Leiche am 2. Dezember 1943 wird hierdurch amtlich bescheinigt, dass der vorstehend genannte an offener Lungentuberkulose (Sterbeursache) gestorben ist. Auf Grund der Leichenschau hat sich ein Verdacht nicht ergeben, dass der Verstorbene eines nichtnatürlichen Todes gestorben sei.

Ravensbrück, den 2. Dezember 1943.

Der SS-Standortarzt Ravensbrück
als Amtsarzt im FKL.Ravensbrück:

Abbildung 11: Sterbeschein von Anna Burger
Quelle: Privatarchiv Siegrid Fahrecker

Formularen ein, wobei sie sich um Abwechslung bemühen und Infektionskrankheiten vermeiden sollten. So waren viele Häftlinge angeblich an Herzmuskelschwäche oder Lungenentzündung gestorben – in Wahrheit jedoch mehrheitlich durch Giftgas ermordet worden.

Massentötungen durch Giftgas gab es in Ravensbrück nicht, aber dennoch immer wieder bewusst herbeigeführtes Sterben jeder Art. Zum einen gingen Transporte in Vernichtungslager und Tötungsanstalten wie etwa Bernburg an der Saale, wohin Häftlinge im Rahmen der Tötungsaktion »14f13« im Frühjahr 1942 gebracht wurden. Meist waren die Opfer Jüdinnen[96], Arbeitsunfähige und geistig oder körperlich Beeinträchtigte, aber auch der SS missliebige und unbequeme Frauen. Zum anderen kam es laufend zu Erschießungen von Frauen aus den eroberten Gebieten Osteuropas, insbesondere von Polinnen, die wegen Widerstandshandlungen gegen die Besatzer zum Tode verurteilt und zur Vollstreckung des Urteils ins Konzentrationslager verfrachtet worden waren: Im Unterschied zu den Konzentrationslagern für männliche Häftlinge, wo Hinrichtungen zur Abschreckung vor aller Augen am Appellplatz durchgeführt wurden – oft musste das ganze Lager für das makabre Schauspiel strammstehen –, war die SS in Ravensbrück bemüht, einen Platz außerhalb der Lagermauern für die Tötung der Frauen zu finden; nur die Schüsse hallten hinüber ins Lager.

Einen weiteren Sterbeort stellte das Revier dar, also jene Baracken, in denen Kranke gepflegt und Wunden geheilt werden sollten – doch es geschah das Gegenteil: Nicht nur, dass es zu wenig Medikamente, Verbandszeug und Essen gab, wurden hier auch die bereits erwähnten Menschenversuche an polnischen Frauen durchgeführt und an Schwangeren Abtreibungen vorgenommen.[97] Vor allem bei bereits sehr schwachen, dem Tod geweihten Häftlingen wurde das Sterben beschleunigt. Eine Oberschwester und die SS-Ärzte töteten diese Frauen mittels einer Evipan-Injektion ins Herz.[98] Das sprach sich im Lager unter den Frauen herum, sodass sich selbst Schwerkranke bis zum Umfallen zur Arbeit schleppten. Auch Emma Horvath berichtete von der Angst, sich im Revier krankzumelden, obwohl sie nach Opitz' Schlägen glaubte zu sterben:

> Beim Sterben war ich, soviel treten haben's mich und soviel g'haut, dass ich glaubt hab, ich werd hin, ich pack das nicht; und zu einem Doktor kannst auch nicht gehen und in das Revier haben wir uns nicht traut, weil in dem Moment, wo du ins Revier gegangen bist, warst schon aufgeschrieben, den nächsten Tag ist der Transport gegangen zum Verbrennen.[99]

Was könnte es mit der angegebenen Todesursache offene Lungenentzündung bei Anna Burger auf sich gehabt haben? Sollte damit ein Mord vertuscht werden? Und wie kam es dazu?

»Von den SS-Männern geholt« – sexualisierte Gewalt im Frauenkonzentrationslager

Sexualisierte Gewalt im Konzentrationslager ist weiterhin ein schwieriges Thema. Es berührt zahlreiche Tabus, ist mit viel Scham behaftet, und nach wie vor wird Opfern sexualisierter Gewalt häufig Mitschuld angelastet. Vor allem schwiegen die Überlebenden selbst zumeist über derartige Erfahrungen (aus vielerlei Gründen), und wenn sie diese doch ansprachen, dann nur in Andeutungen, Fragmenten und Fremdzuschreibungen. Den komplexen Analyseschritten, die zur Dechiffrierung dann notwendig werden, habe ich mit meinen Kolleginnen bereits in den 2000er Jahren ein Buch gewidmet.[100] Darin beschreiben wir auch die vielfältigen Formen sexualisierter Gewalt, mit denen Frauen während der nationalsozialistischen Verfolgung konfrontiert waren. Sie reichen von Demütigungen durch erzwungene Nacktheit, mangelnder Hygiene, unflätigen Bemerkungen und anzüglichen Blicken über das Scheren sämtlicher Körperhaare, Begrapschen und vorgebliche gynäkologische Untersuchungen bis hin zu sexueller Nötigung und Vergewaltigung. All diesen Gewaltformen sahen sich die Frauen im Konzentrationslager ausgesetzt. Zwar waren dem SS-Stab intime körperliche Begegnungen mit den Häftlingen verboten, doch belegen zahlreiche Berichte, dass es sie trotzdem gab. Dies geschah bis hinauf in höchste SS-Kreise, wie das Bespiel des Kommandanten des Lagerkomplexes Auschwitz-Birkenau, Rudolf Höß, belegt. Er ging ein Verhältnis mit einer jüdischen Häftlingsfrau ein, die er zudem schwängerte. Daraufhin wollte er sie im Bunker unauffällig ermorden lassen, was allerdings verhindert werden konnte. Eine Untersuchungskommission bestätigte diese Vorfälle, ein gegen Höß angestrengtes Verfahren vor einem SS-Gericht wurde jedoch niedergeschlagen.[101]

Derartige Vorfälle wurden ebenfalls für das KZ Ravensbrück kolportiert. Eine wie auch immer geartete, jedenfalls erzwungene Beziehung zu einer Häftlingsfrau gefährdete gleichzeitig den SS-Mann, doch zumeist hatte er es in der Hand, die Frau verschwinden zu lassen, wenn das Verhältnis aufflog, und sich selbst damit zu retten. Mehrere Bezeugungen derartiger Vorfälle finden sich in den Interviews mit österreichischen Ravensbrück-Überlebenden. Eine ehemalige Häftlingsfrau erzählte von einer indirekt miterlebten Strafaktion für beide Beteiligte, ohne genauere Angaben über deren Identität und letztendlichen Verbleib zu machen: Der SS-Mann sei eingesperrt, die Frau, eine sehr hübsche Slowakin, bestraft worden, indem ihr die Haare geschoren wurden und sie die Walze auf der Lagerstraße ziehen musste, so erinnerte sich Anna Redlinger.[102] Eine andere Zeitzeugin, Marianne Krasovec, schilderte einen Vorfall im Ravensbrücker Außenlager Eberswalde nahe Berlin: Der dortige Lagerführer habe ein Verhältnis mit einer 18-jährigen Russin gehabt, was allgemein bekannt gewesen sei. Als die junge Frau sich gegen eine öffentliche Demütigung wehrte, erschlug er sie. Beziehungen dieser Art seien nicht selten gewesen, wenngleich man oft kaum Näheres wusste. »Aber da weiß ich's hundertprozentig. Ein großes, fesches, achtzehnjähriges russisches Mädchen. Die hat mit ihm gerauft, das war furchtbar.«[103] Auch eine polnische Frau musste eine Beziehung mit einem SS-Mann mit dem Tod bezahlen, bezeugte Katharina Horvath. »So eine Polin haben sie erschossen. Die hat ein Gspusi gehabt mit einem SS, in der Nachtschicht.«[104]

Lösten die Vergeltungsaktionen der SS bei den Häftlingen Entsetzen aus, stießen die Beziehungen selbst oft auf Unverständnis und Missbilligung: Wie konnte es sein, dass sich Frauen auf sexuelle Beziehungen mit ihren ärgsten Peinigern einließen? In den meisten Fällen beruhten die Verhältnisse wohl auf einem Tauschhandel: Sex gegen Brot – ein Ausweg, um zu überleben. Gerade von einer Verbindung mit einem SS-Mann konnte sich eine Häftlingsfrau eine Verbesserung ihrer Überlebensbedingungen erwarten, allerdings begab sie sich dadurch auch in erhöhte Gefahr. Gleichwohl ist zu fragen, inwiefern eine Inhaftierte überhaupt die Möglichkeit hatte, sich den sexuellen Annäherungen eines SS-Mannes zu verweigern. Derartige Beziehungen von hierarchisch Ungleichen sind als Form sexueller Nötigung zu werten. Es kann davon ausgegangen werden, dass das Opfer in den seltensten Fällen den sexuellen Akt wünschte.

So ist über einige Frauen zu lesen, dass sie »von der SS geholt« wurden, und zwar zu Festen und Gelagen nach Dienstschluss. In Saus und Braus wurde gefeiert, gegessen, getrunken und getanzt. Häftlingsfrauen mussten die SS-Männer unterhalten, wie beispielsweise Emma Horvath erzählte.[105] Sie selbst, damals zwischen 15 und 17 Jahre alt und von großem Hunger gequält, war gezwungen, stundenlang für die SS zu musizieren und dabei deren Völlerei und auch sexuelle Ausschweifungen mitanzusehen. Ob sie über das Musizieren hinaus den Männern zu Diensten sein musste, ließ sich nicht eruieren, wenngleich die Art, wie sie über diese Abende sprach, es nahelegt. Deutlich wird das Machtgefälle zwischen den Beteiligten: Die Frauen, von Emma Horvath zumeist Prostituierte genannt, wurden »geholt«, die Männer haben sie »gehabt«, haben die Frauen »gebraucht«. »Von der SS geholt« – diese Formulierung lässt keinen Vorteil für die Häftlingsfrau erkennen. Der Mann nimmt sich, was ihm seiner Meinung nach zusteht, was ihm seine Machtposition ermöglicht: Sexualverkehr ohne Einwilligung der Frau.

Von der SS geholt – das soll auch Anna Burger widerfahren sein. Dieses Gerücht besteht seit der ersten Begegnung einer ihrer Töchter mit einer ehemaligen Leidensgefährtin von Anna. Es führt uns in die 1950er Jahre zurück, in eine Zeit also, als über das Thema Sex im Konzentrationslager noch niemand sprach.

»Ich kenne eine Annerl!«

Mitte der 1950er Jahre, als Leopoldine, Tochter von Anna und Karl Burger, für einige Jahre in Klosterneuburg bei ihrem Vater lebte, war sie dort Mitglied der Trachtentanzgruppe. Die *Wildkogler*, wie sich der Verein unter der Obmannschaft ihres Vaters Karl

Burger nannte, nahm an einem Treffen der Trachtentanzgruppen im niederösterreichischen, südlich von Wien gelegenen Gloggnitz teil; Leopoldine war (wie auch ihre Schwester Christine) mit dabei. Dort habe eine Frau sie auf ihre Mutter angesprochen, erzählte Leopoldine, aufgrund des Namens Burger, vor allem aber, weil sie ihrer Mutter so ähnlich sehe.

> Ja, und dann haben wir unseren Tanz vorgeführt und dann bin ich auf meinen Platz gegangen. Und diese Frau hat wirklich gewartet, bis wir alleine am Tisch gesessen sind, und sie sagt dann zu mir: »Burger«, sagt sie, »Burger, Burger … und Sie schauen ihr so ähnlich«, – finde ich nicht, aber bitte – »Sie schauen ihr so ähnlich. Wie hat die Mutter geheißen? Ich kenne eine Annerl«. Und ich sage: »Ja, meine Mutter hat Anna geheißen.« Und sie sagt: »Dann sind Sie die Tochter?« Ich sag, »Ja, wieso?« – »Ich kenne Ihre Mutter.«[106]

Ähnlich erinnerte sich Leopoldine Wiener bereits im Interview mit Corinna Oesch Ende der 1990er Jahre für die Ausstellung *wege nach ravensbrück*. Im gleichnamigen Katalog wird Leopoldine mit der Aussage zitiert, die Frau habe ihr anvertraut:

> Ihre Mutter ist auch herangezogen worden zu sexuellen Handlungen, sie haben sie regelrecht geholt an Abenden, wenn diese SS-ler so Feste gefeiert haben, und sie is' dann krank geworden, dann hamms' es also weggeworfen.[107]

Damit war gemeint, dass die SS sich ihrer entledigt hatte – und zwar mit einer Giftspritze. Anna Burger sei in ihren Armen gestorben, berichtete die Zeitzeugin weiter, nachdem sie im Revier eine Injektion bekommen habe:

> Und die betreffende Frau, wo ich leider den Namen nicht weiß, saß auf der Stufe von der Baracke und die Annerl hat sich zu ihr gesetzt und gesagt: »Jetzt geht es mir gut.« Und ist tatsächlich in ihren Armen ein paar Minuten später dann gestorben.[108]

Abbildung 12: Ein von der SS angefertigtes Propagandafoto zur Arbeit in der Zuschneiderei im KZ Ravensbrück, aufgenommen 1941, Fotograf:in unbekannt
Quelle: Mahn- und Gedenkstätte Ravensbrück, Foto-Nr. 1683

Das Bild war Teil der bis 2012 in der Gedenkstätte gezeigten Dauerausstellung. Siegrid Fahrecker unternahm gemeinsam mit ihrer Mutter und ihrem Mann erstmals im Jahr 2000 eine Fahrt nach Ravensbrück, um ihrer dort ermordeten Großmutter zu gedenken und weitere Spuren von ihr zu erkunden. Als sie in einem der Ausstellungsräume der Kommandantur dieses Foto erblickte, meinte sie in der im Vordergrund abgebildeten Frau auf Anhieb ihre Großmutter zu erkennen. Nach einigem Hin und Her zeigte sich auch Stefanie Cudy davon überzeugt, dies sei Anna, ihre Mutter. Jahre später bestätigte Toni Bruha, die Häftlingsfrau am Zuschneidetisch sei tatsächlich Anna Burger. Die Frau erscheint für die Umstände einer KZ-Haft ungewöhnlich rundlich, was zur Interpretation führte, sie sei womöglich schwanger. Aufgrund des Zeitpunkts der Aufnahme (1941) und Annas Tod erst im Dezember 1943 sowie der Tatsache, dass es sich um ein Propagandafoto der SS handelt, ist diese Vermutung mittlerweile als äußerst unwahrscheinlich anzusehen. Zum Aufruf auf der ÖLGR/F Website gab es keinerlei Reaktion. Siegrid ist dennoch zutiefst überzeugt, mit dieser Aufnahme ein letztes Foto von ihrer Großmutter in Händen zu halten – ein wichtiger Ankerpunkt in ihrem Gedenken an die Verfolgungsgeschichte von Anna Burger.

Ob Anna Burger getötet wurde, weil sie von einem SS-Mann schwanger oder geschlechtskrank war, dieses Detail ändert nichts an ihrem gewaltsamen Tod – der ganz im Sinne der nationalsozialistischen Bevölkerungspolitik war: Die aus sozialrassistischen Gründen verfolgten Frauen waren willkürlich aus der Gesellschaft ausgeschlossen und weggesperrt worden – ihre Rückkehr aus dem Konzentrationslager war nicht erwünscht. Schlagartig waren fünf minderjährige Kinder zu Halbwaisen geworden, was billigend in Kauf genommen wurde.

Fragwürdige Obhut

Nach über sieben Jahrzehnten lässt sich nicht mehr rekonstruieren, inwieweit Anna Burgers Tod im Konzentrationslager bei ihrer Familie, in der Verwandtschaft oder auch in der Stadt Klosterneuburg ein Gesprächsthema war. Wir wissen nicht, ob Annas KZ-Haft den Leuten während des Krieges vielleicht als abschreckendes Beispiel galt, ihr Tod danach aber bewusst verschwiegen wurde – im allgemeinen, gleich nach Kriegsende einsetzenden Bestreben, unter die NS-Zeit einen dicken Schlussstrich zu ziehen und nur mehr nach vorn zu blicken. Aus der unmittelbaren Nachkriegszeit gibt es so gut wie keine Dokumente zu Annas hinterbliebenen Kindern, und auch die Erinnerungen sind für diesen Zeitraum spärlich gesät. Das mag unter anderem damit zusammenhängen, dass alle fünf Kinder an verschiedenen Orten untergebracht waren, also nie als Familie zusammenlebten und einander auch erst viel später kennenlernten.

Wir erinnern uns, dass die Schwestern Leopoldine und Christine bereits als Säuglinge in fremde Obhut kamen. Zunächst war es die Mutter von Karl Burger, die sich ihrer annahm, doch noch als Kleinkinder wurden sie Pflegeeltern übergeben. Anna selbst war zu dem Zeitpunkt noch in Klosterneuburg wohnhaft. Was Leopoldine betrifft, die Ältere der beiden (Jahrgang 1936), so lassen sich die Stationen ihrer Kindheit anhand ihres Personenblatts der Kinderübernahmestelle (KÜSt) in Wien relativ gut nachzeichnen. Eine Kopie befindet sich dank der Recherchen von Corinna Oesch seit Ende der 1990er Jahre im Besitz von Leopoldine Wiener. Als gut Einjährige kam sie im Dezember 1937 an die KÜSt und wenige Wochen später in die erste Pflegefamilie, die im Bezirk Scheibbs wohnte. Dort waren die Zustände jedoch untragbar – Gerüchten zufolge musste das Kleinkind im Ziegenstall schlafen –, sodass sie ein Jahr später in andere Obhut, diesmal in Wien, kam. Bei Familie Müller wuchs

Leopoldine bis zu ihrem 17. Lebensjahr auf, mit Unterbrechungen: Während des Krieges wurden zahlreiche Kinder aus Wien evakuiert und am Land untergebracht, um sie vor den Bomben der Alliierten zu schützen. Leopoldine kam im Juni 1944 zu einer Familie im Bezirk Rohrbach im oberösterreichischen Mühlviertel, bei der es ihr den eigenen Angaben zufolge sehr gut ging. Allerdings wurden die Gasteltern ein halbes Jahr später verhaftet – die Umstände blieben unklar –, weshalb sie zu einer Bauernfamilie in der Nachbarschaft kam. Die folgenden eineinhalb Jahre hat Leopoldine Wiener in schlimmer Erinnerung, insbesondere den Bauern, der ein Schläger gewesen sein soll; jeden noch so kleinen Fehler habe er mit Hieben bestraft. Dem Dorfpfarrer verdankte sie die Information über einen bevorstehenden Rücktransport von Kindern nach Wien. Allerdings verlief dieser voller Ängste und Pannen: Die Kontrolle an der amerikanisch-russischen Demarkationslinie war furchteinflößend; als einziges der Kinder wurde sie am Westbahnhof nicht abgeholt; das zerbombte Wien war nicht wiederzuerkennen. Dennoch ließ das Wiedersehen mit ihren Pflegeeltern Leopoldine viele Sorgen der vergangenen Monate vergessen.

Leopoldine berichtet, eine faule Schülerin gewesen zu sein. Gleich nach der Schulpflicht wollte sie daher eine Lehre beginnen; die Wahl fiel auf Floristin.

Bei den Pflegeeltern ging es Leopoldine insgesamt so gut, dass sie von ihrer Pflegemutter als »meine Mama« spricht.[113] Dennoch gab es schwierige Phasen, insbesondere während ihrer Pubertät. Sie sei »eine kleine Rebellin« gewesen, die viel bekrittelt habe und immer wieder gegen die Vorschläge der Pflegemutter opponierte. Der wurde es irgendwann zu viel; nach einer neuerlichen Auseinandersetzung – es ging um die von der Fürsorge zur Verfügung gestellte Kleidung, die die Heranwachsende partout nicht mehr tragen wollte – gab sie die Verantwortung für das Mädchen an die KÜSt zurück. Leopoldines Vater, der fortlaufend die Behörden bedrängt und die Pflegeeltern brieflich immer wieder wüst beschimpft hatte, bestand weiterhin darauf, seine Tochter zu sich zu nehmen – Leopoldine vermutet als Grund ihr Lehrlingsgeld, das sie später bis auf den Preis der Fahrscheine an ihn abgeben musste. Schlussendlich willigte die KÜSt in seinen Wunsch ein, sodass die Siebzehnjährige ab Mai 1953 bei ihrem Vater Karl Burger lebte; bis dahin hatte für ihn ein Ausfolgeverbot gegolten.[114]

Wie viel Zeit Annas im Herbst 1937 geborene Tochter Christine in der Obhut ihrer Großmutter mütterlicherseits verbrachte, ist nicht bekannt. Laut ihres KÜSt-Blatts[115] kam sie als Zweijährige im Oktober 1939 zu Pflegeeltern nach Münichreith, einer kleinen Gemeinde im niederösterreichischen Waldviertel, und blieb dort ganze acht Jahre, bis zur Kündigung des Pflegschaftsverhältnisses Mitte November 1947. Dass sie in Münichreith einige Jahre untergebracht war und anschließend in die Wiener Anstalt *Am Spiegelgrund* überstellt wurde, erzählte sie Stefanie Cudy während eines Telefonats.[116] Letzteres fand sich in den Meldedaten wie auch am KÜSt-Blatt bestätigt. Im August 1948 kam Christine zu ihrem Vater Karl Burger und dessen dritter Gattin, die er ein Jahr zuvor geheiratet hatte.[117] Ab November 1951 lebte sie für ein Jahr im Erziehungsheim Martinstraße 58 in Klosterneuburg, bevor sie wieder zum Vater zurückkam. Nach zwei weiteren Wohnorten außerhalb der Familie zog sie im März 1955, inzwischen 22 Jahre alt, abermals zu ihrem Vater. Dort blieb sie aber nur weniger als ein Jahr. Auf der Meldekarte ließ sie vermerken. »Achtung! Dem Vater über Wunsch keine Auskunft geben.«[118]

Es wäre naheliegend gewesen, dass auch Adolf Burger, 1939 geborenes gemeinsames Kind von Anna und Karl Burger, später einmal bei seinem Vater und seinen leiblichen Schwestern gelebt hätte – doch er wehrte sich standhaft, dorthin ziehen zu müssen. Und das, obwohl er viele Kinderheime durchlief und auch bei verschiedenen Pflegeeltern untergebracht wurde, nachdem ihn die Fürsorge im Jänner 1940, gemeinsam mit den älteren Halbgeschwistern Leopold und Stefanie, aus der verwahrlosten elterlichen Wohnung in der Albrechtstraße in Klosterneuburg abgeholt hatte. Adolfs KÜSt-Blatt offenbart, dass er im ersten Jahr »sehr schwer krank« war und viele Monate in Spitalspflege verbrachte. »Kind kommt nicht mehr zurück«, so lautet der Eintrag, es ließ sich aber nicht eruieren, auf welchen Ort sich das bezog. Erst im Frühjahr 1944 wird eine neue Adresse einer Pflegefamilie in Hollabrunn genannt, später eine Unterkunft in Stockerau – beide Orte unweit von Wien gelegen. Nach der NS-Zeit wechseln die Einträge am KÜSt-Blatt, die bis ins Jahr 1953 reichen, zwischen Heimaufenthalt und Unterbringung bei Verwandten. Dies deckt sich einigermaßen mit den Erinnerungen von Adolf Burger, die bis zu vereinzelten Episoden im Kleinkindalter zurückreichen. So soll er als etwa Vierjähriger bei einer Pflegefamilie in Wien-Floridsdorf gelebt haben und dort als kleiner Knirps am frühen Morgen bereits eimerweise Wasser von einem Brunnen geholt haben müssen – immer wieder hätten sich Nachbarn aus den angrenzenden Häusern seiner erbarmt: »Komm, Burschi, ich helf dir!«. Eines Tages sprach ihn eine fremde Frau an: »Dolfi, stell die Kübel hin und komm mit!«. Das war eine Fürsorgerin, die sich an die Pflegeeltern mit den Worten wandte: »Packen Sie dem Burschen seine Sachen! Sie sind als Pflegeeltern nicht geeignet.«[119] Also wurde er an die KÜSt rücküberstellt und an eine andere Pflegestelle vermittelt. Er lernte viele Kinderheime kennen, der Reihe nach in Wien-Pötzleinsdorf, in Baden bei Wien, am Wilhelminenberg in Wien und in Wimmersdorf, dazwischen wohnte er bei Tante oder Cousine. Adolfs Urteil über die Unterbringung in seiner Kindheit und Jugend: »Die Heime waren eine Katastrophe!«[120] Lediglich jenen in Baden und in Pötzleinsdorf konnte er auch gute Seiten abgewinnen, an alle anderen erinnert er sich mit Beklemmung.

Im Herbst 1945 nahm ihn seine Cousine Fritzi zu sich, damals als Friederike Verzi in Kritzendorf wohnhaft (später verehelichte Frass-Wolfenegg). Bei ihr war er mit Unterbrechungen bis mindestens Herbst 1950 gemeldet. In Adolfs Erinnerung war dies keine schöne Zeit, vielmehr fühlte er sich von seiner um 16 Jahre älteren Cousine ausgenutzt: Sie hätte ihn nur wegen des Pflegegeldes zu sich geholt – und wieder ins Heim zurückgeschickt, sobald das Geld aufgebraucht war; mehrfach sei das so gegangen. Dazwischen verbrachte Adolf rund zwei Jahre in Südkärnten. Wie viele andere Kinder auch, sollte er so dem Hunger in der Großstadt entkommen und am Land aufgepäppelt werden. Adolf erinnerte sich an eine im Grunde genommen gute Zeit, aber auch an die strenge Gastmutter und an die Schwierigkeiten in der Schule: Die slowenische Sprache, in der auch unterrichtet wurde, wollte partout nicht in seinen Kopf hinein. Also musste er, wieder zurück in Wien, zumindest eine Klasse wiederholen. In der Folgezeit wurde Adolf auch immer wieder von Tante Poldi, der ältesten Schwester seiner Mutter, aus den Heimen geholt. Bei ihr, damals in der Novaragasse im zweiten Wiener Bezirk wohnhaft, ging es ihm recht gut; dort habe er »erstmals gesehen, was eine Mutter ist«[121]. In der neuen Schule stellten sich die Lehrer auf ihn ein und stempelten ihn nicht gleich als ehemaliges Heimkind ab. Die Wahl zum Klassensprecher gewann Adolf ohne Gegenstimmen, was ihn heute noch mit Stolz erfüllt. Nachdem er einiges an Lernstoff nachgeholt hatte, passten auch die schulischen Leistungen.

Auf keinen Fall wollte Adolf jemals zu seinem Vater ziehen. Ihn hatte er erst 1945 kennengelernt, da arbeitete Karl Burger als Straßenbahnschaffner in Wien. Als Adolf einmal mit seiner Cousine Fritzi mit der Linie D unterwegs war, soll sie ihm erklärt haben: »›Das ist dein Vater‹, und zum Vater sagte sie: ›Das ist dein Kind‹. Karl Burger erwiderte: ›Nein, das ist nicht mein Sohn‹«; so schilderte Adolf die erste Begegnung mit ihm.[122] Auch in späteren Jahren soll Karl Burger immer wieder von seinem jüngsten Sohn behauptet haben, dass er nicht sein Kind sei, vielmehr habe seine Frau Anna ihm den Jungen »untergejubelt«.[123] Regelmäßiger Kontakt zu seinem Vater ergab sich für Adolf erst, als er bereits in München lebte. Dorthin war er Anfang der 1950er Jahre geschickt worden, weil er in Wien nach der Schulpflicht keine Lehrstelle fand. In München lernte er Bäcker und Konditor. Als er sich ein Motorrad kaufen wollte, benötigte er die Unterschrift seines Vaters, weil er noch nicht volljährig war. Also machte er ihn über das Jugendamt ausfindig. Ab diesem Zeitpunkt besuchte er ihn immer wieder, »aber das Verhältnis zum Vater kam nie zustande«, so Adolf. Nie habe er Vater zu ihm gesagt.[124]

Wie Adolf war auch Leopold, der älteste Sohn von Anna, Jahrgang 1932, im Jänner 1940 von der Fürsorge über die KÜSt in fremde Pflege vermittelt worden. Als damals bereits gut siebenjähriger Bub kam er in ein Kinderheim. Gemäß eigener Auskunft[125] war er während der NS-Zeit nur in einem Heim untergebracht, und zwar in der Hamburgerstraße.[126] Zu ihm, der bereits 2013 verstarb, ist über die Kindheit am wenigsten bekannt. Mehr Details zu seinem Leben gibt es erst ab 1946, als er erneut – wie auch seine Schwester Steffi – von den Großeltern aufgenommen wurde.

Damit kamen Leopoldine und Karl Lasser der 1935 festgehaltenen testamentarischen Bitte ihrer Tochter Anna nach: Die Großeltern mögen sich um ihre beiden erstgeborenen Kinder kümmern, sollte ihr etwas zustoßen. Leopold lebte lediglich bis Jänner 1947 bei ihnen, also keine eineinhalb Jahre. Danach wechselte er sehr oft innerhalb Klosterneuburgs den Wohnort. Im Jahr 1948 ging er bei einem Bäckermeister in Langenlebarn, Niederösterreich, zur Lehre. Im Jänner 1949 musste er sich wegen eines Raubüberfalls, mehrerer Diebstähle und eines Vergehens nach dem Waffengesetz verantworten, was ihm eine Haftstrafe von über einem Jahr einbrachte.[127] Adolf erinnerte sich später, Ende der 1940er Jahre mit Leopold in Kontakt gestanden zu haben. Leider sei sein Halbbruder auf die »schiefe Bahn« geraten. Erstmals musste er als 20-Jähriger wegen Diebstahls und Schlägereien ins Gefängnis (siehe oben). Verurteilungen soll es auch wegen häuslicher Gewalt gegeben haben.[128]

Tochter Stefanie schließlich, das zweite voreheliche Kind von Anna, geboren im Juni 1934, war wie Leopold früh zu Annas Eltern gekommen. Bereits im November 1934 sind die beiden auf einem Meldezettel von Karl Lasser vermerkt, da war Leopold zwei Jahre und Stefanie fünf Monate alt. Die folgenden fünf Jahre wuchsen sie bei den Großeltern auf, bis Anna sie im Dezember 1939 zu sich holte oder holen musste. Am 26. Jänner des neuen Jahres wurde Stefanie, gemeinsam mit Leopold und Adolf, aus der elterlichen Wohnung von der Fürsorge abgeholt und in die Wiener KÜSt gebracht. Drei Wochen später kam sie zu Pflegeeltern ins Burgenland, nach Weichselbaum an der Raab. Die folgenden sechs Jahre bei der Familie Kloiber haben tiefe Spuren in Stefanies Leben hinterlassen – davon wird später noch zu lesen sein. Der Pflegevater sei recht nett gewesen, aber als Zollwachebeamter bzw. wenig später als Soldat war er selten zu Hause. Die Pflegemutter hatte ein eigenes und noch ein weiteres Pflegekind, beide etwa drei Jahre alt, als Stefanie hinzukam. Als ältestes Kind musste sie am Bauernhof Schwerstarbeit verrichten, noch vor der Schule und auch danach. Sie wurde geschlagen, bekam nur wenig Essen, und selbst darum musste sie bitten. Stefanie erinnerte ihre Pflegemutter als herzlose, geizige und brutale Person. Dazu kamen die Schwierigkeiten in der Schule, in die sie meist zu spät kam, weil sie zuvor die Kühe im Stall versorgen musste; generell fehlte sie häufig, allein wegen der Feldarbeit, die absoluten Vorrang hatte. Als Pflegekind wurde sie vom Lehrer – einem überzeugten Nazi, wie sich später herausstellte, der noch dazu aufgrund der mitgeschickten Akten die Geschichte ihrer Familie kannte – als Kind zweiter Klasse behandelt; ihr wurde nichts erklärt, sodass sie nicht Lesen und Schreiben lernte. »Die Pflegemutter brachte ihr zwar das Lesen und Schreiben bei – aber ›mit der Peitsche‹ und zwar tatsächlich, nicht im übertragenen Sinn«, so gab Stefanie Cudy 2015 zu Protokoll.[129]

Im Februar 1946 kam Stefanie zurück zu ihren Großeltern. Laut Meldedaten lebte sie bei ihnen bis Jahresmitte 1954, also bis zu ihrem zwanzigsten Lebensjahr. Eine weiterführende Ausbildung wurde ihr nicht gestattet, sodass sie als Hausgehilfin oder Hilfsarbeiterin tätig war. Ein Zeugnis als Stationsgehilfin zu erwerben, sollte ihr erst viel später, als 45-Jährige, möglich sein. 1958 heiratete sie Heribert Maria Cudy, mit dem sie zwei Kinder hatte, Heribert (Jahrgang 1958) und Siegrid (geboren 1962).

Mehr ist nicht bekannt über das Aufwachsen der fünf Kinder von Anna Burger, nachdem sie längst keine Mutter mehr hatten und ohne ihre Brüder und Schwestern dem Schicksal ausgesetzt waren. Ihr ganzes Leben lang fragte sich Leopoldine, warum es denn sein musste, dass alle Kinder voneinander getrennt untergebracht waren. Sie bedauerte es sehr, ihre Geschwister erst so spät näher kennengelernt zu haben. Als junge Erwachsene hatten sie sich aus den Augen verloren; erst Mitte der 1970er Jahre kam es auf Initiative ihrer Schwester Stefanie Cudy zu einem Treffen. Wie viel sie sich wohl gegenseitig von ihrer schweren Kindheit erzählten? Wagten sie es, Erinnerungen auszutauschen? Und wie gingen sie mit voneinander abweichenden Erinnerungen um?

Erinnerungen aus zweiter Hand

»Das Kleid der Erinnerung ist löchrig« – so beschrieb einmal ein Kunsthistoriker die Wirkung von Bildern, auf denen der Künstler durch mehrfaches teilweises Übermalen früher aufgetragene Farbschichten durchscheinen lässt, das Entstehen des Bildes dadurch erlebbar macht und gewissermaßen verschiedene Zeitpunkte an die Oberfläche hebt.[130] Ähnlich dieser Maltechnik funktioniert Erinnerung: Schicht für Schicht werden die Ereignisse abgespeichert und übereinandergelegt, wobei schon dieser Vorgang selektiv erfolgt. Wie auf das Gespeicherte zugegriffen wird, hängt von ungemein vielen Faktoren ab, die individuell verschieden sind. Welche Ereignisse in der Rückschau aufblitzen, welche Erfahrungen grau eingefärbt werden, welche farbenprächtig in die Gegenwart leuchten, hängt auch vom Zeitpunkt und den Umständen des Betrachtens ab: Einmal scheinen die Blautöne im Vordergrund auf, dann wieder vermeint man das Bild des Lebens von der Farbe Rot dominiert zu sehen, ein andermal eher düster und matt grundiert. Immer aber bleiben einzelne Teile verdeckt, überlagert, unzugänglich.

So ist auch die Gedächtnisforschung, in Übereinstimmung mit der modernen Hirnforschung, zu der Erkenntnis gelangt, dass Erinnerungen nicht, wie lange Zeit angenommen, ähnlich wie auf einem PC gespeichert und jederzeit und überall gleichermaßen abrufbar sind. Vielmehr bedarf es einer fortwährenden Wiederholung der ursprünglichen Ereignisse (im Stillen, im Gespräch) und damit einer permanenten Konsolidierung der Gedächtnisspur, um Erinnerungen weitergeben zu können.[131] Zudem werden vergangene Erfahrungen von weiteren Erlebnissen und Erinnerungen überlagert, was zum Verblassen wie auch zu einer Neubewertung und Rekonfiguration der länger zurückliegenden Ereignisse führt. Dabei werden Erinnerungen vielmehr assoziativ als chronologisch abgerufen. Das heißt, bei jedem Erinnern wird die alte Erinnerung in neue Zusammenhänge eingebettet und aktiv verändert.[132] Erinnern ist damit stark gegenwartsabhängig. Harald Welzer meint, hier in Bezug auf biografische Interviews, dass Erzählungen über das eigene Leben demnach »viel enger an die konkrete und unmittelbare soziale Situation des Interviews gebunden [sind] als an das, was wir mit den historischen Gegebenheiten gelebten Lebens korrelieren würden«.[133]

Dies geschieht insbesondere, wenn traumatische Erlebnisse ein Menschenleben stark beeinflussen. Hier geraten verstärkt Gewichtungen durcheinander. Und oft ist es so, dass gerade die schwierigsten, prägendsten Erfahrungen nicht erinnert, schon gar nicht erzählt werden können, weil sie aufgrund ihrer Heftigkeit in den hintersten Winkel des Bewusstseins verdrängt und gewissermaßen von der eigenen Person abgetrennt wurden. Doch sind auch diese Erfahrungen wirkmächtig – im eigenen Leben wie auch in dem nachfolgender Generationen. »Es kommt alles wieder, was nicht bis zum Ende gelitten und gelöst wird«, leitet Sandra Konrad mit Hermann Hesse den Abschnitt über Trauma in ihrem Buch »Das bleibt in der Familie«[134] ein.

Ein beträchtlicher Teil der Tatsachen und Geschehnisse, wie sie in den vorangehenden Kapiteln dargelegt sind, ist erst im Zuge der Recherchen zur Ausstellung *wege nach ravensbrück* (1999) und insbesondere während meiner sowie Siegrids Nachforschungen zu diesem Buch bekannt geworden. Das Aufwachsen der Mutter, ihr Kampf um ein gerechtes Scheidungsurteil, die Umstände der Verhaftung sowie der anschließenden Gefängnis- und KZ-Haft, die mit Gifttod endete – all das war für Anna Burgers Kinder jahrzehntelang nicht greifbar, nicht fassbar. Sie waren, wie vorhin ausgeführt, getrennt aufgewachsen und erst spät miteinander in Kontakt gekommen. Doch auch da waren sie, was ihre Mutter betraf, stets auf die Erzählungen von Erwachsenen angewiesen. Da sie kaum bei der Mutter gelebt hatten und in jener Zeit noch sehr jung gewesen waren, besaßen sie selbst nahezu keine Erinnerungen an sie. Am ehesten könnte vermutlich Leopold als Ältester den Geschwistern eigene Eindrücke vermittelt haben. Ansatzweise hat er dies später, viel später auch getan. Doch wäre die Vorstellung naiv, dass sich Kinder und Halbwüchsige treffen und über ihre verstorbene leibliche Mutter austauschen, von der sie so früh getrennt worden waren. So oder so beschäftigten sie sicherlich ganz andere Fragen und Probleme.

Und dennoch kam es wohl dazu, dass sie – die einen früher, die anderen später – mehr über ihre Mutter erfahren wollten; weil sie vielleicht Entdeckungen machten, die mit ihrer Mutter zu tun hatten, oder weil sie mit Erzählungen und Gerüchten konfrontiert wurden.[135]

Leopoldine erinnert sich etwa daran, dass eines Tages in der Schachtel, in der ihre Pflegemutter Stoffreste für Puppenkleider aufbewahrte, ein Zettel lag, auf dem »Anna Burger, KZ Ravensbrück« vermerkt war. Da sie heimlich und in Abwesenheit ihrer Pflegemutter in deren Kasten gestöbert hatte, konnte sie sie schlecht nach der Bedeutung von »KZ Ravensbrück« fragen und was dies mit ihrer leiblichen Mutter Anna zu tun hatte, also versuchte sie es in der Schule. Doch die Lehrerin habe nur nach Luft geschnappt und sie an ihre Eltern verwiesen.[136] Damals sei sie circa neun Jahre alt gewesen. Die folgenden Jahre habe sie die Frage zwar sehr beschäftigt, sie habe sich aber nicht mehr getraut, sie irgendwem zu stellen. Wer ihr schlussendlich die Zusammenhänge erklärte, weiß Leopoldine nicht mehr. Erst die Begegnung in Gloggnitz mit einer ebenfalls in Ravensbrück inhaftiert gewesenen Frau brachte dieses Thema wieder aufs Tapet. Wiederum Jahre später holte Leopoldine in Klosterneuburg Erkundigungen über ihre Mutter ein. Eine Trafikantin im Ort riet ihr damals: »Fräulein Burger, glauben Sie nicht alles, was man Ihnen erzählt.«[137] Wenn dieser Rat angebracht war, dürften die Geschichten, die um Anna Burger kursierten, nicht gerade freundlich gewesen sein. Wobei es gut möglich ist – und dies legen die Interviews mit den Nachkommen nahe –, dass es insbesondere Karl Burger war, der seine Exfrau verleumdete (dazu später mehr). Auch die Pflegeeltern, in Leopoldines Erinnerung recht schweigsame und verschlossene Menschen, dürften nicht zu einer positiven Sicht auf die leibliche Mutter beigetragen haben. Sie erzählten dem Kind, dass Anna einmal auf Besuch gekommen sei, mit vielen Spielsachen, aber keinem praktischen Mitbringsel wie einem Kleid oder Mäntelchen, was die Pflegeeltern wohl lieber gesehen hätten. Anna habe ununterbrochen geraucht, sogar in der

Wohnung, obwohl ihr die Pflegemutter das verboten hatte. Leopoldine selbst hat keine Erinnerungen an den Besuch ihrer Mutter. Doch weiß sie noch, dass ihr Vater Karl Burger des Öfteren kam und dass sie sich stets weigerte, ihn zu grüßen, woraufhin er wutentbrannt die Wohnung verließ. Der Pflegevater, der sich ansonsten aus der Erziehung heraushielt, »hat ganz schrecklich reagiert, wenn ich das Wort Burger nur in den Mund genommen habe«.[138] So war es wohl auch Selbstschutz, nicht zu viel über ihre Eltern wissen zu wollen.

Erst Jahre später, als Leopoldine selbst Kinder hatte und die Pflegemutter manchmal auf Besuch kam, wagte sie, nach der über Jahre totgeschwiegenen leiblichen Mutter zu fragen. »Die Mama sagte nur: Sie war dunkelhaarig, hat ausgesehen wie eine ›Zigeunerin‹«, erinnerte sich Leopoldine.[139]

Nur auf Erzählungen war auch das jüngste Kind Adolf angewiesen, der, als ihn die Fürsorge abholte, erst vier Monate alt war. Seiner Erinnerung nach wusste er relativ früh, dass seine Mutter im KZ war und dort umkam, mehr aber nicht. Genauere Umstände habe er erst 1949, also im Alter von zehn Jahren, von seiner Tante Leopoldine und deren Tochter Fritzi erfahren. Doch habe er immer gefürchtet, belogen zu werden.[140] Alle möglichen Verwandten hätten ihm als Kind und Jugendlichen von früher erzählt, daraus habe er sich das Beste herausgepickt, das andere habe er nicht hören wollen, so Adolf Burger rückblickend.[141] Im Interview mit ihm wurde deutlich, dass viele seiner Ansichten zum Leben seiner Mutter erst in den letzten zwei Jahrzehnten entstanden waren, nachdem die Recherche für die Ausstellung *wege nach ravensbrück* eingesetzt hatte und die Kinder viele Informationen über Anna erhielten. Wenngleich Adolf davor schon aktiv nachgeforscht hatte: So hatte er noch zu DDR-Zeiten versucht, Auskunft über das ehemalige Konzentrationslager Ravensbrück zu erhalten, und bereits 1998 vor Ort, also in der KZ-Gedenkstätte, nach Bezeugungen des Schicksals seiner Mutter gesucht – doch beides brachte zu seiner großen Enttäuschung keine Ergebnisse.[142]

Bei Annas Tochter Stefanie dominierte zeitlebens der letzte Blick auf die Mutter die Erinnerungen. Sie war fünfeinhalb Jahre alt, als sie aus der elterlichen Wohnung geholt wurde. Noch Jahrzehnte später konnte sie diesen Moment abrufen, als sie ihrer Mutter vom Wagen der Fürsorge aus – ihrer Erinnerung nach war es »ein großer schwarzer Wagen« – zugewinkt habe. »Ich kann mich erinnern, sie hat ein Kleidl angehabt, mit einer Jacke, die Haare hat sie so zurück[gekämmt] gehabt, und ich sehe sie heute noch heraufgehen in der Albrechtstraße«, so Stefanie Cudy 1999 im Interview mit Corinna Oesch.

In Erinnerung blieb ihr auch die Armut, in der sie mit ihrem älteren Bruder Leopold in früher Kindheit aufwuchs.

> Und wie gesagt, wir waren die Ärmsten unter den Armen. Wir haben nichts zu essen gehabt, ein Bett haben wir gehabt, zu dritt sind wir drinnen gelegen, wir haben nichts zum Zudecken gehabt als einen Mantel, oder was man halt so gehabt hat; zum Essen haben wir nichts gehabt, ich bin täglich in die Martinstraßen[143] gegangen [...], alle Tage bin ich um meine Klostersuppe gegangen, wie man so schön sagt. Ich war nicht die einzige, es sind mehrere gegangen, aber ich war halt auch alle Tage dabei. Mit meinen vier, fünf Jahren habe ich schon angeklopft und mein Reindel hingehalten, daran kann ich mich noch gut erinnern.[144]

Unwillkürlich bezieht man diese Erinnerungen auf die Zeit, als die beiden Geschwister bei ihrer Mutter lebten. Gut möglich aber, dass bei den Großeltern das Essen ebenso knapp und das Zusammenleben beengt war und dass die Kinder auch von ihnen um Essen geschickt wurden.[145] Die gemeinsam verbrachten Jahre, zu denen ja auch die erste Zeit nach Kriegsende zu rechnen ist, haben Leopold und Stefanie eng verbunden. Die Vertrautheit blieb bestehen, trotz der abermaligen Trennung noch in der Kindheit und vieler unschöner Vorkommnisse in den Jahrzehnten danach. Die Verbundenheit bewirkte auch ähnliche Erinnerungen, derer sie sich wohl im Austausch gegenseitig versicherten.

Wann genau Stefanie über das weitere, kurze Leben ihrer Mutter Kenntnis erlangte, lässt sich nicht mehr feststellen. Ihren eigenen Angaben zufolge habe sie manche Informationen nur aus den Akten, »insbesondere über das Schicksal der Mutter und die Rolle des Stiefvaters in der SS-Zeit [sic!]«.[146] Das bedeutet, dass abgesehen von der Erzählung der Zeitzeugin in Gloggnitz über Annas Sterben in Ravensbrück jahrzehntelang keinerlei Faktenwissen in der Familie vorhanden war. Erst der Scheidungsakt, den Corinna Oesch knapp vor der Jahrtausendwende aushob, brachte etwas Licht ins Dunkel der Ahnungen und Gerüchte.

Rückblickend lässt sich durchaus behaupten, dass das Interesse der jungen Ausstellungsmacherinnen am Schicksal von Anna Burger dem Familiengedächtnis Ende der 1990er Jahre einen wichtigen Impuls gab und diese Jahre nachträglich als Wendepunkt in der familiären Aufarbeitung gesehen werden können. Von nun an bekam die seit Jahrzehnten bestehende Mauer der Abwehr Risse, wurde das Schweigen brüchig. Allein die vielen Informationen aus dem Scheidungsakt gewährten Annas Kindern ganz neue Einblicke, die für sie überwiegend sicher schockierend und schwer zu ertragen waren. Im Zuge der Ausstellungsrecherche setzten sich alle fünf Kinder von Anna intensiv, zum Teil auch gemeinsam, mit ihrer Familiengeschichte auseinander. Drei von ihnen gaben den Ausstellungsmacherinnen ein Interview, alle fünf nahmen an der Ausstellungseröffnung in Wien teil. Durch dieses Ereignis kamen die Geschwister wieder mehr in Kontakt bzw. kam dieser erst dadurch zustande: Leopoldine beispielsweise lernte erst da ihren Halbbruder Leopold kennen. Es folgten einige Treffen und gemeinsame Feierlichkeiten.

Die Ausstellung markiert in Österreich einen wichtigen Beitrag zur Enttabuisierung der aus sozialrassistischen Gründen verfolgten Personen, indem sie, auch anhand des Porträts von Anna Burger, eine bislang nicht beachtete Verfolgtengruppe sichtbar machte. Erst wenige Jahre davor war diese Opfergruppe vom Nationalfonds der Republik Österreich für Opfer des Nationalsozialismus als solche anerkannt worden. So unterstützte Corinna Oesch denn auch die Kinder von Anna Burger bei der Antragstellung auf Entschädigung; als Hinterbliebene einer im KZ Ermordeten waren sie nun anspruchsberechtigt und erhielten eine Einmalzahlung. Schließlich begann Siegrid rund um die Jahrtausendwende, an den Treffen der Österreichischen Lagergemeinschaft Ravensbrück teilzunehmen; über die Jahre wurde sie zu einer wichtigen, engagierten Stütze des Vereins.

Allerdings waren diese neuen Rechercheerkenntnisse auch Ausgangspunkt der Konstruktion einer scheinbar eindeutigen Geschichte mit klaren Rollenzuteilungen und Charakterisierungen der beteiligten Personen. Dies lag daran, dass ein Scheidungsakt eine Quellenart darstellt, die einen spezifischen Blick auf einen Streitfall bietet und sich im Normalfall ausschließlich auf ihn konzentriert; die eine juristische Sprache aufweist und von patriarchalen Wertvorstellungen geprägt ist. Ohne zusätzliches Quellenmaterial bleiben die näheren Lebensumstände in dieser Zeit und die Personen selbst weitgehend im Dunkeln. Meist werden derartige Wissens- und Erinnerungslücken unbewusst aufgefüllt mit scheinbaren Tatsachen, um eine zusammenhängende Geschichte erzählen zu können, ja, die Geschichte für sich selbst und für andere überhaupt verständlich zu machen.[147] Dabei werden manchmal Informationen miteinander verknüpft, die in Wahrheit nicht unbedingt zusammengehören. Das lässt sich auch an einigen Erzählungen der Kinder von Anna Burger ablesen.

Ein Beispiel dafür liefert der Zeitpunkt der Kindesabnahme durch die Fürsorge und jener der Verhaftung von Anna Burger: In der anfänglichen Interpretation des Scheidungsaktes Ende der 1990er Jahre wurde die Kindesabnahme ursächlich mit der Verhaftung von Anna Burger verbunden. Auf dieser Sichtweise gründeten alle nachfolgenden Ableitungen: Anna habe für ihre Kinder gestohlen, um sie gegen Kälte zu schützen; dieser Akt der Sorge habe sie ins KZ gebracht und zugleich die Kinder schutzlos zurückgelassen. Tatsächlich war es jedoch umgekehrt: Anna Burger wurden die bei ihr lebenden Kinder abgenommen, weil die Fürsorge dringende Gefahr sah, »dass die Kinder gesundheitlich und seelisch den größten Schaden leiden«, wie es in der Begründung hieß – und nicht, weil Anna verhaftet worden war und die Kinder behördlich versorgt werden mussten. Annas Verhaftung erfolgte nämlich ganze drei Wochen nach dem Diebstahl und der Kindesabnahme – dies offenbarten jedoch erst die im Jahr 2022 gesichteten Meldedaten; der Scheidungsakt lieferte dazu keine Anhaltspunkte. Aus dieser zeitlichen Abfolge der Ereignisse resultiert ein entscheidender Unterschied im Kontext der Begründung, warum die Kinder während der NS-Zeit alle fremduntergebracht waren. Ungeachtet dessen kann Anna Burgers Motivation für den Diebstahl der Decken dennoch das Bedürfnis gewesen sein, ihre Kinder vor Kälte zu schützen. Da die Festnahme erst drei Wochen nach Tatzeit erfolgte, lässt sich die Kindeswegnahme jedoch nicht in unmittelbaren Zusammenhang mit der Tat bringen, die zwei Tage zuvor erfolgt war. Anna war wohl erst nach polizeilichen Ermittlungen überführt worden. Hatte jemand sie verraten? Vielleicht gar der eigene Ehemann?

Der Scheidungsakt war sicherlich auch mitentscheidend für die Sicht der Familie auf Karl Burger als Hauptverantwortlichen für Annas Schicksal. Ihr Ehemann habe Anna ins KZ gebracht, davon sind die Nachkommen überzeugt. Der Scheidungsakt offenbart denn auch, dass Karl kein gutes Haar an Annas Verhalten ließ – gegenüber den Kindern, bezüglich der Haushaltsführung, ihrer ehelichen Treue, ihrem Lebenswandel insgesamt. Bezeichnend ist, dass er dabei in seinen Argumenten den Zuschreibungen zu ›Asozialität‹ folgte, wie wir sie aus Merkblättern des Rassenpolitischen Amts der NSDAP kennen. Vor Gericht oder auch in Briefen an den zuständigen Scheidungsrichter gab er sich als leidender Ehemann, der es nicht mehr ertrage, mit Anna in Verbindung gebracht zu werden – insbesondere, nachdem sie zu einem Jahr Zuchthaus verurteilt worden war, und erst recht, als die NS-Behörden sie in ein Konzentrationslager deportiert hatten. Dass Annas Verhaftung auf ihn zurückging, dass er sie als Diebin denunziert und alles darangesetzt haben könnte, sie ins KZ zu bringen, zu dieser Vermutung ist es nicht mehr weit, wenn auch durch nichts belegbar. Im Gegenteil: Die Dokumente zeigen bei genauer Lesart, dass Partei und Kripo Anna von Beginn an absondern wollten. Zudem war die Deportation von Zuchthäuslerinnen in ein Konzentrationslager auch nach Verbüßen ihrer regulären Haftstrafe ein üblicher Vorgang. Trotz fehlender Belege ist es dennoch gut möglich, dass Karl Burger seine Frau denunzierte, lebte er doch zu diesem Zeitpunkt schon mit einer anderen Frau zusammen.

Von der unrühmlichen Rolle Karl Burgers hinsichtlich der Gefängnis- und KZ-Haft seiner damals noch angetrauten Ehefrau war die Familie schon viel länger überzeugt. Im Brief, den Leopoldine Wiener Ende 1998 an Irma Trksak von der Österreichischen

Lagergemeinschaft Ravensbrück schrieb (und damit vor Kenntnis des Scheidungsakts), formulierte sie bereits die Gewissheit, er sei schuld daran gewesen, dass »unsere Mutter als Volksschädling verhaftet wurde u. ins KZ Ravensbrück gekommen ist. (Gerüchten zufolge war er selbst b. d. SS).«[148] Auf die Frage, wie sie zu dieser Überzeugung gelangt sei, meinte Frau Wiener im Interview, Karl Burger selbst habe früher erzählt, dass ihn der Richter damals aufmerksam gemacht habe,

> wenn er seine Scheidung durchzieht, sieht er seine Frau nicht mehr – und das war wohl sein Ansinnen, weil er wollte ja die Frau aus Gmunden heiraten. Das hab ich mir dann zusammengestrickt: Er hat sie also ermordet mit seiner Scheidung, weil er wollte frei sein für die neue Frau. Das ist hundertprozentig, dass ich das von ihm hab. Ja, er hat geprahlt mit dieser Geschichte.[149]

Die Inhalte des Scheidungsakts stützten also die Sichtweise, Karl Burger sei es sehr gelegen gekommen, seine Frau Anna in einem KZ weggesperrt zu wissen, und er habe mit dem Wunsch nach Scheidung ihre Überlebensbedingungen verschlechtert.

Interessant im obigen Brief-Zitat ist auch die in Klammer gesetzte Aussage: Gerüchten zufolge sei Karl Burger bei der SS gewesen. Diese Annahme wurde in späteren Jahren von der Familie erweitert zur Behauptung, er habe im KZ Ebensee, ein berüchtigtes Außenlager des KZ Mauthausen, als Wachmann Dienst versehen. Dieser schweren Anschuldigung war nachzugehen. Doch trotz umfangreicher Recherche bei den einschlägigen Stellen – im Zeitgeschichtemuseum Ebensee, in der KZ-Gedenkstätte Mauthausen, im Oberösterreichischen Landesarchiv, im Bundesarchiv Berlin, im Wiener Stadt- und Landesarchiv – sowie Nachfragen bei Expert:innen ließ sich kein einziger Beleg dafür finden. Was an Dokumenten aus der betreffenden Zeit erhalten blieb, sind – neben dem Scheidungsakt – ein Gnadengesuch an das Reichsjustizministerium um Tilgung einer geringen Vorstrafe aus dem Jahr 1936[150], eine Karteikarte aus dem Wehrmachtsbestand im Bundesarchiv Berlin mit Einträgen bis Februar 1944[151], Erkennungsmarken und Veränderungsmeldungen der Wehrmacht, die Burgers »Verwendungen« von 1939 bis 1944 im Groben nachvollziehbar machen[152], Einträge in den Gemeinden Ohlsdorf (historische Meldedaten) und Gmunden (Standesamt) sowie ein Übungsbuch für ein SA-Wehrabzeichen von September 1944[153]. Anhand dieser Unterlagen lässt sich folgender Werdegang nachzeichnen: Karl Burger lebte in den 1940er Jahren bis nach Kriegsende tatsächlich in der Nähe von Ebensee, genau genommen in der zwanzig Kilometer entfernten Gemeinde Ohlsdorf. Er war jedoch dorthin gezogen, weil er im Frühjahr 1940 im Lazarett in Gmunden eine Frau aus Ohlsdorf kennengelernt hatte, mit der er später zusammenwohnte und die er auch ehelichte. 1941 stellte er an das Reichsjustizministerium das oben genannte Gnadengesuch, da er eine Staatsanstellung anstrebte – und die könnte durchaus die Bewachung von Häftlingen in einem Konzentrationslager umfasst haben. Doch es finden sich keine weiteren Anhaltspunkte dafür. Zudem bestand das KZ Ebensee damals noch gar nicht (sondern erst ab November 1943). Diesem Dokument zufolge war Burger im Juli 1940 aus der Wehrmacht ausgeschieden und arbeitete anschließend bei einem Spengler und Installateur in der Gegend. Überraschend liest sich die Auskunft des Standesamts Gmunden, wo Karl Burger im Jänner 1944 Johanna Födinger ehelichte. Die Berufsbezeichnung des Bräutigams lautete dort »Magazineur, Unteroffizier«. Wie lässt sich dies interpretieren? Bewarb er sich im Laufe der Kriegsjahre nochmals bei der Wehrmacht und arbeitete sich zum Unteroffizier hoch? Hatte er Verwaltungsaufgaben vor Ort, nämlich als Magazineur? Darüber geben auch die Unterlagen aus dem Bundesarchiv nicht eindeutig Auskunft. Laut der Karteikarte litt Burger an vier verschiedenen Erkrankungen im Zusammenhang mit seiner Magenoperation, die ihm mehrfache Lazarettaufenthalte einbrachten, wenngleich er dazwischen und dann wieder im Juli 1943 »dfTr«, »dienstfähig zur Truppe«, befehligt wurde. Dies wurde ihm bis 7. 2. 1944 bescheinigt, damit enden die Einträge. Den Erkennungsmarken und Veränderungsmeldungen der Wehrmacht zufolge diente er zwischen 1939 und 1943 in vier verschiedenen Bataillonen; 1944 schließlich im Landesschützen-Ersatz-Bataillon 17. Das Bundesarchiv erläutert dazu:

> Die Landesschützen-Bataillone gehörten zu den Sicherungstruppen. Sie wurden in der Regel für Sicherungsaufgaben in der Heimat und im rückwärtigen Heeresgebiet verwendet. Konkret gehörten zum Beispiel die Kriegsgefangenenbewachung sowie die Sicherung militärischer und kriegswichtiger Objekte und die Bewachung der Transportwege dazu.[154]

Im August und September 1944 absolvierte Karl Burger zahlreiche Bewerbe und Prüfungen in Leibesübung, Wehrsport und Geländedienst, wofür er das SA-Wehrabzeichen erhielt. Dies schließt eine Zugehörigkeit zur SS aus. Dennoch bleibt die Möglichkeit, dass er noch im Winter 1944/45 in die SS eingezogen wurde, wie dies vielen (ehemaligen) Wehrmachtsangehörigen ab Herbst 1943 widerfuhr, oder er könnte sich für die Organisation gemeldet haben. Gerade Kriegsversehrte oder Soldaten, die aus sonstigen Gründen nicht an der Kriegsfront Dienst tun konnten, wurden nun an der »Heimatfront« eingesetzt, wozu auch die Bewachung der KZ-Häftlinge gehörte. Karl Burger, vermutlich aufgrund seiner Magenerkrankung frontuntauglich, aber im wehrfähigen Alter und deshalb immer wieder für Bewachungsaufgaben eingesetzt, wäre gewissermaßen ein typischer Fall für dieses Vorgehen gewesen. Eine Karteikarte in der Gemeinde Ohlsdorf zu seiner Person führt ihn schlussendlich als Angestellten und belegt, dass er Ohlsdorf ohne amtliche Abmeldung am 30. Juli 1945 verließ. Mehr ließ sich über Karl Burgers tatsächlichen Einsatz nicht eruieren.

Diesem unklaren Bild, wie die Dokumente es nachzeichnen lassen, steht die Überzeugung von Adolf Burger gegenüber, bei seinem Vater im inneren linken Oberarm eine Blutgruppentätowierung gesehen zu haben, ein Kennzeichen der SS-Zugehörigkeit. Zudem habe er seinen Vater mit dem Vorwurf konfrontiert, seine Mutter hätte sterben müssen, weil er bei der SS war. Sein Vater habe »stinksauer« darauf reagiert – aber zugleich bekannt: Seine schönste Zeit habe er beim Militär gehabt, weil es dort alles gab: Fressen, Saufen, Raufen, Weiber.[155] Trotz mehrfacher Nachfrage gab sich Adolf Burger von dieser Erinnerung weiterhin überzeugt. Ganz sicher habe er diese Tätowierung gesehen, die sich sein Vater später entfernen ließ. Wie oben dargestellt, lässt sich eine spätere SS-Mitgliedschaft tatsächlich nicht ausschließen.

Karl Burger als Bösewicht zu zeichnen, war ein leichtes Unterfangen; immerhin trug er das Seine zu einer schlechten Nachrede bei. Laut seinen Kindern Leopoldine und Adolf war er ein »primitiver Mensch« und dem Alkohol sehr zugetan. In betrunkenem Zustand sei er oft unzurechnungsfähig gewesen. Was er sich daheim konkret zuschulden kommen ließ, darüber soll hier auf Wunsch der Angehörigen nichts geschrieben werden. Nur so viel: Es herrschten raue Umgangsformen im Hause Burger, der Vater hatte kein gutes Wort für seine Kinder übrig, und immer wieder wendete er gegen seine dritte Frau wie auch seine beiden Töchter Gewalt an, so die übereinstimmende Auskunft der Nachkommen. Gut vorstellbar, dass er sich gegen seine erste Ehefrau Anna ähnlich verhalten hatte und sogar ihren Tod in Kauf nahm, um sich ihrer zu entledigen, so die nachträgliche Interpretation. Vor allem die beiden vorehelich geborenen Kinder, Leopold und Stefanie, waren ihr Leben lang davon überzeugt, dass Karl Burger für die KZ-Haft seiner Frau (mit)verantwortlich war. Als Stefanie später als Stationsgehilfin im Krankenhaus in Klosterneuburg ihren Stiefvater hätte umsorgen sollen, verweigerte sie den Dienst, weshalb sie bei der Schwester Oberin vorstellig werden musste. Nachdem diese die Beweggründe gehört hatte, zeigte sie Verständnis für Stefanies Verhalten und entband sie von der Zuständigkeit für ihren Stiefvater.[156]

Um Karl Burger als kaltherzigen, bösen Menschen hinzustellen, dazu hätte es nicht der Zuschreibung einer SS-Mitgliedschaft bedurft. Sie dient seinen (Stief)Kindern jedoch dazu, seinen schlechten Charakter zu unterstreichen und die durch ihn am eigenen Leib erlebte Gewalt glaubhaft zu machen. Wofür Karl Burger nicht ausdrücklich kritisiert wird, ist der Umstand, dass er sich um seine Kinder nicht ausreichend kümmerte, als sie minderjährig waren; dass er nicht alles daransetzte, damit sie ausreichend zu essen hatten anstatt in derartiger Armut zu leben. Damit kam er seinen väterlichen Verpflichtungen nicht nach, sondern ließ seine Frau mit der Sorge um die Kinder allein. Weder im Scheidungsakt noch in der familialen Tradierung wird dieses patriarchale Rollenverständnis hinterfragt, wonach primär die Frau für den Nachwuchs zuständig war und die Rolle der sorgenden Mutter erfüllen musste, während der Mann als Ernährer viel rascher aus der Pflicht genommen wurde.

Eine Mitschuld an der KZ-Haft von Anna soll auch ihrem eigenen Vater anzulasten sein. Karl Lasser wurde von den Nachkommen unterstellt, die Deportation seiner Tochter ins KZ nicht verhindert zu haben. Vor dem Hintergrund seines angeblich ansehnlichen Vermögens und mit seiner vermeintlich hohen Funktion in der NSDAP, wie Adolf Burger und Leopoldine Wiener im Interview erzählten[157], hätte er seinen Einfluss geltend machen können. Für diese Vermutungen ließen sich keine Belege finden, bislang wiesen sämtliche Dokumente vielmehr auf äußerst ärmliche Verhältnisse in Annas Elternhaus hin. Möglich, dass diese Zuschreibungen dazu dienen, Anna Burger als Opfer zu zeichnen, als eine Frau, der von niemandem geholfen wurde und die sich als Einzelkämpferin behaupten musste.

So manche weitere Erzählung, die innerhalb der Familie kursiert, soll hier nicht wiedergegeben werden, weil sie zu unwahrscheinlich klingt und so nicht stattgefunden haben kann, etwa wenn Alter eines Menschen, Ort und Zeitpunkt nicht zusammenpassen und keinerlei Belege für ein Ereignis gefunden werden konnten. All diese Erzählungen zeigen aber: Wenn über Jahrzehnte Gerüchte statt Fakten die Überlieferung dominieren, verselbständigen sich so manche Geschichten wie im beliebten Kinderspiel »Stille Post«.[158] Dann werden die einen Ereignisse überhöht, andere dagegen gar nicht wahrgenommen und folglich nicht weitergegeben; es werden Erfahrungen umgeschichtet, uminterpretiert, womöglich anderen Personen zugesprochen; zudem werden nur jene Überlieferungen und Erinnerungen aus zweiter Hand weitererzählt, die gut in das Bild passen, das man sich über seine Familie gemacht hat. Dies ist ein vielfach belegter Vorgang, der zwangsläufig erfolgt, wenn Leerstellen in der eigenen Biografie bzw. Familienerzählung gefüllt werden müssen. Gerade in Bezug auf den Nationalsozialismus wurde in den meisten Familien vieles beschwiegen.[159] Über Bruchlinien hinweg wird versucht, Kongruenz und Kontinuität in den Familienerzählungen herzustellen.

Dies erscheint besonders dann notwendig, ist jedoch umso schwieriger zu bewerkstelligen, wenn Lebensläufe von traumatischen Erfahrungen geprägt sind, wie im kommenden Abschnitt deutlich wird.

Auch Traumata werden vererbt

Wenn Wunden nie verheilen

Mittlerweile wird rasch auf traumatische Erfahrungen verwiesen, sobald etwas nicht Alltägliches passiert. Trauma hat als Begriff in den täglichen Sprachgebrauch Einzug gehalten. Damit wird der Zugang zu jenem Potenzial erleichtert, welches in der Erkenntnis liegt, dass bestimmte Ereignisse über Generationen ihre Spuren in den Familien und Gesellschaften hinterlassen und daher in der Identitätsfindung berücksichtigt werden müssen. Kim de L'Horizon spannt den Bogen von individuellen zu gesellschaftlichen Traumata: »Familie ist die Verbindung, die durch das Vererben persönlicher Traumata entsteht, Kultur die Verbindung, die durch das Vererben kollektiver Traumata entsteht.«[160] Traumata sind nach diesem Verständnis also das Bindeglied zwischen den Generationen – mit den entsprechenden Auswirkungen. Dieser Sichtweise folgend wird hier der Begriff Trauma in seiner ursprünglichen Bedeutung und wissenschaftlichen Verwendung erläutert, um die nachfolgenden Überlegungen zum Leben von Siegrids Mutter, Stefanie Cudy, zu stützen. Dafür wird auf Ausführungen von psychotherapeutisch, psychoanalytisch und psychiatrisch geschulten Personen zurückgegriffen.[161]

Das Wort Trauma kommt aus dem Griechischen und bedeutet Wunde – eine Wunde, die immer wieder aufbrechen kann. Bei einer Traumatisierung im psychologischen Sinne geht es also um eine Verletzung, die noch nicht verheilt ist, sondern vielmehr immer wieder akut wird und neuerlich schmerzt, zu meist unvorhersehbaren Zeitpunkten. Dazu schreiben Kronberger und Berger:

> Als Trauma wird ein Ereignis im Leben einer Person bezeichnet, das definiert wird durch seine Intensität, durch die Unfähigkeit des Betroffenen, adäquat darauf zu antworten, durch die Er-

schütterung und die dauerhaften pathogenen Wirkungen, die es in der psychischen Organisation hervorruft.[162]

Auslöser können Naturkatastrophen, Krieg, Terroranschläge, Folter, Gefangenschaft, Misshandlung, schwere Unfälle, Raub und Vergewaltigung sein.[163] Derartige Situationen können sich über mehr oder weniger lange Zeiträume erstrecken. Auch mehrere, nur partiell traumatische Ereignisse hinterlassen ihre Spuren in der Seele. Ein sogenanntes »kumulatives Trauma« kann durch eine Reihe von primär nichttraumatisierenden Ereignissen hervorgerufen werden, die erst in ihrer Summe zu einem Zusammenbruch führen. Diese Sichtweise hebt die Prozesshaftigkeit von Traumatisierung hervor. Keilson (1979) hat hierfür den Begriff der »sequenziellen Traumatisierung« geprägt.

Noch in den 1950er Jahren herrschte die Lehrmeinung vor, dass posttraumatische Belastungsstörungen nur innerhalb von sechs Monaten eintreten können. Dies änderte sich ab den 70er und 80er Jahren, als feministische Wissenschafterinnen und Praktikerinnen die Diskussion auf Traumatisierung in Zusammenhang mit struktureller Gewalt gegen Frauen und hier insbesondere auf sexuelle Gewalt und Gewalt in der Familie lenkten. Mittlerweile geht man von der Möglichkeit einer Latenz von vielen Jahren aus, die eine posttraumatische Belastungsstörung aufweisen kann.

> Die Symptome folgen dem Trauma mit einer Latenz, die Wochen bis Monate oder Jahre betragen kann. In manchen Fällen nimmt die Störung einen über viele Jahre gehenden chronischen Verlauf und kann in eine dauernde Persönlichkeitsveränderung übergehen. Dies kann beispielsweise eine Folge von Erlebnissen in Konzentrationslagern, Folter, andauernden lebensbedrohlichen Situationen (z. B. Geiselhaft) sein. […] Die Zeitspanne zwischen dem traumatischen Erlebnis und seinen späteren Auswirkungen, die so genannte Latenzperiode, kann völlig symptomfrei verlaufen.[164]

Dabei gibt es keine Rangordnung von traumatischen Erlebnissen. Welches Ereignis in welchem Ausmaß traumatisierend wirkt, ist letztendlich immer individuell und von verschiedensten Faktoren abhängig. In der einschlägigen Literatur werden in erster Linie das Alter zum Zeitpunkt der Traumatisierung, die Dauer des traumatischen Ereignisses, die Intensität und der Verfolgungsgrund (rassistisch, politisch) als Einflussgrößen genannt.[165]

Nachträglich den Wirrnissen des Lebens einen Sinn zu verleihen, ist eine wesentliche Funktion einer Lebenserzählung – die oft erheblich vom tatsächlich Erlebten abweichen kann, wie Gabriele Rosenthal anhand der substantiellen Unterscheidung von erlebter und erzählter Lebensgeschichte herausarbeitete.[166] Gleichzeitig verweisen die Brüche in der eigenen biografischen Gestalt auf traumatische Erfahrungen, die sich nicht einordnen, nicht verbinden lassen, sich einer Integration ins lebensgeschichtliche Narrativ entziehen.[167] Oft durch äußere Reize stimuliert, kommt es zu sogenannten »flash backs«, einem Wiedererleben des Traumas, welches willentlich nicht beeinflussbar ist.

Kindliche Prägungen wirken nach

Auch für Nicht-Psycholog:innen sind Spuren frühkindlicher Traumatisierungen im Leben von Stefanie Cudy deutlich erkennbar. Noch als Säugling von der leiblichen Mutter zu den Großeltern abgegeben; die kurze, aber umso intensiver erinnerte Zeit bei ihrer Mutter Anna; fremde Menschen holen sie gegen den Willen ihrer Mutter ab und bringen sie zu weiteren fremden Menschen; sechs Jahre lang erfährt sie keine Wärme und Liebe von den Pflegeeltern, wird stattdessen physisch und psychisch über das erträgliche Maß hinaus gefordert; sechs Jahre ohne Kontakt zu Eltern und Geschwistern; zurück zu einem lieblosen Großvater – dies alles sind Erlebnisse, die sie für den Rest ihres Lebens geprägt haben. Bei Stefanie Cudy liegen mehrere traumatische Erfahrungen vor, die sich im Sinne einer kumulativen bzw. sequentiellen Traumatisierung überlagern und verschiedentlich wirkmächtig werden.

Laut Meldedaten lebte Stefanie lediglich die ersten fünf Lebensmonate bei ihrer Mutter und dann nochmals als Fünfjährige ganze sechs Wochen, bevor sie von der Fürsorge geholt und in die Wiener Kinderübernahmestelle (KÜSt) gebracht wurde. In der Erinnerung an ihr Aufwachsen hob sie später jedoch die gemeinsame

Zeit mit ihrer Mutter hervor und dehnte diese auf ein halbes Jahr aus, obwohl sie in dieser Zeit bittere Armut, großen Hunger und Kälte erlebte. In den letzten Lebensjahrzehnten verstärkte vermutlich auch das Wissen um das weitere Schicksal ihrer Mutter den Schmerz im Rückblick auf das so kurze Zusammenleben.

In Gesprächen, die eine Psychologin mit Stefanie 2015 führte[168], erzählte sie unter großer Anstrengung über die zahlreichen psychischen wie physischen Gewalterfahrungen während des Aufwachsens bei den Pflegeeltern im Burgenland. Da war etwa die an Qualität und Quantität unzureichende Ernährung. Am Morgen gab es Zwiebelsuppe, zu Mittag ein Schmalzbrot. Wie sehr habe sie sich stattdessen nach der frischen Milch gesehnt, die sie selber täglich von den Kühen molk. Doch es war ihr strengstens untersagt, davon zu trinken. Stefanie hatte oft Hunger, sodass sie auch Abfall aß, wie etwa einen vom Boden aufgelesenen Apfelpurzen. Permanent unter Hunger zu leiden, wirkt auch traumatisierend.

Stefanie kannte kein Spielzeug und hatte auch keine Zeit zum Spielen. Vielmehr prägte schwere Erwachsenenarbeit ihre Kindheit: Vor der Schule die Stallarbeit erledigen (Kühe versorgen, Stall ausmisten), danach die Tiere auf der Weide hüten. Sämtliche Feldarbeiten waren ihre Aufgabe: Kartoffeln ausgraben, Rüben vom Unkraut befreien, mit dem Pflug ackern und dabei die Zugtiere führen, für Stroh- und Holzvorrat sorgen und vieles mehr. Selbstverständlich musste sie auch im Haushalt und bei der Betreuung der kleinen Geschwister mithelfen. Funktionierte Stefanie nicht wunschgemäß, bekam sie die Peitsche der Pflegemutter zu spüren.

Daheim erlebte Erniedrigung und Gewalt setzten sich in der Schule fort: Von der Pflegemutter nicht ausgebesserte Kleidung quittierte der Lehrer mit einer Tracht Prügel. Dies wiederholte sich oft.

Mindestens so schwer wie die physischen Zumutungen wogen die psychischen Belastungen und deren Folgen. »Demütigungen, Lieblosigkeit, Schutzlosigkeit durch Pflegemutter und Lehrer« waren wesentliche Erfahrungen, heißt es hierzu in der Anamnese. Auch gab es keinerlei Unterstützung in der Trauerbewältigung: Stefanie war sowohl von ihrer Großmutter und kurz darauf von ihrer Mutter getrennt worden – aber niemand kümmerte sich darum, wie es dem Kind damit erging. Im Gegenteil, Stefanie musste abfällige Gespräche über ihre Mutter mit anhören. Es ist davon auszugehen, dass auch die Nachricht von ihrem Tod Stefanie erreichte, ohne dass ihr die genauen Umstände erklärt wurden. Stattdessen wurde sie wohl mit ihren Phantasien und Ahnungen in völliger Einsamkeit zurückgelassen.

Trotz ihrer Lieblosigkeit war die Pflegemutter für das Kind eine wichtige Bezugsperson – Stefanie hatte ja in diesen Jahren keinen andere Menschen, an den sie sich gebunden fühlte –, sodass die Trennung von ihr, als die leiblichen Großeltern ihre Enkelin im Februar 1946 zurückholten, ebenfalls problematisch war. »Auch diese Ambivalenz (Bindungstrauma) hat traurige Spuren in der Seele hinterlassen«, so die Psychologin.

Die Schwierigkeiten im Aufwachsen endeten für Stefanie nicht mit der Rückkehr zu ihren Großeltern. Als Zwölfjährige war sie nun mit einem herrischen Großvater konfrontiert, der seine Enkelin als zweites lediges Kind seiner Tochter Anna im Grunde ablehnte. Dies ließ er sie immer wieder spüren. So durfte Stefanie etwa nicht am gemeinsamen Tisch sitzen, sondern musste ihr auch hier knapp bemessenes Essen beim Fensterbrett stehend einnehmen; wäre es nach ihm gegangen, hätte sie sogar unter dem Tisch essen sollen, wie ein Hund. Anders die Großmutter, die gut zu ihren Enkelkindern war, sich gegenüber ihrem Mann, der als böse und herrschsüchtig beschrieben wurde, jedoch nicht durchsetzen konnte.

Leider bot auch der leibliche Vater von Stefanie, Leopold Wannemacher, ihr bei Sorgen und Nöten keine Anlaufstelle, ganz im Gegenteil: Bittere Enttäuschung brannte sich als dominante Erinnerung in Stefanies Gefühlswelt ein. Selbst Vater von drei ehelichen Töchtern, wollte er, so will es die Überlieferung wissen, seinen Sohn Leopold zu sich holen; die Großmutter wollte aber die beiden Geschwister nicht noch einmal voneinander trennen, er solle Stefanie ebenfalls zu sich nehmen. Das jedoch hatte er abgelehnt. Somit blieben beide in der Obhut der Eltern von Anna Burger. Gleich nach Beendigung der Schulpflicht arbeitete Stefanie als Dienstmädchen und später in Fabriken. So gerne wollte sie sich zur Krankenschwester ausbilden lassen, aber ihr Großvater war dagegen – also ging sie zum leiblichen Vater. Mit ihm war Stefanie immer wieder in Kontakt, doch auch diesmal lehnte er es ab, seine Tochter bei sich wohnen zu lassen, bis sie eine Ausbildungsstelle in einem Krankenhaus hätte annehmen können; eine herbe Zurückweisung für die Tochter. Daraufhin brach Stefanie den Kontakt zu ihrem leiblichen Vater ab, und dabei blieb sie bis zu seinem Tod.

Stefanie litt zeitlebens an diesen Kindheitserfahrungen. Ein Ausdruck dessen war, wie schwer es ihr fiel, Emotionen zu zeigen, ja überhaupt zuzulassen. Diese Überlebensstrategie musste sich Stefanie frühzeitig aneignen: nichts spüren, nur funktionieren. Es ist ungemein schwierig, eine derartige Prägung zu korrigieren. Traumatisierte entwickeln »Abwehr-, Schutz- und/oder Anpassungsleistungen […], die ihnen ein Weiterleben überhaupt erst ermöglichen«[169]. Schweigen und anekdotische Andeutungen können als solche Abwehr- und Schutzmechanismen gedeutet werden, wie auch, sich emotional der Vergangenheit zu verschließen.[170]

So resümierte die Psychologin in ihrer Anamnese für den Weißen Ring:

> Die Betroffene vermied ein Leben lang, über die schwere Kindheit und Jugend nachzudenken und zu sprechen – auch nicht mit der Familie oder der Pflegemutter, mit der sie später noch zeitweise Kontakt hatte (Vermeidung, Verdrängung). Auch jetzt fällt es ihr schwer, darüber zu sprechen. Wir nähern uns nur vorsichtig dem Thema an und binden auch andere weniger belastende Themen in die Gespräche ein. Mit zunehmendem Alter denkt sie nun jedoch öfter an diese Zeit und sie fragt sich traurig: »Warum ich? Warum hatte ich keine Kindheit, keine Jugend?« Auch leidet sie unter Schlaflosigkeit.

Als Folge der schmerzhaften Erfahrungen lässt sich deuten, dass Stefanie keinerlei Toleranz gegenüber inhaltlichen Differenzen innerhalb der Familie entwickelte. Jede abweichende Meinung empfand sie als persönliche Zurückweisung, jede Ablehnung von Wünschen und Erwartungen als Kränkung. Abrupter Abbruch von Kommunikation war ihre Antwort. Dieses Verhalten zeigte sie gegenüber ihrem leiblichen Vater, der sie nicht bei sich wohnen ließ, wie etwa auch gegenüber ihrer Schwester Leopoldine, die aus Stefanies Sicht zu zögerlich war, sie bei der Vorbereitung zur Prüfung als Stationsgehilfin zu unterstützen. Bis zu ihrem Tod hielt Stefanie die Kontaktverweigerung eisern durch.

Der Kontaktabbruch – bei gleichzeitig großer Trauer über die Zurückweisungen – erinnert in der Heftigkeit der Reaktion daran, wie Anna Burger plötzlich und für immer aus dem Leben ihrer Tochter Stefanie schied. Zudem ist davon auszugehen, dass auch Stefanie Traumata ihrer Mutter übertragen bekommen hat.[171] »Traumatische Erfahrungen von Eltern schleichen sich in die Gefühlswelt ihrer Kinder ein, selbst wenn die Eltern nie darüber sprechen«, gibt sich die Psychotherapeutin Sandra Konrad überzeugt.[172] Diese in der Traumaforschung so genannten »transgenerationalen Übertragungen« finden meist auf verschiedenen Ebenen statt, über das genetische Erbe, über Verhalten, über Bindung, über erzählte Geschichten – und faszinierenderweise auch über verschwiegene Geschichten.[173]

Doch schwere Kindheiten sind nicht nur eine anhaltende Bürde im Leben der Erwachsenen. Sie tragen vielfach auch zu Lebenstüchtigkeit und Resilienz sowie einem geschärften Sinn für Ungerechtigkeiten bei.[174] So war es Stefanie nach den Worten ihrer Tochter immer äußerst wichtig, ihren Kindern Sicherheit und Halt zu vermitteln, was sie in Form eines mit ihrem Ehemann selbst erbauten Hauses verwirklichte. Auch dass sie trotz zahlreicher Schwierigkeiten ihre Ehe aufrechterhielt, ist unter diesem Aspekt zu sehen. Enkelsohn Andreas betonte, wie wichtig es für seine Großmutter war, ihre Familie bis hin zu den Enkel- und Urenkelkindern zu unterstützen, immer darauf bedacht, dabei gerecht und ausgleichend vorzugehen.[175]

Mutters Hinterlassenschaft

Je älter sie wurde, umso öfter holte Stefanie die »Erbstücke« hervor, die sie von ihrer Großmutter in Erinnerung an ihre Mutter erhalten hatte. Eine kleine Schachtel bot genug Platz dafür: mehrere Briefe von Anna an die Eltern – laut Stefanie war es »ein ganzer Stapel«, den sie besessen und im Laufe der Jahrzehnte leider weggeworfen hatte, nur zwei hatte sie aufgehoben.[176] Ebenso bewahrte sie in der Schachtel das Testament im Original auf, das

Abbildung 13: Porträt Anna Burger, aufgenommen 1939/1940 in Klosterneuburg
Quelle: Privatarchiv Siegrid Fahrecker

Anna als 22-Jährige verfasst hatte, dazu zwei Fotos aus Annas Kindheit. Und schließlich: das Porträt, das kurz vor Annas Verhaftung in einem Fotoatelier in Klosterneuburg entstand, angeblich habe Annas Mutter sie – in einer Vorahnung, dass sie ihre Tochter bald verlieren könnte – zu diesem Schritt gedrängt. Das Bild zeigt eine selbstbewusste, vielleicht etwas trotzig wirkende, in sich ruhende, hübsche Frau, der man die bis dahin erfahrenen Widerwärtigkeiten des Lebens nicht ansieht. Auffällig ist ihre gemusterte Bluse aus Kalmuck, einem robusten, groben Baumwollstoff (den Schiffer und Flößer und später Winzer gerne trugen, denn der aufgeraute Stoff wärmte gut), statt einer Bluse aus feiner Baumwolle, wie Anna sie wohl zum Fototermin getragen hätte, wenn sie sie denn besessen hätte. Möglich, dass ein Arbeitsgewand zu einer Bluse umgearbeitet wurde, die somit für Anna erschwinglich war.

Stefanie hatte das Bild schon in ihrer Kindheit erhalten, das zeigt die Aufschrift auf der Rückseite, von ihrer Großmutter verfasst: »Steffi, wenn du schlafen gehst, so bete alle Tage einen Vaterunser für deine Mama.« Jahrzehnte später vermerkte Stefanie zusätzlich die Häftlingsnummer und den Ort der Unterbringung ihrer Mutter in Ravensbrück sowie das Datum, an dem sie selbst von der Fürsorge abgeholt worden war. Dieses Porträt war für Stefanie zeitlebens ihr größter Schatz.

Mit zunehmendem Alter, wenn vielfältige Lebensaufgaben (Arbeitswelt, Kindererziehung, Existenzsicherung) zurücktreten, brechen sich vermehrt verschüttete Erinnerungen ihren Weg durch kognitive Schranken, die die Rationalität errichtet hat. Oft genügt ein kleiner Anstoß und die Vergangenheit, in entlegene Winkel des Bewusstseins zurückgedrängt, bricht auf.

Einen Anstoß durchaus größerer Art stellten für Stefanie Cudy die Recherchen zum Ausstellungsprojekt Ende der 1990er-Jahre dar. Da wurde die ganze Familie involviert, soweit sie greifbar war. Dies setzte eine umfangreiche Auseinandersetzung in Gang, die in weitere Recherchen, Familientreffen, Ravensbrück-Fahrten, Entschädigungsansuchen und dergleichen mündete und über die hier bereits zu lesen war. Ab diesem Zeitpunkt – das wurde auch im langen Gespräch mit Stefanie Cudy im Jahr 2009 deutlich – war die Vergangenheit bei Siegrid Fahreckers Mutter sehr gegenwärtig und ließ sich nun nicht mehr verdrängen. Wieder und wieder ging sie die Dokumente durch, ordnete sie neu, rief ihre Geschwister an (soweit sie mit ihnen in Kontakt war) und bedrängte sie mit Fragen – und sie hoffte auf neue Rechercheergebnisse von Siegrid, die sich längst auf die Suche nach Spuren ihrer Großmutter gemacht hatte. Damit scheint Siegrid Fahrecker in die Fußstapfen ihrer Mutter getreten zu sein. Ein weiterer Anstoß war die oben genannte Befragung durch Expert:innen der Opferschutzorganisation Weißer Ring im Jahr 2015. Diese Gespräche, in denen Stefanie tief in ihre Vergangenheit eintauchen musste, um ihren Anspruch auf Entschädigung zu belegen, gingen über ihre Kräfte. Einmal brach sie nach der Rückkehr von einem Termin am Gartentor zusammen, so sehr nahmen sie die Erinnerungen mit. Stefanie musste die Gespräche mit der Psychologin beenden.

Das »Vermächtnis«

Stefanie Cudy starb am 1. Juni 2019 nach langer, schwerer Krankheit. Siegrid konnte nicht bei ihrer Mutter am Totenbett sein – denn sie war beim Treffen des Internationalen Ravensbrück Komitees (IRK). Obwohl sich Stefanies Gesundheitszustand sukzessive verschlechtert hatte, bestand die Mutter darauf, dass Siegrid die Fahrt nach Gorizia in Italien antrat. Das Engagement ihrer Tochter für Ravensbrück war ihr wichtiger als ihr bevorstehendes Lebensende. Trotz oder gerade wegen ihrer starken Schmerzen kehrte Stefanie in ihren letzten Tagen gedanklich immer wieder zu ihrer Mutter zurück – um sie und ihr Sterben kreisten Stefanie Cudys Phantasien an der Schwelle zu ihrem eigenen Tod. Ihrer Hausärztin nannte sie ihren letzten Wunsch: nach 79 Jahren endlich ihre Mutter wiederzusehen. Für den Weg dorthin legte Siegrid das Porträt von Anna Burger in die gefalteten Hände ihrer verstorbenen Mutter.

Stefanie wollte alle persönlichen Dokumente, die ihre Mutter betrafen, mit ins Grab nehmen – auch die Briefe und das Testament, die einzige Hinterlassenschaft aus der Hand von Anna. Niemand durfte einen Blick darauf werfen, nicht einmal Siegrid.[177] Warum sie ihre Tochter zu Lebzeiten weder das Testament noch die Briefe lesen ließ, lässt sich nicht mit Bestimmtheit sagen. Lange Zeit war es sicherlich so, dass Stefanie ihre Kinder mit Erzählungen von früher nicht belasten wollte, das galt für ihre eigenen Erlebnisse, aber auch für die Schicksalsschläge ihrer Mutter (sofern damals überhaupt bekannt). Später kam wohl dazu, sich selbst vor dem tieferen Eintauchen in Erinnerungen schützen zu wollen – was nicht immer gelang. Enkel Andreas erzählte etwa über Familienzusammenkünfte, bei denen man regelmäßig auch auf frühere Zeiten zu reden kam.

> Das waren immer sehr – wie soll ich sagen – teilweise emotionale Gespräche, weil sie oft dazu führten, dass meine Großmutter in Tränen ausgebrochen und einfach weggegangen ist mit den Worten: Ihr könnt euch gar nicht vorstellen, was ich erlebt und mitgemacht habe. Das ging mir immer sehr nahe.[178]

Welche Erinnerungen die Großmutter einholten, wusste niemand genau, doch ahnten die Angehörigen, dass Nachfragen die falsche Reaktion auf ihre Trauer und ihren Schmerz gewesen wären.

Siegrid Fahrecker bereute es später sehr, dass sie sich durch die abwehrende Haltung ihrer Mutter davon abbringen ließ, gemeinsam mit ihr nach Erklärungen für derartige emotionale Zustände zu suchen. Denn sie selbst war mit einem anderen Verhalten ihrer Mutter groß geworden: ja nichts von ihrem Innenleben preiszugeben. Siegrid führte dies auf das Aufwachsen ihrer Mutter zurück: Ihre Mama habe in ihrer Kindheit und Jugend gelernt, niemals Schwäche zu zeigen, Gefühle zu unterdrücken und keinesfalls vor anderen zu weinen. Dies ließ sie später oft hart und ungehalten erscheinen. Lange Zeit war es ihr nicht möglich, aus sich herauszugehen und über sich zu erzählen. Hätte Siegrid eher und konkreter von den Erinnerungen, dem Schmerz und der Trauer ihrer Mutter gewusst, wäre es ihr leichter gefallen, manches Verhalten und manche ihrer Eigenheiten zu verstehen: dass sie absolut keine Nahrungsmittel wegwerfen konnte (sogar halb verfaulte Weintrauben holte sie vom Kompost zurück), dass sie weggeworfene Apfelreste von der Straße aufklaubte und aß, dass eine unstillbare Sehnsucht nach einem Glas Milch frisch von der Kuh sie quälte. Vielleicht, so räsonierte Siegrid, wäre sie selbst dann geduldiger gewesen und hätte die oft unwirsche bis sekkante Art ihrer Mutter, die das Zusammenleben mit ihr erschwerte – Siegrids Familie und Stefanie wohnten in zwei Häuserteilen auf einem gemeinsamen Grundstück –, gelassener hingenommen.

Solche Überlegungen kamen Siegrid erst recht, nachdem sie die Unterlagen des Weißen Rings gelesen hatte; erst knapp drei Jahre nach Stefanies Tod raffte sie sich dazu auf. Was sie dort über das Aufwachsen ihrer Mutter las, hat sie tief erschüttert, zudem die Überzeugung genährt, ihre Mutter habe diese Papiere nur überflogen. Anderenfalls hätte sie diese vernichtet, weil sie nie und nimmer gewollt hätte, dass ihre Kinder von ihrer schlimmen Kindheit erfuhren. Siegrid jedoch verhelfen diese Unterlagen nachträglich zu einem besseren Verständnis ihrer Mutter. Sie kann ihr nun zugestehen, dass sie nicht grundlos ein derartiges Geheimnis um ihre Vergangenheit machte, und sich zu dem Satz durchringen: Sie war die Mutter, die sie eben sein konnte. Und mitfühlend resümierte sie: »Die Mama ist gegangen, wie sie gekommen ist: immer knapp am Verhungern.«

Unentwegt auf der Suche nach Antworten

Begegnungen in Ravensbrück

Bereits als 13-Jährige nahm sich Siegrid Fahrecker Großes vor: Sobald sie erwachsen sei, werde sie »die Großmutter aus Deutschland zurückzuholen«, um die Traurigkeit ihrer Mutter zu beenden. Auch wenn sich bald herausstellte, dass dies realiter nicht möglich war, bemühte sie sich doch jahrzehntelang, ihre Großmutter Anna Burger gewissermaßen heimzuholen, indem sie unermüdlich nach Informationen über sie, insbesondere über ihre Zeit im Konzentrationslager Ravensbrück, suchte. Durch die Bekanntschaft mit der Österreichischen Lagergemeinschaft Ravensbrück kurz vor der Jahrtausendwende war es Siegrid fortan tatsächlich möglich, Wissen über Anna Burger zusammenzutragen. Sie kontaktierte zuerst österreichische Überlebende; Jahre später nutzte sie ihre internationalen Kontakte im IRK, dessen Mitglied sie seit 2012 ist, um zu weiteren Informationen über ihre Großmutter zu gelangen.

Auch die jährliche Teilnahme an den Befreiungsfeiern an der Mahn- und Gedenkstätte Ravensbrück war lange mit der Hoffnung verbunden, auf jemanden zu treffen, die ihre Großmutter kannte, und so noch mehr über sie zu erfahren. Ravensbrück ist mittlerweile aber vor allem ein Gedenkort für Siegrid: Es zieht sie an den Ort, an dem ihre Großmutter zu Tode kam. Die erste Reise dorthin unternahm sie mit ihrer Mutter und ihrem Mann Erich. Im Jahr 2000, nach den sicherlich aufwühlenden Monaten der Ausstellungsvorbereitung, war die Zeit für diesen schwierigen Schritt gekommen. Vor allem ihre Mutter Stefanie plagten ambivalente Gefühle: Zum einen wollte sie endlich einmal den für sie so schicksalshaften Ort betreten, zum anderen scheute sie sich vor dem Ausmaß des Grauens, mit dem sie dort konfrontiert werden würde. Ähnlich verhielt es sich bei Siegrid und Erich. Die Familienmitglieder gaben sich in dieser Situation gegenseitig Halt. Dieser zweitägige Besuch der Mahn- und Gedenkstätte Ravensbrück während der Feierlichkeiten anlässlich des 55. Jahrestags der Befreiung des Lagers war für Siegrid der Beginn einer intensiven Auseinandersetzung mit diesem Ort, an dem sie noch dazu eine unerwartete, für sie so wichtige Entdeckung machte: das Foto aus dem SS-Album, auf dem sie ihre Großmutter am Tisch in der Zuschneiderei sicher zu erkennen glaubte. Zu den Befreiungsfeiern waren auch Tante Poldi mit ihrer Tochter und Onkel Adolf mit seiner Frau angereist, sodass in jenem Jahr drei Kinder am Todesort von Anna Burger ihrer gedachten.

Wie stark das Stigma ›Asozialität‹ damals noch bei der Tochter Stefanie Cudy wirkte, zeigt sich an folgender Begebenheit: Die österreichischen Teilnehmenden an den Befreiungsfeiern gedenken traditionell der österreichischen Verfolgten an der sogenannten Mauer der Nationen mit der Niederlegung eines Bouquets und einer kurzen Ansprache. Stefanie Cudy nahm daran nicht teil. Der Haftgrund ihrer Mutter Anna habe sie davon abgehalten, sich der Gruppe anzuschließen, erzählt Siegrid später. Seit 2008 ist es Siegrid, die in der Nachfolge von Irma Trksak an der Mauer der Nationen eine kurze Ansprache zum Gedenken an die in Ravensbrück inhaftierten Österreicherinnen hält. Ein sichtbares Zeichen, wie sehr sich das Selbstverständnis innerhalb der Familie geändert hat und welch anderer Umgang den nachfolgenden Generationen – zumindest in Siegrids Familie – möglich ist.

So trug auch Siegrids Sohn Andreas, als er 2009 an den Befreiungsfeiern in Ravensbrück teilnahm, beim Gedenkzug zur Mauer der Nationen und weiter zum Denkmal der Tragenden am Schwedtsee wie selbstverständlich die Fahne der österreichischen Delegation: ein dreieckiger »Wimpel«, genäht aus roten Häftlingswinkeln der politisch Verfolgten.[179]

Der Schwedtsee erstreckt sich zwischen der Gedenkstätte und der Stadt Fürstenberg. In ihm liegt die Asche der in Ravensbrück ermordeten Frauen. Alljährlich streuen die Teilnehmenden zum Abschluss der Gedenkfeier Rosen und Nelken in den See, zur Erinnerung an die Toten. Eine von ihnen ist Anna Burger.

So geht Siegrid jedes Mal, wenn sie nach Ravensbrück kommt, ihre Runde: zuerst zum Krematorium eine Kerze anzünden, dann

Abbildung 14: Siegrid Fahrecker spricht vor der Mauer der Nationen, neben ihr die Ravensbrück-Überlebenden Irma Trksak, Friederike Furch, Josefine Oswald und ganz rechts Anna Kupper, Ravensbrück 2008
Quelle: Helga Amesberger

Abbildung 15: Andreas Fahrecker mit der »Österreichfahne«
bei den Befreiungsfeiern 2009
Quelle: Sylvia Köchl

weiter zur Mauer der Nationen und zum Denkmal der Tragenden am Schwedtsee, dann einen Erkundungsgang über das Gelände. Ab 2013 ist eine weitere Station dazugekommen, die Vitrine mit der Kurzbiografie ihrer Großmutter in der neuen Hauptausstellung.[180] Im September 2021 brachte Siegrid einen kleinen Teil der Asche ihrer verstorbenen Mutter Stefanie Cudy mit nach Ravensbrück und verstreute sie, zusammen mit Blumen aus ihrem Garten, im Schwedtsee. So sind ihre Mutter und Großmutter symbolisch vereint, und Siegrid gedenkt nun beider am selben Ort.

Doch es ist nicht nur die besondere Atmosphäre von Ravensbrück als Gedenkstätte, die Siegrid das Gefühl gibt, hier ihrer Großmutter wirklich nahe zu sein. Es sind auch die vielen Begegnungen mit anderen Gedenkenden, Mahnenden und Suchenden, oft mit ganz eigenen Bezügen zu Ravensbrück.

Eine solche Begegnung sei hier herausgegriffen, weil sie illustriert, wie herausfordernd und ambivalent Gedenken sein kann. Während der Befreiungsfeiern 2018 trafen Siegrid und die Enkel-

Abbildung 16: Mit Rosen und Nelken im Schwedtsee wird der ermordeten Frauen gedacht, Ravensbrück 2006
Quelle: Sylvia Köchl

tochter eines ehemaligen SS-Aufsehers in Ravensbrück aufeinander. Ein Gespräch ergab sich, weil sie zufällig bei einem Empfang am selben Tisch saßen. Nachdem Siegrid ihre Geschichte erzählt hatte, wollte die fremde Frau, sich mehrfach entschuldigend, den Raum verlassen. Sie empfand es in der direkten Begegnung mit Siegrid als ungehörig, sich unter Nachkommen von Opfern, möglicherweise direkten Opfern ihres Großvaters, zu bewegen. Siegrid jedoch beschwichtigte sie und überredete sie zum Bleiben. Die Gespräche der beiden wurden intensiver, und nachdem sich ihre Wege am folgenden Tag immer wieder kreuzten und weitere Unterhaltungen folgten, wuchs auch das Vertrauen. Schließlich besuchten die Frauen gemeinsam die Hauptausstellung, wo Siegrid auf das Porträt ihrer Großmutter hinwies. Anschließend zeigte Eva Bräuning im sogenannten Suhren-Haus, in dem eine Ausstellung zu den SS-Aufsehern gezeigt wird[181], was dort über ihren Großvater Edmund Bräuning und dessen Gräueltaten zu lesen war. »Tränen liefen über unsere Wangen. In Folge der Gespräche haben wir

Abbildung 17: Siegrid Fahrecker mit einem Dreieckstuch, das den Winkel und die Haftnummer ihrer Großmutter trägt, im Gespräch mit Brigitte Halbmayr und Helga Amesberger, Ravensbrück 2013
Quelle: Sylvia Köchl

festgestellt, dass ihr Großvater mit meiner Großmutter zu tun hatte«, so Siegrid Fahrecker im Mitteilungsblatt der ÖLGR/F 2018. Die zeitgleiche Anwesenheit der beiden ist für die Monate von Juli 1943 bis zu Annas Tod Anfang Dezember 1943 belegt. Siegrid nahm diese Tatsache als Anlass, über einen empathischen Kontakt zur Enkelin des SS-Aufsehers ihrer Großmutter abermals ein Stück näher zu kommen. Bis heute pflegen die beiden Frauen einen engen freundschaftlichen Austausch.

Erfolge und Rückschläge

Bereits 2008 wandte sich Siegrid Fahrecker, einem Hinweis von Mitarbeiter:innen der Gedenkstätte Ravensbrück folgend, an den Internationalen Suchdienst des Roten Kreuzes in Bad Arolsen[182]. In Ravensbrück selbst befand sich kein Dokument zu Siegrids Großmutter, vielleicht ließ sich dort ja eines finden? Arolsen konnte die Haft im Landgerichtgefängnis Traunstein und die KZ-

Haft in Ravensbrück bestätigen, doch keine weiteren Belege oder neue Hinweise aufbieten. Dies war erst im Jahr 2016 möglich, als das Blockbuch von Block 22 ausgehoben wurde, das die Zuteilung von Anna Burger in die Schnittmacherei der neuen Nähstube bestätigte. Dies geschah im Beisein von Siegrid, denn sie hatte die Gelegenheit, mit der deutschen Lagergemeinschaft Ravensbrück nach Bad Arolsen zu reisen, um vor Ort Rechercheansuchen zu stellen und unmittelbar durchführen zu lassen.[183] Wieder besaß sie einen Puzzlestein, der sich ins Bild einfügte.

Aber natürlich gab es auch Rückschläge im Aufarbeitungsprozess. Sie zeigen, wie schwierig das Stigma ›Asozialität‹ über Generationen hinweg zu überwinden ist und wie langwierig es ist, bis sich Vorurteile in der Gesellschaft ändern. Ein solcher Rückschlag kam etwa nach dem Tod einer Frau, die Siegrid Fahrecker über die Lagergemeinschaft kennengelernt hatte. Sie war ebenfalls Nachkomme einer in Ravensbrück ermordeten Österreicherin – allein schon diese Parallele verband die beiden, zudem wohnten sie in derselben Gegend. Daher wollte Siegrid am Grab der Frau ein paar Worte sprechen, was deren Sohn jedoch ablehnte – laut Siegrid mit dem Hinweis auf die Haftkategorie ihrer Großmutter. Dieser Vorfall erfüllte sie mit unendlich großer Enttäuschung.

> Ich glaube mal nicht, dass sich irgendwer nur vorstellen kann, wie ich mich mit dieser Sache noch immer fühle, und es reißt mir ein Loch in meine ohnehin schon sehr zerzauste Seele, bei dem Gedanken, dass es meiner Mama und meiner Großmutter noch viel schlimmer ergangen sein muss.[184]

Froh war sie, dass sie diese Episode vor ihrer Mutter geheim halten konnte. Stefanie hätte dieser Vorfall noch ärger zugesetzt, davon ist Siegrid überzeugt. Letztendlich konnte sie bei dem Begräbnis ihre vorbereitete Rede im Namen der Lagergemeinschaft aber doch halten.

Der Tod ihrer Mutter war für Siegrid ein neuerlicher Anlass, sich verstärkt in deren Gedanken- und Gefühlswelt zu versetzen. Zum einen, weil sie miterlebt hatte, wie Stefanie Cudy in den Wochen vor ihrem Hinscheiden mehr und mehr in die Erinnerungen an ihre frühen Lebensjahre eingetaucht war, was Siegrid zum Nachdenken über die besonderen Umstände der Kindheit ihrer Mutter anregte. Zum anderen bringt die Aufgabe, die Hinterlassenschaft eines Menschen zu verwalten, es mit sich, dass unweigerlich persönliche Hinweise und Dokumente zum Vorschein kommen, die einen in die Vergangenheit zurückkehren lassen. Dabei stieß und stößt Siegrid immer wieder an ihre Grenzen – vieles, was sie im Nachlass fand, belastet sie als Tochter bzw. Enkeltochter sehr. So bekannte Siegrid in einem Schreiben:

> Für heute werde ich aber aufhören, in den Akten zu lesen, außer du brauchst noch etwas. Doch kommt mir nur das Speiben über das, was ich da alles lese. Ich meine, stell dir vor, du wirst befragt, mit wem du wo wie oft »Geschlechtsverkehr« (so steht es in den Scheidungsakten) gehabt hast, und X Jahre später kann das jemand nachlesen … Ich mein, das ist ja mehr wie … mir fehlen die Worte. Oder eben: Die Mutter kommt tagelang nicht nach Hause … und … ich begreife, warum meine Mutter bei der Befragung durch den Weißen Ring zu dieser Angelegenheit zusammengebrochen ist …
> Ich glaube, es MUSS ein Generationen übergreifendes Buch werden, denn was sich da alles abgespielt hat …
> (Oder???)
> Ich geh jetzt zu meiner Baustelle in den Kisten wühlen, das bringt mich auf andere Gedanken … [185]

Seit vielen Jahren bauen Siegrid und ihr Mann Erich in Eigenregie ihr Haus um – die Baustelle bietet Siegrid einen Zufluchtsort, an dem sie zur Ruhe kommen und, wie etwa beim Wühlen in den Kisten, auch ihre Eindrücke und Erinnerungen sortieren und sich in der Gegenwart neu verankern kann. Die Baustelle ist wohl auch eine Metapher für das unvollständige Bild, das sie vom Leben ihrer Großmutter und Mutter bislang zeichnen konnte: Auch dies bleibt eine herausfordernde Aufgabe, die nicht so schnell vollendet werden kann.

Gedenkkerzen

Die Nationalsozialisten verfolgten das Ziel der vollkommenen und dauerhaften Auslöschung der Jüdinnen und Juden. Millionen Leben fielen diesem ungeheuerlichen Wahn zum Opfer. Wenngleich dieser industrielle Massenmord nicht mit anderen bevölkerungspolitischen Phantasmen, wie etwa der Schaffung des ›Herrenmenschen‹, gleichgesetzt werden kann und darf, lassen sich doch Parallelen zu anderen Tötungsabsichten und deren Auswirkungen feststellen. So strebten die Nationalsozialisten letztendlich auch die Auslöschung sämtlicher Familien an, die sie als ›asozial‹ oder ›kriminell‹ brandmarkten; auch sie sollten sich nicht fortpflanzen, auch ihr Erbgut sollte in nachfolgenden Generationen nicht weiterleben.[186]

Im Grunde genommen betraf dies auch Anna Burger – und damit ihre Kinder und deren Familien. Gemäß Nazi-Ideologie waren sie und ihresgleichen im tausendjährigen Reich unerwünscht. Wie im vorigen Abschnitt dargestellt, lässt sich Stefanie Cudy so gesehen durchaus als Überlebende titulieren – als Überlebende einer Vernichtungsabsicht, der ihre Mutter zum Opfer fiel. Ein Erfahrungshintergrund, zu dem es bislang wenig Literatur gibt[187], weshalb hier bei Analysen zu Lebensgeschichten in Holocaust-Familien Anleihe genommen wird.

Die Israelin Dina Wardi hat in ihrer 1997 erstmalig auf Deutsch erschienenen Studie zur Psychotherapie mit Kindern von Holocaust-Überlebenden herausgearbeitet, dass es in nahezu jeder Überlebenden-Familie ein Kind gibt – zumeist ist es eine Tochter –, die als so genannte »Gedenkkerze« fungiert: die also das Gedenken an die Ermordung ihrer Vorfahren weiterträgt. Ausgehend von der Rolle eines »Sündenbocks«, wie Wardi den Adressaten oder die Adressatin aller Bürden und Lasten bezeichnet – und ein solcher existiere in jeder Familie, mit der Funktion, dass sich intrapsychische und zwischenmenschliche Konflikte an ihm entladen –, sieht sie für diesen in Überlebenden-Familien noch weiter reichende, wesentlichere Aufgaben:

> Hier muss er [der Sündenbock] nicht nur die ungeheure emotionale Leere füllen, sondern auch, ganz auf sich allein gestellt, die

> Kontinuität der gesamten Familiengeschichte erarbeiten und so eine verborgene Beziehung zu den im Holocaust umgekommenen Objekten schaffen.[188]

Aufgrund dieser besonderen Bedeutung nenne sie solche Kinder »Gedenkkerzen«.

Die Wahl zur Gedenkkerze erfolgt zumeist unausgesprochen, vielmehr werden die Botschaften und Aufträge nur in Andeutungen oder durch (unbewusste) Übertragung von Gefühlen weitergegeben.

> Überlebende erzählen ihren Kindern im allgemeinen recht wenig über ihre persönliche Geschichte, weil das sehr qualvoll für sie ist. Sie übertragen den »Gedenkkerzen« die Aufgabe, die Leere in ihren Herzen mit Inhalt zu füllen und die zerbrochenen und versteckten Mosaiksteinchen zu einem Ganzen zusammenzufügen.[189]

Mit diesen Worten ließe sich auch der Auftrag umreißen, den Stefanie ihrer Tochter Siegrid – unausgesprochen – schon mit auf den Weg gab, als diese noch ein Kind war. Die Suche nach den Spuren ihrer Großmutter weist viele Anzeichen auf, die Siegrid als Gedenkkerze der Familie ausweisen. Siegrid Fahrecker hat das unausgesprochene Vermächtnis ihrer Mutter angenommen. Sie vollführt das, was ihrer Mutter (emotional) nicht möglich war: ihre Großmutter in die Familiengeschichte zurückzuholen, ihr ein Gesicht zu geben und weitere Familienmitglieder ins Gedenken einzubinden. Dies ist Siegrid umfassend gelungen, auch wenn der Weg oft äußerst beschwerlich war.

Stefanie Cudy hat ihrer Tochter – nicht ihrem Sohn – ein »Vermächtnis« hinterlassen, vermutlich bereits ahnend, dass es bei ihr in guten Händen sein würde. Während Siegrid sich wieder und wieder mit den Mosaiksteinen ihrer Vorfahren mütterlicherseits beschäftigt, vermeidet (bzw. verweigert) ihr Bruder Heribert jegliche Form der Auseinandersetzung damit. Für ihn gilt der Tod seiner Großmutter und alles, was damit zusammenhängt, weiterhin als tabu. Ein Austausch darüber ist nicht möglich.

Annas Tochter Leopoldine pflegte in ihrer Familie einen offenen Umgang und stellte auch selbst Nachforschungen an; ihre Kinder und Enkelkinder sind über die außergewöhnlichen Ereignisse in ihrer Herkunftsfamilie informiert. Hingegen haben die Nachkommen von Annas verstorbenem Sohn Leopold den Kontakt zu dessen Herkunftsfamilie abgebrochen – schriftlich teilten sie kurz nach seinem Tod ihrer Tante Stefanie mit, dass sie keine weitere Verbindung mehr wünschten.

Siegrid Fahrecker widmet sich weiterhin aktiv der Erforschung ihrer Familiengeschichte. Im Zuge des Buchprojekts haben wir gemeinsam einen umfangreichen Stammbaum erstellt, der bis in die Mitte des 19. Jahrhunderts zurückreicht. Dafür wurden Friedhofsverwaltungen kontaktiert und historische Meldedaten studiert; Siegrid hat zudem immer wieder in ihrer Verwandtschaft weitere Informationen erfragt. Aus einer psychischen Zwangslage heraus, die »Gedenkkerzen« im Grunde genommen repräsentieren, nützt sie jede Gelegenheit, ihrem eigenen Lebenssinn auf die Spur zu kommen. Auch bei ihr sind, wie bei Kindern von Holocaust-Überlebenden, nicht nur psychische Belastungen, sondern auch psychische Stärke, Empathie und Ausdauer stark ausgeprägt.

Siegrid war es wichtig, ihre Mutter bis ans Lebensende in ihren Erinnerungen und dem Schmerz, den sie oft hervorriefen, zu begleiten. Und noch immer setzt sie sich damit auseinander – zum einen im Gedenken an ihre Mutter, zum anderen aus ihrem eigenen, anhaltenden Schmerz heraus, in der Kindheit keine Großmutter gehabt zu haben. So holt sie im übertragenen Sinn eine gemeinsame Zeit, die ihnen verwehrt war, nach. Die Beschäftigung mit der Großmutter ist wohl auch ein Weg, sich mit ihrer Mutter auszusöhnen nach all dem, was sie mittlerweile über deren schwierige Kindheit und Jugend erfahren hat.

Siegrid gelang es nicht nur, ihre Großmutter ins familiäre Gedächtnis zurückzuholen, sie setzte ihr auch ein öffentliches Andenken. Die Ausstellung *Faces of Europe. Töchter erinnern sich an ihre Mütter, die Gefangenen von Ravensbrück*[190] zeigt großformatige Porträts von Frauen aus 13 europäischen Ländern, die im Frauenkonzentrationslager Ravensbrück inhaftiert waren – die Mütter bzw. Großmütter der heute im IRK aktiven Frauen. Die Porträtierten haben alle das KZ Ravensbrück überlebt, mit Ausnahme von Anna Burger.

Abbildung 18: Siegrid Fahrecker mit Sohn Andreas und Leopoldine Wiener mit Tochter Regina vor dem Porträt von Anna Burger bei der Eröffnung der Ausstellung *Faces of Europe* im Salon Modena Art in Wien, September 2022
Quelle: Tania Raschied

In der Ausstellungsbroschüre kommen die Töchter und Enkelkinder oder auch Freundinnen der abgebildeten Frauen zu Wort. Darin schreibt Siegrid über ihre Großmutter: »Sie fehlte mir gerade als Kind und Jugendliche, obwohl ich sie nie kennenlernen konnte. […] Wenn ich den Boden des KZ Ravensbrück betrete, stelle ich mir vor, ich bin bei meiner Großmutter auf Besuch.«

Die Erfahrung des Vermissens will sie ihren beiden Enkelkindern Celina und Leopold ersparen, daher verbringt sie möglichst viel Zeit mit ihnen. Sie ist in all ihre wesentlichen Lebensereignisse eingebunden, und beide Seiten empfinden den Kontakt als nährend und freudvoll. Ihnen möchte Siegrid jene Großmutter sein, die sie selbst zeitlebens vermisst hat.

Das »Vermächtnis« ist Teil von Siegrid Fahreckers Leben geworden, was nicht zuletzt dieses Buch beweist.

Nachwort: Erinnerungen in Bewegung

Eine Zeit lang war es modern, beim Stricken Wolle zu verwenden, deren Garnstärke alle paar Zentimeter wechselt. So entstand ein reliefartiges Gewebe, mit Verdickungen da und dort, aber auch mit Lücken und filigran wirkenden Stellen. Ähnlich verhält es sich mit dem Inhalt dieses Buches: Die Quellenlage, auf der die einzelnen Kapitel beruhen, war selten umfangreich, vielmehr brüchig und lückenhaft, zudem oft widersprüchlich und sogar rätselhaft.

Die Crux mit den Quellen

Nicht nur die Dichte an Informationen wechselte, die Quellen entstanden auch zu unterschiedlichen Zeitpunkten und taten sich unter verschiedensten Umständen auf – Gegebenheiten, die in die Interpretation einbezogen werden mussten. Voneinander abweichend waren auch die Perspektiven auf einzelne Ereignisse. Das betrifft sowohl schriftliche Dokumente von Behörden wie auch persönliche Erinnerungen und Erzählungen.

Nicht immer stimmten die Quellen in ihren Aussagen überein; manchmal gab es nur geringfügige Abweichungen, manchmal aber waren sie regelrecht widersprüchlich. Kein Wunder, dass sie von den Nachkommen unterschiedlich und immer wieder einseitig interpretiert wurden. Alternative Deutungsmöglichkeiten und Richtigstellungen waren manchmal schwierig zu kommunizieren, vor allem dann, wenn sich Sichtweisen und Überzeugungen bereits über Jahre verfestigt hatten. Manche Widersprüche ließen sich nicht klären – zumal wenn Erinnerung gegen Erinnerung (oft aus zweiter Hand) stand und weitere Quellen fehlten. Dies machte es mir als Autorin erheblich schwerer, darüber zu schreiben.

Heikel gestaltete sich die Interpretation, wenn die familiäre Tradierung von Ereignissen nachweislich (etwa durch behördliche

Dokumente wie Meldedaten) unrichtig war. Unweigerlich nährt dies den Zweifel auch an anderen erinnerten Geschichten, nicht zuletzt weil dieser wesentliches Werkzeug der sozialhistorischen Wissenschaft ist. Die Kultivierung des Zweifels gilt nicht nur dem Erinnerten. Jede Nachricht, jedes Dokument, jede Quelle muss hinterfragt und auf die ursprüngliche Funktion hin überprüft werden: Wer sprach oder schrieb in wessen Interesse und zu welchem Zweck? Gerade beim offiziellen Schriftverkehr aus der Zeit des Nationalsozialismus ist es unabdingbar, dessen Inhalt im Bewusstsein der damals herrschenden sozialrassistischen Ideologie zu lesen. Diese Skepsis gegenüber behördlichen Dokumenten ist denn auch gegenüber mündlichen Überlieferungen anzuwenden. Dies war zuweilen ungleich schwieriger (und nicht leicht zu vermitteln), da rasch der Vorwurf im Raum stand, jemandem zu misstrauen, jemanden als Lügner:in entlarven zu wollen, Erinnerungen als Phantasien zu diskreditieren.

Das Gegenteil dieser Unterstellungen war der Fall. Wie in der Einleitung bereits ausgeführt, lag mein Interesse an dieser Arbeit darin, eine Lebensgeschichte nachzuzeichnen, wie sie im kollektiven Gedächtnis unserer Gesellschaft nicht vorkommt. Die Perspektive der als ›asozial‹ Verfolgten (wie auch jene der als ›kriminell‹ Verfolgten) gehört zu den großen Unbekannten; sie fehlen »im Narrativ der Überlebenden bis heute, ihre Schicksale sind die Leerstellen im kollektiven deutschen Gedächtnis«.[191] Sie galten bislang als nicht erzählenswert, als vernachlässigbar. Umso mehr war ich darauf bedacht, Stigmatisierungen zu hinterfragen, Vorurteile aufzubrechen, keinesfalls Stereotype zu bedienen.

Doch je tiefer ich in die Geschichte vordrang, umso mehr drängte sich – insbesondere während des Schreibprozesses – eine Sorge in den Vordergrund: Wie kann ich den Nachkommen die neuen Kenntnisse so vermitteln, dass sie sie auch annehmen können? Wie kommuniziere ich Einsichten, die zum Teil eine Übermalung – um ein bereits zitiertes Bild zu verwenden – in den mittlerweile gezeichneten Porträts und familiären Überlieferungen mit sich bringen werden? Die mühevolle Suche nach weiteren Dokumenten, Zeugnissen und Belegen, um alle Lebensabschnitte von Anna Burger profund und atmosphärisch darstellen zu können, führte zuweilen zu Erkenntnissen, die mir selbst unangenehm waren. Nach diesen Wahrheiten hatte ich nicht gesucht – doch gleichzeitig ist es mir unmöglich, hinter diesem Erkenntnisstand zurückzustehen und ihn zu ignorieren.

Erkenntnisse verändern den Blick

Die zweijährige Zusammenarbeit zwischen Siegrid Fahrecker und mir hat Spuren in unserer Beziehung hinterlassen, und auch bei uns selbst. Es galt, die Rollen im Arbeitsprozess zu klären, was nicht vorab, sondern nur im Tun erfolgen konnte – im Grunde wussten wir beide nicht, worauf wir uns einließen.

Für mich gab es vieles zu berücksichtigen: Inwieweit lasse ich Siegrid an meinem Recherche- und später Schreiballtag teilhaben, wie stark ist sie belastbar, was darf ich an Informationen und Mitarbeit von ihr verlangen? Fühlt sie sich in ihrer Kompetenz und ihrem jahrelangen Engagement ausreichend gewürdigt? Wie weit kann Vertrauen aufgebaut, wo muss Distanz gewahrt werden (zwischen mir als der schreibenden Wissenschafterin und Siegrid als der familiär Involvierten)? Wenn sich familiäre Erinnerungen widersprechen, welche Sichtweise darf schlussendlich Bestand haben, welche setzt sich durch (wie etwa bei der Interpretation des SS-Fotos aus der Zuschneiderei)? Darf ich hier Siegrid widersprechen, überhaupt Zweifel anmelden? Und gegen Ende des Schreibprozesses die bange Frage: Konnte ich ihren Erwartungen an das Buch entsprechen, obwohl ich an ihrer Interpretationshoheit familiärer Überlieferungen rütteln musste?

Diese enge Zusammenarbeit veränderte nicht nur die Beziehung zwischen der Autorin und der Enkelin der Protagonistin dieses Buches. Der familiären Erinnerung nachzuspüren, führte auch – ausgehend von Siegrid Fahrecker – zu positiven Dynamiken innerhalb der Familie. So geht die Arbeit am Buch weit über das Festhalten einer Lebensgeschichte und Erinnern an eine verfemte Verfolgtengruppe hinaus.

Individuelle und gesellschaftliche Bezugspunkte

Das späte und noch immer geringe Interesse an gesellschaftlich stigmatisierten Verfolgten des NS-Regimes ist unter anderem dem Umgang der österreichischen Nachkriegsregierungen mit den Opfern des Nationalsozialismus geschuldet. Die jahrzehntelange Nicht-Anerkennung als Opfer und der faktische Ausschluss vieler Verfolgtengruppen aus den staatlichen Entschädigungsleistungen, darunter auch die als ›asozial‹ Stigmatisierten, hatte Folgen.[192] Die rassistisch und politisch Verfolgten, die zwar als Opfer anerkannt, deren Leistungen und Leiden dennoch durch das offizielle Österreich bis in die 1970er Jahre hinein negiert wurden, haben in den letzten Jahrzehnten den gesellschaftlichen Diskurs mitgeprägt; nach ihrem Ableben fällt heute der Blick auf die anderen Opfergruppen und deren spezifische Bedingungen des Lebens und Überlebens in der Zeit des Nationalsozialismus leichter. Sowohl im wissenschaftlichen wie auch im gesellschaftlichen Diskurs beginnt nun eine Auseinandersetzung mit den bislang Marginalisierten.

Wie Kranebitter, Meyer und Pohn-Lauggas ausführten, sind Narrative Produkte eines dialogischen Prozesses, der üblicherweise im Rückgriff auf kollektive Narrative bzw. im Abgleich mit diesen stattfindet.

> Diese Ausdeutungsprozesse prägen familiale Beziehungsstrukturen und vollziehen sich in ständiger Reibung mit Diskursen und Normen, mit kollektiven Gedächtnissen bzw. Gegengedächtnissen und mit historischen Ereignissen.[193]

Die genannten Autor:innen zeigen auch, wie wichtig für die familialen Erinnerungen stigmatisierter NS-Opfer deren gesellschaftliche Anerkennung ist. Während die Opfergruppe der ›Kriminellen‹, von denen ihr Beitrag handelt, in Österreich nach wie vor keine gesetzliche Anerkennung erfahren hat, ist dies für die als ›asozial‹ Verfolgten mittlerweile geschehen (in der OFG-Novelle 2005, zuvor schon durch das Bundesgesetz über den Nationalfonds der Republik Österreich für Opfer des Nationalsozialismus aus dem Jahr 1995) – wenngleich ihnen der Opferstatus noch immer verwehrt ist, sofern die Verfolgten zu Freiheitsstrafen verurteilt wurden.

> Unsere bisherigen Ergebnisse […] zeigen, dass die Frage nach der NS-Opferschaft in den Narrativen der Familien der Nach-

kommen zentral ist. Aushandlungsprozesse, die in Bezug auf politische, jüdische und mittlerweile auch homosexuelle Opfer des Nationalsozialismus bereits geführt und erkämpft wurden, finden in Bezug auf »Berufsverbrecher« erst jetzt statt.[194]

Dies gilt auch für die als ›asozial‹ Verfolgten. Der im Februar 2020 erfolgte Beschluss des Deutschen Bundestages; die ihm folgende Beauftragung einer Ausstellung zu den lange Zeit verleugneten, nun aber anerkannten Opfergruppen[195]; weitere Ausstellungsprojekte[196]; jüngst erschienene (Familien)Biografien[197] und eine weiterhin anhaltende wissenschaftliche Beschäftigung[198] werden den gesellschaftlichen Diskurs verändern. Dieser wird auf den familiären Umgang mit den bislang oft verschwiegenen Opfern Einfluss haben und neue Narrative schaffen. Einen Beitrag dafür zu liefern, war auch Absicht des Biografieprojekts zu Anna Burger.

Auswirkungen von Patriarchat und Klassismus

Forschungen zeigen, dass die Bekämpfung von ›Asozialität‹ im Nationalsozialismus sich in erster Linie gegen Menschen aus dem Proletariat sowie gegen sozial Unangepasste richtete.[199] Mit dem auf soziale Merkmale ausgedehnten Biologismus – ›Asozialität‹ und ›Kriminalität‹ galten als angeboren und vererbbar – rechtfertigte man Zwangsmaßnahmen wie die Einweisung in Erziehungs- und Arbeitsanstalten und/oder Konzentrationslager sowie Zwangssterilisationen.[200] Auch die Analyse des sozioökonomischen Hintergrunds der im Konzentrationslagerkomplex Ravensbrück inhaftierten Österreicherinnen mit Haftgrund ›asozial‹ bestätigt den Befund, dass vorwiegend Angehörige der Unterschicht verfolgt wurden.[201] Dasselbe gilt für jene Frauen, die in Arbeitsanstalten eingeliefert wurden; auch hier richtete sich die Verfolgung primär gegen Arme und Armutsgefährdete.[202]

Nationalsozialistische ›Asozialenpolitik‹ bekämpfte die Armen – nicht die Strukturen, die zu Armut führten und Ursache für die vielfach äußerst prekären Lebensverhältnisse waren. Diese Fixierung auf eine soziale Schicht ist als Klassismus zu bezeichnen. Klassismus bedeutet eine Form der »individuellen, institutionellen und kulturellen Diskriminierung und Unterdrückung aufgrund des tatsächlichen, vermuteten oder zugeschriebenen sozial- oder bildungspolitischen Status«[203]. Er stellt – ähnlich wie Sexismus und Rassismus – eine tief in der Gesellschaft verankerte Form der Stereotypisierung und Kategorisierung dar und zeigt sich in anhaltenden Vorurteilen gegenüber gesellschaftlichen Randgruppen, die in vielfältigen Diskriminierungen münden.

Dies traf auch auf Anna Burger zu. Ihr gesamtes Umfeld verhinderte, der Armut zu entkommen, auch ihre Umgebung war von Armut geprägt. Die nationalsozialistischen Machthaber und Behörden zementierten und verschärften die gesellschaftliche Marginalisierung der Verarmten durch eine rigorose Kontrolle, durch den Entzug staatlicher Fürsorgeleistungen und die kompromisslose Umsetzung ihrer Weltbilder in allen gesellschaftlichen Bereichen und Politikfeldern. Nicht selten war mit dem sozialen Ausschluss von Menschen – wie im Falle Anna Burgers – deren Tod einkalkuliert.

Auch die Wirkmächtigkeit patriarchal geprägter Normen mit ihren strikten Kodizes für »richtiges« weibliches Verhalten wird im Leben von Anna Burger deutlich. Anna Burger wurde unhinterfragt die Erziehung und Sorge um die Kinder überantwortet. Dass Karl Burger der Verantwortung gegenüber seinen unmündigen Kindern in keiner Weise nachkam, wurde nicht thematisiert. Vielmehr konnte er sich auf ›Ideale‹ der ›arischen Volksgemeinschaft‹ berufen, wenn er im Scheidungsprozess seine Empörung zum Ausdruck brachte, noch immer mit einer ehemaligen ›Zuchthäuslerin‹ und ›KZ-lerin‹ verheiratet sein zu müssen – um nur ein Beispiel herauszugreifen, das die Nachhaltigkeit von stigmatisierenden Zuschreibungen zeigt. Vorgaben der tonangebenden Mehrheit in Gesellschaft und Politik wirken auf das individuelle Leben; Erfahrungen von Menschen am gesellschaftlichen Rand beeinflussen selten die Regeln des Zusammenlebens mit.

Auch das Schreiben über Arme, als ›asozial‹ Stigmatisierte und Verfolgte sowie weitere Randgruppen birgt in sich die Gefahr, in die Klassismus-Falle zu tappen. Wenn aus einer bürgerlichen, existenzgesicherten Perspektive von heute prekäre Lebensumstände früherer Zeiten dargelegt und kommentiert werden, stellt sich immer wieder die Frage, ob man nicht selbst den »zurichtenden Blick«[204] auf sie wirft, den man zu hinterfragen und zu brechen angetreten ist. Klassismus als Hierarchisierung von klassenspezifischen Werthaltungen fließt bisweilen unbewusst in Erzählungen über andere ein.

In Österreich wie in Deutschland wird Bildung nach wie vor vererbt, in beiden Ländern ist die soziale Mobilität sehr gering. Eine OECD-Studie aus 2018 zeigte, dass es in Österreich fünf Generationen dauern würde, bis Nachkommen einer einkommensschwachen Familie das Durchschnittseinkommen erreichen; in Deutschland benötige dieser Prozess gar sechs Generationen.[205] Für die meisten Menschen ist sozialer Aufstieg nur mit enormer Anstrengung, Ausdauer und einer guten Portion Glück möglich. Das zeigen auch die Lebenswege der Kinder von Anna Burger. So wie Traumata und »Vermächtnisse« an die nächste Generation weitergegeben werden, so prägt die soziale Herkunft den Zugriff auf die Welt, wie sie ebenso nachhaltig die Lebensumstände und Handlungsmöglichkeiten prägt.

Hindernisse und Auswege

Die Idee zur Biografie über Anna Burger wurde bereits vor mehreren Jahren geboren. Sie konkret in ein Buchprojekt zu übersetzen und dabei das Familiengedächtnis mit einzubeziehen, dazu bedurfte es zahlreicher Voraussetzungen, wie etwa themenspezifische Vorprojekte, erste Sichtung von Quellen, Zustimmung der Angehörigen, aber auch entsprechende finanzielle Unterstützung. Diese einzuwerben gehörte mit zu den schwierigsten Unterfangen des gesamten Arbeitsprozesses. Einschlägige Förderstellen in Österreich zu diesem Themenkomplex sind der Nationalfonds der Republik Österreich für Opfer des Nationalsozialismus sowie der Zukunftsfonds der Republik Österreich. Zudem habe ich beim Land Niederösterreich um Förderung eingereicht. Während letztgenannte Stelle nahezu den Gesamtbetrag der für das Biografieprojekt eingereichten Summe bewilligte, kürzten die beiden Fonds ihre Zusagen auf durchschnittlich 35 Prozent – ein herber Rückschlag im Bestreben, eine bislang verleugnete Opfergruppe des Nationalsozialismus sichtbar und die Auswirkungen von deren Verfolgung anhand eines Einzelschicksals einer breiteren Öffentlichkeit zugänglich zu machen. Überzeugt von der Notwendigkeit meines

Vorhabens, entschloss ich mich, über Crowdfunding Geld für das Projekt einzuwerben.[206] Das bedeutete zwar eine Menge Mehrarbeit, die jedoch belohnt wurde, sodass ich das Projekt durchführen konnte, wenn auch unter Einsatz vieler hundert unbezahlter Stunden. Darüber hinaus brachte es die beglückende Erfahrung, weit über hundert Menschen (größtenteils aus dem Freund:innen- bzw. Kolleg:innenkreis) hinter sich zu wissen, die von der Wichtigkeit eines derartigen Projekts überzeugt sind und es daher nicht nur ideell, sondern auch finanziell unterstützen. Dafür bin ich ungemein dankbar. Dennoch möchte ich nicht verschweigen, dass ich aufgrund dessen einen zusätzlichen Erfolgsdruck verspürte, die Arbeit zu einem guten Ende zu bringen und den in das Projekt gesetzten Erwartungen gerecht zu werden. Zu den besonderen Überraschungen gehörten Großspender:innen, die mehrere hundert Euro investierten, die österreichische Lagergemeinschaft Ravensbrück & Freund:innen sogar mehrere tausend Euro – bis hin zu einer befreundeten Kollegin, die den Familienrat einberief, der sich zu einer Spende von zweitausend Euro bereiterklärte und so eine Geste der Anerkennung der Verstrickung des Vaters bzw. Großvaters in nationalsozialistische Verbrechen setzte. Damit stieß das Buchprojekt bereits Diskussionen und Aktivitäten an, die einer weiteren gesellschaftlichen Auseinandersetzung mit den vielen, auch bislang verleugneten Facetten unseres nationalsozialistischen Erbes den Weg ebnen.

»Erinnern ist Arbeiten an der Zukunft«, so die Kulturwissenschaftlerin Aleida Assmann.[207] Ich hoffe, dass dieses Buch über den fördernden Kreis hinaus Anregung gibt, sich zu erinnern, zu gedenken und auch, so manche Kontinuitäten der Ausgrenzung und Unterdrückung aufzubrechen.

Dank

Zahlreiche Personen haben mich in unterschiedlicher Weise unterstützt und so zum Gelingen des Buchprojekts beigetragen, ihnen allen gilt mein Dank.

An erster Stelle ist hier Siegrid Fahrecker zu nennen, die den Anstoß zur Biografie gab. Mit ihr stand ich über die vielen Monate hinweg in gutem Austausch; ihr Mann Erich Fahrecker war Siegrid eine wichtige Stütze im Aufarbeitungsprozess. Den noch lebenden Kindern von Anna Burger, Leopoldine Wiener und Adolf Burger, sowie Siegrids Sohn Andreas Fahrecker danke ich für ihre Bereitschaft, mir ein Interview zu gewähren und die Inhalte zur Veröffentlichung freizugeben.

Von Beginn an erhielt ich große Unterstützung von jenen Menschen, die für mich das handschriftliche Kurrent vieler Dokumente entzifferten und die ich immer wieder mit weiteren Bitten kontaktieren konnte. Das sind in erster Linie meine Mutter Maria Halbmayr (†) und Peter Haberfehlner. Auch Wolfgang Bäck und Stephanie Rohringer vom Stadtarchiv Klosterneuburg sind hier zu nennen; sie haben mir zudem zahlreiche Quellen über Anna Burger und ihr Umfeld erschlossen.

Mein besonderer Dank gilt meiner Freundin und langjährigen Kollegin Helga Amesberger, die im Schreibprozess laufend die Erstfassungen der einzelnen Kapitel las und mit wertvollen Anregungen versah. Meine Schwester Leopoldine Halbmayr sorgte für so manche Straffungen im Text. Meinem Mann Alfred Zauner danke ich für die kontinuierliche Diskussion über die Monate hinweg. Großen Dank spreche ich meiner Lektorin Kristine Gerber (Conlexis Biographien) aus, die abermals mit viel Umsicht den nötigen Feinschliff am Text vornahm. Danken möchte ich auch Elke Smodics (Mandelbaum Verlag) für die kritische Lektüre des Manuskripts.

Für weiteren kollegialen Austausch danke ich Gabriele Hackl, Gregor Holzinger, Corinna Oesch, Ilse Reiter-Zatloukal und Christl Wickert.

Ich danke den Fördergebern: dem Land Niederösterreich, dem Nationalfonds der Republik Österreich, dem Zukunftsfonds der Republik Österreich sowie den zahlreichen Menschen, die mich im Zuge meiner Crowdfunding-Kampagne finanziell unterstützt haben – eine für mich einmalige Erfahrung.

Dank ergeht auch an folgende Institutionen und ihre Mitarbeiter:innen: Arolsen Archives, Bundesarchiv Berlin, Dokumentationsarchiv des österreichischen Widerstandes (DÖW), Institut für Nationales Gedenken in Warschau, Mahn- und Gedenkstätte Ravensbrück, Niederösterreichisches Landesarchiv (NÖLA), Staatsarchiv München, Stadtarchiv Klosterneuburg und Wiener Stadt- und Landesarchiv (WStLA).

Last but not least seien das Institut für Konfliktforschung und der Mandelbaum Verlag bedankt.

Anmerkungen

1 Ein Teil unserer Forschungsergebnisse ist auf www.ravensbrueckerinnen.at nachzulesen.

2 Ein Buch, das die Verfolgung von als ›asozial‹ stigmatisierten Menschen während des Nationalsozialismus zum Thema hat, kommt nicht umhin, die damals übliche Terminologie aufzugreifen. Um auf die rassistische Ideologie zu verweisen, die diesen Begriffen zugrunde liegt, und auch meine Distanz dazu sichtbar zu machen, sind sämtliche dieser diskriminierenden Begriffe unter einfache Anführungszeichen gesetzt; dasselbe gilt für beschönigende NS-Ausdrücke, die Zwang und Gewalt von Maßnahmen verdecken sollten.

3 Vgl. Amesberger/Halbmayr/Rajal 2019 und 2020.

4 Statt der diskriminierenden Begriffe ›Zigeuner‹ und ›Zigeunerinnen‹ haben sich im allgemeinen Sprachgebrauch die Bezeichnungen Roma und Sinti bzw. Romnija und Sintizze durchgesetzt. Zur Begriffsklärung vgl. Freund 2010, 13–20.

5 Ergebnis dieses Vorhabens war einige Jahre später die zweibändige Publikation »Vom Leben und Überleben – Wege nach Ravensbrück. Das Frauenkonzentrationslager in der Erinnerung.« Siehe dazu im Literaturverzeichnis: Amesberger/Halbmayr 2001.

6 Siehe http://www.wegenachravensbrueck.net/current/ (letzter Zugriff am 2. 2. 2023).

7 Zeit-Magazin vom 17. 3. 3022.

8 https://data.matricula-online.eu/de/ (letzter Zugriff am 2. 2. 2023).

9 Zur Schulreform Otto Glöckels, gekennzeichnet durch eine Demokratisierung der Schule, Sozialisierung der Bildung und kindgerechte Gestaltung des Unterrichts, vgl. Achs 1992, Stadler 1979.

10 Stadler 1979, 406.

11 Vgl. zu den sozialen, politischen und wirtschaftlichen Verhältnissen in Klosterneuburg ab 1900 hier und im Folgenden Spann 1992, 265ff.

12 Spann 1992, 281.

13 Bäck/Neuhofer/Weiss 2018, 17.

14 Auf der Suche nach den Pflegschaftsakten der fünf Kinder von Anna Burger war die Auskunft des Wiener Stadt- und Landesarchiv (WStLA), die Akten seien nicht mehr vorhanden. Die MA 11, Wiener Kinder- und Jugendhilfe, konnte sie jedoch im WStLA bestellen; so durfte ich sie unter Auflagen einsehen. Der Pflegschaftsakt zum Erstgeborenen Leo-

pold Lasser ist umfangreich, zu den übrigen Kindern blieb lediglich das KÜSt-Batt mit der Dokumentation der Aufenthaltsorte erhalten.

15 Die Abschrift des Testaments folgt in der Orthografie den heute gültigen Regeln. Dies gilt auch für die weiteren Wiedergaben handschriftlicher Dokumente in diesem Buch

16 Es scheint, als hätten Anna und Karl lediglich kirchlich geheiratet. Bis zum Jahre 1938 waren in Österreich aufgrund des Konkordats 1933/34 auch nur rein konfessionelle Eheschließungen möglich; diese Verbindungen waren (wie die nach dem Allgemeinen Bürgerlichen Gesetzbuch geschlossenen) vom Staat anerkannt und galten auch vor den staatlichen Institutionen. Die obligatorische Zivilehe wurde in Österreich erst im Nationalsozialismus als für alle verbindlich eingeführt.

17 Vgl. Wiener Stadt- und Landesarchiv (WStLA), Zeugenaussage der Anna Burger (Mutter von Karl Burger) am 4. August 1939, Akt 4 Nc 33/39 bzw. 4 Cg 321/39, Scheidungs- und Alimentationsklage Anna Burger 1939, als Teil des Akts 4 Cg 40/40, Scheidungsakt Burger gegen Burger. Wenn in Zukunft nicht anders angegeben, entstammen sämtliche Quellen zu Anna Burgers Leben, insbesondere was das Scheidungsverfahren anbelangt, dem Akt WStLA, 4 Cg 40/40, Scheidungsakt Burger gegen Burger, Landesgericht für Zivilrechtssachen, Außerstreitsachen.

18 Vgl. Spann 1992, 284–293.

19 Bäck/Neuhofer/Weiss 2018, 26.

20 Diese Einverleibung am 15. Oktober 1938 betraf insgesamt 97 Ortsgemeinden, sodass sich Wien flächenmäßig von 27 800 auf unglaubliche 121 800 Hektar vergrößerte. Gründe für die massive Stadterweiterung waren militärische Erfordernisse sowie verkehrstechnische und städtebauliche Überlegungen. Vor allem aber sollte »für den Kriegsfall die agrarische Selbstversorgung Wiens sichergestellt werden«. (Spann 1992, 287)

21 Das Personenblatt der Wiener KÜSt zu Leopoldine belegt, dass sie am 11. 12. 1937, mit gerade einmal dreizehn Monaten, der KÜSt übergeben wurde und von da an in Pflegefamilien aufwuchs.

22 Ein Fürsorgerat war ein ehrenamtlich tätiger Beauftragter der Gemeindeverwaltung, »der sein Amt unentgeltlich versieht und nur aus seiner sozialen Einstellung heraus Freizeit und Arbeitskraft in den Dienst der Volksgemeinschaft stellt, der geeignetste Mittler zwischen dem hilfsbedürftigen Volksgenossen und dem Fürsorgeamt«, erläuterte der *NS Gaudienst Wien (Rathaus Nachrichten)* vom 10. November 1941.

23 Vgl. Amesberger/Halbmayr/Rajal 2019 und 2020.

24 Rundschreiben des Reichskriminalpolizeiamtes, 8. Februar 1938, zit. nach Schikorra 2001b, 37.

25 Herbert 1998, 81.

26 Vgl. Anno-Recherche: ONB_kvz_19400614.pdf, S. 8: Diebstahl bei Verdunkelung. Volksschädling verurteilt; *Völkischer Beobachter*, Wie-

ner Ausgabe: ÖNB_vob_19400614.pdf, S. 6: Volksschädling – ein Jahr Zuchthaus.

27 RGBl. I, S. 1679: *Verordnung gegen Volksschädlinge* vom 5. September 1939.

28 Vgl. dazu Amesberger/Halbmayr/Rajal 2019 und 2020.

29 Zur NS-Sondergerichtsbarkeit vgl. Kalmbach 2017. Annas Strafakt hat eine Vr-Nummer, was auf ein Urteil eines ordentlichen Gerichtes hinweist – und auch in der Zeitung genannt wird: Landgericht Wien II. Sondergerichte vergaben (S)KLs und (S)KMs-Zahlen.

30 Die Orthografie des Briefes wurde in eine lesbare Form korrigiert.

31 An keiner Stelle im Scheidungsakt werden Verpflichtungen des Vaters für das Wohl seiner Kinder – außer der Unterhaltspflicht gegenüber Minderjährigen – erörtert.

32 Die Orthografie des Briefes wurde korrigiert, der Sprachduktus jedoch beibehalten.

33 Auskunft Staatsarchiv München via E-Mail, 22.3.2022.

34 Schütte-Lihotzky 1994, 151f.

35 So in der Zuchthausakte Nr. 189/43 der Salzburgerin Maria Etzer, zit. nach Prieler-Woldan 2018, 116.

36 Generell wurde (und wird) den Justizvollzugsanstalten im Vergleich zu dem von SS und Gestapo verwalteten System der Konzentrations- und Vernichtungslager wenig Aufmerksamkeit zuteil. In Studien zum Strafvollzug fehlt zumeist die Analysekategorie Geschlecht, wenngleich der Strafvollzug (im Unterschied zum Strafrecht) nie vorgab, geschlechtsneutral zu sein. In Lokalstudien zu »gemischten« Anstalten der NS-Zeit wird die Anwesenheit weiblicher Gefangener schlichtweg ausgeblendet, so Hackl (Hackl/Sack 2016, 23). Diese Feststellung erscheint auch für die Justizanstalten München-Stadelheim und Traunstein zutreffend.

37 Vgl. hier und im Folgenden, insbesondere auch zu den Quellenbelegen, wenn nicht anders angegeben Hackl in Hackl/Sack 2016, 59–98.

38 Davor galten folgende Bestimmungen: Den Gefangenen war der Brief- und Besuchsverkehr nur mit engsten Angehörigen und mit ihrem gesetzlichen Vertreter gestattet. Ein Brief durfte nur alle vier Wochen geschrieben und empfangen werden, alle sechs Wochen war Besuch erlaubt. Esswaren oder Genussmittel durften weder mitgebracht noch zugesandt werden. Geldsendungen an Gefangene waren gestattet. (Brief von Maria Assl vom 21.4.1940, DÖW 20.900/1551)

39 Dies war schon im Oktober 1939 verlangt (vgl. Wachsmann 2006, 240) und mehrmals, wie etwa im Frühjahr 1940, eingefordert worden: Die tägliche Arbeitszeit der Zuchthausgefangenen sollte für die Dauer des Krieges 12 Stunden, die der Gefängnisgefangenen 11 Stunden betragen. (vgl. Dienstbefehl Nr. 374 vom 15.3.1940, zit. nach Stadelheimer Hefte Nr. 5, 2007, 17) Es erfolgte kein Hinweis, dass für weibliche Häftlinge andere Bestimmungen gelten würden. Mit Dienstbefehl Nr. 380 vom

16. 10. 1940 kam es zu weiteren Verschärfungen, es wurden die Pausen während der Arbeitszeit (Brotzeiten) gestrichen. (zit. nach Stadelheimer Hefte Nr. 5, 2007, 18)

40 Maria Etzer, so weiß Maria Prieler-Woldan (2018, 121) zu berichten, »habe einmal mit dem Unkraut auch kleine Karottenpflänzchen mit ausgejätet und sei sofort arg ausgepeitscht worden. Man habe nur auf eine Gelegenheit gewartet, um zu misshandeln.«

41 »… und in der Ecke der Kübel, das ist alles. Der Kübel gehört zu den schlimmsten Plagen des Gefängnisses. Er stinkt. Er stinkt widerlich scharf nach dem Chlor, der jeden Morgen hineingestreut wird. Der Deckel schließt nicht.« So Luise Rinser (1994, 18).

42 Luise Rinser in ihrem Gefängnistagebuch (1994, 28) über das Essen in Traunstein: »Manchmal ist eine Mahlzeit auch bei größtem Hunger ungenießbar. Die Nahrung ist keinesfalls ausreichend. Der Mangel an Fett und Zucker macht sich bemerkbar. Ich magere rasch ab. Die Kleider schlottern um meinen Körper, mein Gesicht ist eingefallen und alt; ich entdecke graue Haare an meinen Schläfen.«

43 Die bereits 61-jährige Niederösterreicherin Maria Assl, von April bis Dezember 1940 in München-Stadelheim wegen Vergehen nach dem Heimtückegesetz inhaftiert, schrieb dazu am 21. 4. 1940 in einem Brief an ihre Verwandten: »Wir sind unser sieben in einer Zelle. Eine aus dem Wienerwald von Pernitz, fünf von der Grazer Gegend, eine aus Jugoslawien. Die sechs waren schon 14 Tage hier und ich kam dazu, so bin ich nicht einsam. Wir haben Strickarbeit bekommen – das erste Jäckchen, das ich strickte; es fällt aber sehr gut aus und bekomm gute Übung hierin, alles andere muss man mit Starkmut gewöhnen, damit man durchhält. Spazieren gehen wir auch jeden zweiten Tag 1 Stunde.« (DÖW 20.900/1551; Orthografie der neuen Rechtschreibung angepasst)

44 Karl, Jahrgang 1908, war bereits im Herbst 1939 verhaftet und am 16. 11. 1939 nach Berlin transportiert worden. Seine Strafvermerke auf der Meldekarte enden mit dem Satz: »23 Vorstrafen von 12 Stunden bis 18 Mon schwerer Kerker.« Die davor vermerkten Höchststrafen, 10 Monate und vier Monate schwerer Kerker, erhielt er aufgrund Mitschuld an »Abtreibung der eigenen Leibesfrucht« (§ 144 StG). Laut familiärer Überlieferung habe er seiner Frau, die »Engelmacherin« gewesen sei, bei weiteren Abtreibungen geholfen. Belegt ist seine Haft im Landgerichtsgefängnis Hof im März 1940 und seine Einlieferung ins Konzentrationslager Sachsenhausen am Ende des Monats. Auf der Zugangsliste wurde seine Haftkategorie (nachträglich) von »Aso« (»asozial«) auf »BV« (»Berufsverbrecher«) geändert. Wenige Wochen später, am 10. Mai 1940, kam Karl im KZ Sachsenhausen 32-jährig zu Tode. Laut Todesmeldung des Standesbeamten in Oranienburg sei der Kutscher Karl Lasser an »Lungenstauung« und »Herzschwäche« gestorben. (Arolsen Archives, 10010439 08, Doc. 4122538)

45 Eine Recherche im Aktenbestand des Dokumentationsarchivs des österreichischen Widerstandes (DÖW) ergab, dass nicht wenige Österreicherinnen ihre Haft in München-Stadelheim absitzen und manche von ihnen sie ebenfalls im Landgerichtsgefängnis Traunstein fortsetzen mussten. Die Frauen waren zumeist nach dem *Heimtückegesetz*, einige wegen ›Rundfunkvergehens‹, verurteilt worden.

46 Prieler-Woldan 2018, 126.

47 Strebel (2010, 106) schätzt den Bestand der zum Konzentrationslager Ravensbrück gesicherten Dokumente auf weniger als zehn Prozent des ursprünglichen Umfangs.

48 Als Grundlage für dieses und das folgende Kapitel dienten mir in erster Linie folgende Publikationen: Philipp 1999; Schikorra 2001a, 2001b, 2009a und 2009b; Strebel 2003 und 2010; Wickert 2013.

49 Vgl. hier und im Folgenden insbesondere Schikorra 2009a und 2009b.

50 Noch im Sommer 1941 – zu dieser Zeit war Anna Burger bereits Häftling in Ravensbrück – waren die sogenannten ›asozialen‹ Häftlinge mit einem Drittel ähnlich stark vertreten wie die politischen, von denen zu diesem Zeitpunkt drei Viertel Polinnen waren. (Strebel 2010, 107)

51 Vgl. Schikorra 2009b, 59f. Geht man von der weithin angenommenen Höchstzahl von 132 000 weiblichen Häftlingen im KZ Ravensbrück über die Jahre 1939–1945 aus und waren davon 18,16 Prozent »reichsdeutsche« Häftlinge (vgl. Herzog/Strebel 1994, 18), also 23 921 Frauen, dann stellten die als ›asozial‹ verfolgten 5 000 Frauen einen Anteil von 20,9 Prozent aller Häftlinge aus Deutschland und Österreich dar. Zieht man die gesicherte Mindestzahl von 123 000 weiblichen Ravensbrück-Häftlingen heran (vgl. Strebel 2003, 179f.), würde der Anteil der als ›asozial‹ Verfolgten unter den Reichsdeutschen 22,38 Prozent ausmachen.

52 Außerhalb der bisherigen Lagermauern, die die Blöcke 1 bis 16 umfassten, wurde beidseitig einer weiteren Lagerstraße das »Neue Lager« mit den Blöcken 17 bis 26 gebaut und ab Jänner 1944 mit den Blöcken 27 bis 32 nochmals erweitert. Die Blocks im »Neuen Lager« waren deutlich größer geplant und für 270 Personen konzipiert, im Laufe der folgenden Jahre aber zum Teil mit bis zu 1 000 Frauen belegt (vgl. Schikorra 2001b, 156).

53 Ein dritter Verbrennungsofen wurde im Oktober 1944 ergänzt. (vgl. Plewe/Köhler 2001, 91ff.)

54 Das Buch basiert auf noch in den 1940er Jahren von ihr niedergeschriebenen Episoden, ursprünglich nicht für die Öffentlichkeit bestimmt. Sowohl Originalausgabe als auch Neuauflage aus 1995 waren vergriffen, sodass sich Tochter und Urenkelin im Frühjahr 2022 zu einer neuen Ausgabe entschlossen.

55 Die Zitate finden sich in Bruha 1995 auf den Seiten 99–143.

56 Erstmalig befasste sich Christa Schikorra in ihrer Dissertation (2001b) ausführlich mit als ›asozial‹ kategorisierten Häftlingen im KZ Ravensbrück, sowohl mit den Frauen selbst als auch dem »Wissen« über sie.

Die nachstehenden Ausführungen beruhen zum überwiegenden Teil auf ihren Erkenntnissen.

57 Bis ins Jahr 1942 dürften die als ›asozial‹ kategorisierten Frauen vor ihrer Verschleppung ins KZ mehrheitlich als Prostituierte gearbeitet haben bzw. ist ihnen dies unterstellt worden. (Schikorra 2001b, 143)

58 Herbermann 2002, 93.

59 Buber-Neumann 1997, 228.

60 Tillion 1998, 232. An anderer Stelle schreibt Tillion: »Die deutschen Mitbewohnerinnen von Block 27 waren Diebinnen, moralisch verdorbene Frauen, vulgäre Personen und Spitzelinnen.« Und dann hinterfragt sie die Winkelzuordnung: »[D]a trug eine Frau, die sich geweigert hatte, für Hitlers Krieg Arbeit zu leisten (und die somit eigentlich eine ›Politische‹ war), den gleichen schwarzen Winkel wie die Pennerinnen und Prostituierten; aber eine Prostituierte, die mit einem Polen geschlafen hatte, besaß den roten Winkel als ›Politischer Häftling‹.« (Tillion 1998, 226)

61 So gab Sarah Helm (2016, 107) die unter den Mithäftlingen weit verbreitete Anschauung über die ›Asozialen‹ wieder.

62 Buber-Neumann 1997, 229.

63 Nenninger 1945, 2.

64 Gawlikowska-Świerczyńska in Eschebach/Genest 2017, 113.

65 Trksak 1987, 123.

66 Strebel 2010, 114.

67 Strebel 2003, 505ff.

68 Amesberger/Halbmayr/Rajal 2019, 236. Drei Kurzporträts von Ermordeten, nämlich von Anna Sölzer, Ottilie Görres und Elisabeth Fassbender, finden sich bei Sarah Helm (2016, 106). Daniel Haberlah veröffentlichte 2021 eine Spurensuche zu seiner Urgroßtante Irmgard Plättner, die 24-jährig im KZ Ravensbrück umkam. Als weiteres Beispiel für eine in Ravensbrück verstorbene Österreicherin dieser Haftgruppe wäre Therese Zauser zu nennen: Geboren am 4. 12. 1910 in Feldkirch und von Beruf Tänzerin, wurde sie im August 1941 in Deutschland verhaftet, am 25. 10. 1941 in Ravensbrück inhaftiert, am 11. 2. 1942 in Ravensbrück ermordet; weitere Informationen zum Tod im Konzentrationslager sind nicht bekannt. Zu ihrer Biografie vgl. https://www.ravensbrueckerinnen.at/?page_id=6104.

69 Jochmann 1987, 184. Die Sozialwissenschaftlerin Dr. Käthe Leichter wurde im März 1942 im Alter von 47 Jahren in der Tötungsanstalt Bernburg/Saale durch Giftgas ermordet.

70 Buber-Neumann 1997, 237.

71 Dagmar Hájková 1960, 86, zit. nach Schikorra 2001b, 215.

72 Trksak 1987, 124.

73 Siehe dazu Interviewpassagen zu Ravensbrück bei Schikorra 2001b auf den Seiten 25ff., 114ff. und 241ff.

74 Solidarität wurde oft nur innerhalb der eigenen Verfolgtengruppe geleistet, wie etwa Jüdinnen später feststellten und das Hochhalten der Solidarität als nachträgliche Verklärung der politischen Häftlinge qualifizierten. (vgl. Amesberger/Halbmayr 2001, Bd. 1, 171–193; insbesondere 188–193)

75 So erzählte Rosa Jochmann: »Ich war schon Blockälteste, da war ich noch am ›Alex‹ in Berlin, dem letzten Gefängnis auf dem Transport nach Ravensbrück. Die Politischen im Lager hatten beschlossen, die Jochmann wird Blockälteste vom Politischen Block. Dadurch, dass so viele Häftlinge in der Lagerverwaltung gearbeitet haben, wussten sie, dass ich komm.« (Jochmann 1987, 178)

76 Herbermann 2002, 136f.

77 Marbach, zit. nach Schikorra 2001, 144.

78 Ebd., 143.

79 Schikorra 2001, 144.

80 Gawlikowska-Świerczyńska in Eschebach/Genest 2017, 58.

81 Dieses Foto wurde für die Gestaltung des Buchcovers verwendet.

82 Antonia Bruha 1995 im Interview mit Loretta Walz.

83 Ebd.

84 Vgl. im Folgenden vor allem Strebel 2003, 213–228, Wickert 2013, Philipp 1999, Helm 2016, 216–234.

85 Milada Cábová 2001.

86 Emma Horvath 2000, 14.

87 Berta Fröhlich 1999, 12.

88 Mila Kalibová 2001.

89 Ilse Heinrich, zit. nach Schikorra 2001, 118.

90 Antonia Bruha 1998, 53.

91 Anna Borst 1998, 54.

92 Vgl. dazu Schikorra 2001b, 152 mit Zahlen für April 1941. Alicja Gawlikowska-Świerczyńska (in Eschebach/Genest 2017, 99f.) zur Zusammensetzung des Strafblocks im Mai 1944: »[Im Strafblock] herrschten verschärfte Bedingungen: schwere Arbeit, noch schlechteres Essen, Schläge und Fußtritte. Im Strafblock lebte ein schreckliches Häftlingsgemisch, man hauste und arbeitete mit Asozialen – Dieben, Prostituierten, dunklen Typen –, sie waren hungrig, zettelten Schlägereien an und bestahlen sich untereinander.«

93 Anna war zwar seit März 1943 rechtskräftig geschieden. Doch in der Todfallsaufnahme, registriert am 6. Jänner 1944 in Klosterneuburg, wird sie als verheiratet und Karl Burger als nachfolgeberechtigter Ehegatte geführt. Dies wird wohl umgehend richtiggestellt worden sein, doch ergibt sich daraus, dass Karl von Annas Ableben informiert wurde.

94 Diese Funktion hatte ab Oktober 1943 bis zur Auflösung des Lagers SS-Hauptsturmführer Richard Trommer inne.

95 Beispielsweise in Langbein 2008, 95.

96 Der Tötungsaktion fielen insgesamt 1600 Frauen zum Opfer, darunter fast alle im Lager befindlichen Jüdinnen. (Strebel 2010, 112) Eine von ihnen war die Wiener Sozialdemokratin Käthe Leichter (1895–1942).

97 Es gab auch mehrere Hundert Geburten in Ravensbrück. Alleine zwischen September 1944 und April 1945 – in dieser Zeit wurde ein Geburtenbuch geführt – kamen 560 Kinder im KZ Ravensbrück zur Welt. Nur ein Bruchteil der Neugeborenen hat überlebt, insgesamt wird dies nur für zwei bis drei Prozent der Kinder angenommen.

98 Margarete Buber-Neumann, von der diese Information stammt (1997, 289), nennt die Oberschwester aufgrund ihrer Gestalt lediglich »Antenne«; der Absatz über ihre Grausamkeiten endet mit: »›Korridoraufnahme‹ war der sichere Tod, denn den im Korridor des Krankenreviers Liegenden teilte man durch zwei Tage stark betäubende Tabletten aus, und am dritten kamen sie ins ›Sterbestübchen‹, wo die Oberschwester oder einer der Ärzte sie durch Evipan-Injektion ins Herz tötete. […] Jeder Schwerkranken drohte damals die Gefahr, durch Injektion ermordet zu werden, und die Frauen schleppten sich bis zum Umsinken dahin, ohne sich krank zu melden, aus Furcht vor dem Revier.«

99 Emma Horvath 1999, 12.

100 Amesberger/Auer/Halbmayr: Sexualisierte Gewalt. Weibliche Erfahrungen in NS-Konzentrationslagern. Wien: Mandelbaum 2004 (Erstauflage).

101 Diesen Vorfall berichtete Hermann Langbein (1972, 460–463).

102 Anna Redlinger 2002, 24.

103 Marianne Krasovec 1998, 57.

104 Katharina Horvath 1999, 31.

105 Emma Horvath 1999, 2000 und 2002.

106 Leopoldine Wiener 2021, 4.

107 Leopoldine Wiener 1999. Die im Ausstellungskatalog (vgl. Auer et al. 1999, 53) im Dialekt wiedergegebene Interviewpassage wurde hier etwas an das österreichische Standarddeutsch angepasst.

108 Leopoldine Wiener 2021, 5. Ob sich der Tod von Anna Burger tatsächlich so zugetragen hat, muss offen bleiben. Es lässt sich nachträglich nicht feststellen, welche Art von Giftinjektion Anna Burger verabreicht bekam, die es ihr noch ermöglichte, das Revier zu verlassen.

109 Leopoldine Wiener und Adolf Burger 2000, 12.

110 Leopoldine Wiener 2021, 5.

111 Siehe dazu Helm 2016, 201f.

112 Im Zuge nachträglicher Recherchen, die getätigte Äußerungen verifizieren sollten, stellte sich heraus, dass sich die mit der Nachfrage bei Edith Sparmann befassten (ehemaligen) Mitarbeiterinnen der Gedenkstätte Ravensbrück an einen derartigen Auftrag von Siegrid Fahrecker gegenüber Edith Sparmann nicht erinnern konnten. Siegrid selbst beharrt jedoch auf der Richtigkeit dieser Begebenheit und kann ihrerseits

nicht nachvollziehen, wie eine derartige Botschaft vergessen werden kann.

113 »Meine Mama ist meine Pflegemutter. Und meine Mutter, die respektiere ich als die Frau, die mich geboren hat«, wie sie im Interview differenzierte. (Leopoldine Wiener 2021, 2)

114 Leopoldine arbeitete nur kurz als Floristin, sondern schloss eine Ausbildung zur Krankenschwester ab. In diesem Beruf war sie bis zu ihrer Pensionierung tätig. Ihrer ersten Ehe entstammen die beiden Kinder Regina und Herbert. Leopoldine Wiener lebt in Wien.

115 Vgl. Pflegschaftsakten der MA 11, Wiener Kinder- und Jugendhilfe.

116 Das Telefonat fand im Zuge der Recherchen für eine Kurzbiografie zu Anna Burger in der neugestalteten Dauerausstellung in der Mahn- und Gedenkstätte Ravensbrück statt. Dafür suchte ich nach neuen Informationen und sortierte gemeinsam mit Stefanie Cudy über viele Stunden ihre Unterlagen. (vgl. Stefanie Cudy 2009)

117 Damals lautete die Adresse Bachgasse 3 in Klosterneuburg. Burger lebte mit Familie im Erdgeschoss im Vorderhaus, der Stiefgroßvater in der Hinterhofwohnung. Im März 1956 zog die Familie in die Pater Abel-Straße 2/292, gemäß Erinnerung von Frau Wiener ein »Massenquartier« für die Armen. In der ehemaligen Kaserne aus dem Zweiten Weltkrieg waren die Schlafräume der Soldaten in Ein-Zimmer-Wohnungen umgewandelt worden. Zu viert lebten die Burgers in einer Zimmer-Küche-Unterkunft.

118 Auch Christine war als Erwachsene zweimal verheiratet, mit dem ersten Ehemann hatte sie vier Kinder, von Beruf war sie Hausfrau. Christine Egger, geschiedene Ritter, starb im Jänner 2015.

119 Adolf Burger 2022, 2f.

120 Ebd., 3.

121 Ebd., 2.

122 Ebd., 4.

123 Dies behauptete er bereits in den 1940er Jahren: In einem Gnadengesuch aus 1941 gab Karl Burger lediglich Christine und Leopoldine als seine leiblichen Kinder an, nicht aber Adolf. (vgl. BA, R 3001-168631)

124 Adolf Burger 2000, 2. Adolf Burger sattelte nach dem Lehrabschluss auf Vertreter für Rollläden, Schiebetore, Vorhänge, Jalousien und dergleichen um. Als solcher war er während seines nahezu gesamten Berufslebens in Deutschland und halb Europa unterwegs. Seiner ersten Ehe entstammt ein Sohn. Mit seiner zweiten Frau lebt er im bayrischen Unterfranken (Deutschland).

125 Telefonat zwischen Stefanie Cudy und Leopold Lasser am 17. 3. 2009.

126 In zeitgeschichtlichen (1941) wie auch in aktuellen Listen zu Kinderheimen in Wien wird ein Heim in der Hamburgerstraße nicht erwähnt. Allerdings führte der Evangelische Waisenversorgungsverein (EWV) in der Hamburgerstraße ein Kinderheim, das (wie alle anderen Häuser

der Einrichtung) von der NSDAP übernommen und der Verein selbst aufgelöst wurde. (http://www.waisenversorgungsverein.org/index.php/ueber-uns/historie, letzter Zugriff am 1. 10. 2022) Das KÜSt-Blatt zu Leopold Lasser bestätigt seine Unterbringung im Kinderheim in der Hamburgerstraße 3 ab Mitte Februar 1940. Dort verblieb er mit kleineren Unterbrechungen bis Oktober 1944, als er im Zuge einer »Kinderlandverschickung« nach Hinterstoder, damals Gau Oberdonau, kam. Von dort scheint er geflüchtet zu sein, denn seine Meldung vom 1. 6. 1945 in Rossleiten, Selzthal, wird später von den Behörden damit erklärt, dass er »damals auf der Flucht« gewesen sei.

127 Vgl. Pflegschaftsakt Leopold Lasser, MA 11 – Wiener Kinder- und Jugendhilfe.

128 Leopold Lasser war zweimal verheiratet und hatte fünf Kinder, von Beruf war er Hilfsarbeiter.

129 Zit. aus: Weißer Ring, Anamnese zu Stefanie Cudy, März 2015.

130 Dieter Bogner zu Bildern von Thomas Kaminsky während einer Ausstellungseröffnung in Wien 2018, siehe https://thomaskaminsky.de/.

131 Tschuggnall 2003, 166.

132 ebd., 166f.

133 Welzer 2003, 186.

134 Konrad 2021, 242.

135 Im Folgenden kann lediglich auf die Erinnerungen von drei Geschwistern Bezug genommen werden, da von den bereits verstorbenen Kindern, Leopold und Christine, diesbezüglich keine Überlieferungen vorhanden sind. Auch Stefanie ist bereits verstorben, doch habe ich im Jahr 2009 einen Tag mit ihr verbracht und die Gespräche aufgezeichnet; vieles von ihr ist mir zudem über ihre Tochter Siegrid übermittelt worden. Mit Leopoldine und Adolf habe ich persönlich in den Jahren 2021 und 2022 gesprochen.

136 Leopoldine Wiener 2021, 4.

137 Leopoldine Wiener 2022, 4.

138 Ebd., 2.

139 Ebd., 3.

140 Adolf Burger 2022, 5.

141 Ebd., 6.

142 Ebd., 4.

143 In der Martinstraße 28 befand sich die Heil- und Nachfürsorgeanstalt für Frauen, geleitet von Schwestern der Caritas Socialis.

144 Stefanie Cudy 1999, zit. nach Auer et al. 1999, 52. Die dort im Dialekt wiedergegebene Interviewpassage wurde hier ins Österreichische übertragen.

145 Möglich auch, dass die Großeltern deshalb die Kinder immer wieder zu Anna brachten, mit der Bitte, sie möge sich selbst um ihre Kinder kümmern – insbesondere, als Anna und Karl Burger ab Oktober 1939

eine eigene Wohnung in der Albrechtstraße zugewiesen bekommen hatten.

146 Weißer Ring, Anamnese zu Stefanie Cudy, März 2015.

147 Vgl. Rosenthal 1995 und 1997.

148 Brief von Leopoldine Wiener an Irma Trksak, 21. 11. 1998.

149 Leopoldine Wiener 2022, 3f.

150 Auch sie steht in Zusammenhang mit Anna: Karl hatte seiner Frau mit einem gefälschten Schriftstück zum unrechtmäßigen Erwerb von Lebensmitteln im Wert von drei Schilling und 17 Groschen verholfen; beide waren zu jeweils zwölf Stunden Arrest verurteilt worden. (vgl. BA, R 3001-168631)

151 BA, B 563-1 KARTEI/B-1981/475.

152 Schreiben vom Bundesarchiv Berlin an die Autorin, 20. 6. 2022.

153 WStLA, A1 – »Gauakten«. Personalakten des Gaues Wien. Karl Burger, geb. 27. 9. 1916.

154 Schreiben Bundesarchiv vom 20. 6. 2022 an die Autorin.

155 Adolf Burger 2022, 5.

156 Stefanie Cudy 2009, 7.

157 Adolf Burger und Leopoldine Wiener 1999, 5.

158 Dazu Konrad (2021, 199): »Familien spinnen ihre eigene Vergangenheit, entscheiden, was wem wie erzählt wird, was verschwiegen wird und nie wieder ans Tageslicht kommen soll. Besonders schuld- und schambesetzte Themen werden in Familien gern verschwiegen oder bis zur Unkenntlichkeit verändert.«

159 »Die Gefühlswelt verabscheut ein Vakuum«, zitiert Tilmann Moser Dina Wardi im Vorwort zu ihrem Buch (1997, 17) als Erklärung dafür, »dass sich die riesigen Leerstellen des Schweigens zwangsläufig mit Phantasien füllen, die eine Verbindung zwischen dem Innenleben und der noch entsetzlicheren Realität suchen«. Zu den unterschiedlichen Gründen des Schweigens in Opfer- und Täterfamilien vgl. beispielsweise Konrad 2021, 199ff., Rosenthal 1997.

160 De l'Horizon 2022, 132f.

161 Vgl. etwa Kronberger/Berger 2007, Berger/Wodak 2018, Jureit 1999, Quindeau 1995, Konrad 2021.

162 Kronberger/Berger 2007, 343.

163 Dar 1999, 4, und Steindl 1999, 7.

164 Kronenberger/Berger 2007, 342 und 344.

165 Vgl. Keilson 1992; Jureit 1999; Amesberger/Halbmayr 2001, Bd. 1., Amesberger/Auer/Halbmayr 2004.

166 Rosenthal 1995.

167 Vgl. Quindeau 1995.

168 Im Jahr 2015 stellte sich die Stadt Wien der Verantwortung für die Opfer von Gewalt in Heimen und Pflegestellen der Wiener Jugendwohlfahrt. Die Opferschutzorganisation Weißer Ring wurde mit der Aufgabe be-

traut, die Entschädigungsleistungen abzuwickeln. In mehreren Clearing-Gesprächen erkundeten erfahrene Psycholog:innen die Sachlage und erstellten eine ausführliche Anamnese. Jene zu Stefanie Cudy befindet sich in ihrem Nachlass, auf sie wird hier zurückgegriffen.

169 Jureit 1999, 120.

170 »Also er [der Vater] hat gewusst, in dem Moment, wo er in die Emotion hineingeht, verliert er. Und das hat er mit der ganzen Härte durchgezogen«, zitieren Berger/Halbmayr (in Berger/Wodak 2018, 158) eine/n Interviewpartner:in. Über ihre Eltern meinte eine weitere Projektbeteiligte, Hazel Rosenstrauch: »Wie gesagt, sie konnten es sich nicht leisten, Gefühle zu haben, sonst hätten sie nicht überlebt.« (Rosenstrauch 1992, 875, zit. nach Berger/Wodak 2018, 159)

171 Ein Phänomen, das Ralph Giordano mit den Worten zum Ausdruck brachte: »Wie kann ich jemandem erklären, dass mich eine Vergangenheit einholt, die nicht meine ist, die die meiner Eltern und unbekannter Verwandter ist?« (zit. nach Konrad 2021, 192)

172 Konrad 2021, 191. Der israelische Holocaust-Forscher Dan Bar-On meinte, Geheimnisse würden sogar stärker wirken als erzählte Geschichten. (vgl. Bar-On 2003)

173 Konrad 2021, 185. Die wissenschaftliche Literatur zur transgenerationalen Weitergabe füllt mittlerweile viele Laufmeter in Bücherregalen. Nathan P. F. Kellermann (2011, 145) zählte vor einem Jahrzehnt bereits über 500 Publikationen zum Thema. Die verschiedenen Zugänge systematisierte er nach Theoriekonzepten, die jeweils spezifische »Transmissionsmedien« sowie »Transmissionsfaktoren« fokussieren. So adressiert etwa die Psychoanalyse (Theorie) durch das Unbewusste (Transmissionsmedium) verdrängte Emotionen (Transmissionsfaktor), während Sozialisationstheorien von Erziehungsstil und Weitergabe sprechen, dabei der Blick auf das Familiensystem, auf Kommunikation und die Verstrickung abzielt. (zit. nach Berger/Wodak 2018, 79)

174 Vgl. hierzu etwa Berger in Berger/Wodak 2018, 75ff.

175 Andreas Fahrecker 2022, 5.

176 Stefanie Cudy 2009, 2.

177 Umso erstaunlicher war, dass Stefanie Cudy mir im Zuge der 2009 durchgeführten Recherche für die Kurzbiografie ihrer Mutter in der neuen Dauerausstellung der Mahn- und Gedenkstätte Ravensbrück sowohl das Testament als auch die Briefe zeigte und mir auszugsweise daraus vorlas. Dieser Vertrauensbeweis veranlasste Siegrid Fahrecker, mich nach dem Ableben der Mutter zu ersuchen, den Nachruf zu verfassen; er gab auch den Anstoß, über eine Biografie von Anna Burger nachzudenken.

178 Andreas Fahrecker 2022, 4.

179 Das Original der »Österreich-Fahne«, in den Jahren nach der Befreiung von Maria Bures angefertigt, galt lange Zeit als verschollen und wurde erst 1999 wiedergefunden. Sie befand sich im Museum für Deutsche

Geschichte, dem sie 1972 vom Komitee der Antifaschistischen Widerstandskämpfer der DDR übergeben worden war. Seit 1999 befindet sich die Wimpelfahne in der Mahn- und Gedenkstätte Ravensbrück. Bei den jährlichen Befreiungsfeiern wird von den österreichischen Teilnehmer:innen eine Reproduktion getragen. (vgl. Mitteilungsblatt der ÖLGR 1999, 5–7)

180 *Das Frauenkonzentrationslager Ravensbrück: Geschichte und Erinnerung*; seit April 2013 in der ehemaligen Kommandantur zu sehen.

181 *Das »Führerhaus«. Alltag und Verbrechen der Ravensbrücker SS-Offiziere.* Seit 2010 wird die Dauerausstellung im ehemaligen Wohnhaus des Lagerkommandanten gezeigt.

182 *Internationaler Suchdienst/International Tracing Service (ITS)*, jetzt: *Arolsen Archives – International Center on Nazi Persecution.*

183 Bei der Gelegenheit sammelte Siegrid auch Informationen, welche die KZ-Haft und den Tod von Annas Bruder Karl in Sachsenhausen bestätigten.

184 E-Mail von Siegrid Fahrecker an Brigitte Halbmayr, 16.12.2020.

185 E-Mail von Siegrid Fahrecker an Brigitte Halbmayr, 24.2.2021.

186 Vgl. Amesberger/Halbmayr/Rajal 2019 und 2020.

187 Vgl. Kranebitter/Mayer/Pohn-Lauggas 2020.

188 Wardi 1997, 62.

189 Ebd., 63.

190 Diese Wanderausstellung ist ein Projekt der Mahn- und Gedenkstätte Ravensbrück und des Internationalen Ravensbrück Komitees (IRK). Von Mitte September bis Ende November 2022 war sie an drei Orten in Wien zu sehen.

191 Erhard Grundl (BÜNDNIS 90/DIE GRÜNEN) im Rahmen einer Plenardebatte im Deutschen Bundestag am 4. April 2019 bzgl. der Anerkennung der damals so genannten ›Asozialen‹ und ›Berufsverbrecher‹ als Opfergruppe der Nationalsozialisten, zit. nach Kranebitter/Meyer/Pohn-Lauggas 2020, 317f. Diese Aussage trifft auch für die österreichische Gesellschaft zu.

192 Die Opferverbände, deren enge Sicht auf die »wahren« Opfer des Nationalsozialismus sich erst in den späten 1980er-Jahren änderte, trugen ihren Teil zu dieser Stigmatisierung bei, vgl. Amesberger/Halbmayr 2001, 215; Bailer-Galanda 1999, 92; Embacher 1999, 98.

193 Kranebitter/Meyer/Pohn-Lauggas 2020, 331.

194 Ebd., 317.

195 https://www.die-verleugneten.de/, letzter Zugriff am 2.2.2023.

196 Vgl. die Ausstellung *Zwischen Zwangsfürsorge und KZ. Arme und unangepasste Menschen im nationalsozialistischen Hamburg* (2022, siehe Steinhäuser 2022) und die Wanderausstellung *›Asozial‹ – Ausgrenzung gestern und heute.* (https://www.ravensbrueckerinnen.at/?page_id=7517)

197 Haberlah 2021, Ims 2022; zuvor: Nonnenmacher 2014, Schaefer 2016.

198 Vgl. dazu die Literaturliste.

199 Malina/Neugebauer 2001, 708; Bohn 2012, 5; Amesberger/Halbmayr/Rajal 2019 und 2020.

200 vgl. Malina 2010, 62ff.; Spring 2009, Goldberger 2004, 271.

201 Amesberger/Halbmayr/Rajal 2019, 230

202 Amesberger/Halbmayr/Rajal 2020, 321ff.

203 Kemper/Weinbach 2009, 7.

204 Vgl. Amesberger/Halbmayr 2008, 127ff.; Rommelspacher 1995, 20.

205 https://awblog.at/soziale-mobilitaet-in-oesterreich/ (letzter Zugriff am 2. 2. 2023); Ist der soziale Aufzug kaputt?: SocMob country note_DEU_de.pdf (letzter Zugriff am 2. 2. 2023).

206 Vgl. https://www.startnext.com/haftgrundasozial-margitlange (letzter Zugriff am 2. 2. 2023).

207 https://www.campus.uni-konstanz.de/wortwechsel/erinnern-ist-arbeiten-an-der-zukunft (letzter Zugriff am 2. 2. 2023).

Literatur*

Achs, Oskar (1992): Otto Glöckel und die Schulreform der ersten Republik, in: Kindsein in Wien. Zur Sozialgeschichte des Kindes von der Aufklärung bis ins 20. Jahrhundert. 159. Sonderausstellung des Historischen Museums der Stadt Wien, Hermesvilla, Lainzer Tiergarten, 9. April 1992 bis 14. Februar 1993, Wien, 82–83.

Amesberger, Helga/Halbmayr, Brigitte (2001): Vom Leben und Überleben – Wege nach Ravensbrück. Das Frauenkonzentrationslager in der Erinnerung. Band 1: Dokumentation und Analyse, Band 2: Lebensgeschichten, Wien.

Amesberger, Helga/Halbmayr, Brigitte (2008): Das Privileg der Unsichtbarkeit. Rassismus unter dem Blickwinkel von Weißsein und Dominanzkultur, Wien.

Amesberger, Helga/Halbmayr, Brigitte/Rajal, Elke (2020): Stigma asozial. Geschlechtsspezifische Zuschreibungen, behördliche Routinen und Orte der Verfolgung im Nationalsozialismus, Wien/Berlin.

Amesberger, Helga/Halbmayr, Brigitte/Rajal, Elke (2019): »Arbeitsscheu und moralisch verkommen.« Verfolgung von Frauen als »Asoziale« im Nationalsozialismus, Wien/Berlin.

Amesberger, Helga/Auer, Katrin/Halbmayr, Brigitte (2010[4]): Sexualisierte Gewalt. Weibliche Erfahrungen in NS-Konzentrationslagern, Wien/Berlin.

Auer, Katrin/Gahleitner, Daniela/Köchl, Sylvia/Oesch, Corinna/Putz, Christa/Schaurecker, Michaela (1999): wege nach ravensbrück. Erinnerungen von österreichischen Überlebenden des Frauen-Konzentrationslagers. Katalog zur gleichnamigen Ausstellung, Wien.

Bäck, Wolfgang/Neuhofer, Stephanie/Weiss, Barbara (2018): Zäsuren 1918 und 1938. Stadtgeschichte im Kontext. Sonderband 9 in der Reihe: Klosterneuburg – Geschichte und Kultur, Klosterneuburg.

Bailer-Galanda, Brigitte (1999): Die Opfergruppen und deren Entschädigung, in: Forum Politische Bildung (Hrsg.): Wieder gut machen? Enteignung, Zwangsarbeit, Entschädigung, Restitution, Wien, Innsbruck (= Sonderband der Informationen zur Politischen Bildung), 90–96.

* Bei Publikationen von Zeitzeug:innen der nationalsozialistischen Verbrechen wird zusätzlich zum Erscheinungsjahr der zitierten Ausgabe auch das Jahr der Erstausgabe in eckigen Klammern genannt.

Bar-On, Dan (2003). Die Last des Schweigens. Gespräche mit Kindern von NS-Tätern, Hamburg.
Berger, Ernst/Wodak, Ruth (2018): Kinder der Rückkehr. Geschichte einer marginalisierten Jugend, Wiesbaden.
Bohn, Patrick (2012): Todesurteile gegen straffällige »Asoziale«. Salzburger Sondergericht 1942–1945, unveröffentlichte Diplomarbeit an der Universität Salzburg.
Bruha, Antonia ([1984] 1995): Ich war keine Heldin, Wien – München.
Buber-Neumann, Margarete ([1985] 1997): Als Gefangene bei Stalin und Hitler. Eine Welt im Dunkel, Berlin.
Dar, Uri (1999): Folgen der Naziverfolgung bei den Nachkommen der Überlebenden in Österreich, unveröffentlichte Diplomarbeit an der Grund- und Integrativwissenschaftlichen Fakultät der Universität Wien.
De l'Horizon, Kim (2022): Blutbuch, Köln.
Embacher, Helga (1999): Der Kampf um die rechtliche Anerkennung jüdischer Überlebender, in: Forum Politische Bildung (Hrsg.): Wieder gut machen? Enteignung, Zwangsarbeit, Entschädigung, Restitution. Österreich 1938–1945/1945–1999, Innsbruck/Wien, 98–101.
Eschebach, Insa/Genest, Andrea (Hrsg.) (2017): Ich habe nie eine Heldin aus mir gemacht. Die Ravensbrück-Überlebende Alicja Gawlikowska-Świerczyńska im Gespräch mit Dariusz Zaborek, Berlin.
Freund, Florian (2010): Oberösterreich und die *Zigeuner*. Politik gegen eine Minderheit im 19. und 20. Jahrhundert. Reihe Oberösterreich in der Zeit des Nationalsozialismus, hrsg. vom Oberösterreichischen Landesarchiv, Band 10, Linz.
Haberlah, Daniel (2021): Als »Asoziale« nach Ravensbrück. Das kurze Leben der Irmgard Plättner. Eine Spurensuche, Schellerten.
Hackl, Gabriele/Sack, Birgit (2016): Das Frauenzuchthaus Waldheim (1933–1950). Zeitfenster, Beiträge der Stiftung Sächsische Gedenkstätten zur Zeitgeschichte, Band 10, Leipzig.
Helm, Sarah (2016). Ohne Haar und ohne Namen. Im Frauen-Konzentrationslager Ravensbrück, Darmstadt.
Herbermann, Nanda ([1946] 2002): Der gesegnete Abgrund. Schutzhäftling Nr. 6582 im Frauenkonzentrationslager Ravensbrück, Annweiler.
Herbert, Ulrich (1998): Von der Gegnerbekämpfung zur »rassischen Generalprävention«. »Schutzhaft« und Konzentrationslager in der Konzeption der Gestapo-Führung 1933–1939, in: Herbert, Ulrich/Orth, Karin/Dieckmann, Christoph (Hrsg.): Die nationalsozialistischen Konzentrationslager. Band 1, Frankfurt a. M., 60–86.
Herzog, Monika/Strebel, Bernhard (1994): Das Frauenkonzentrationslager Ravensbrück, in: Füllberg-Stolberg, Claus/Jung, Martina/Riebe, Renate/Scheitenberger, Martina (Hrsg.): Frauen in Konzentrationslagern. Bergen Belsen, Ravensbrück, Bremen, 13–26.

Ims, Alfons L. (2022): Eine »asoziale« Pfälzer Familie. Wie in der NS-Zeit aus einem Sozialfall moralische Minderwertigkeit gemacht wurde, Ludwigshafen.
Jochmann, Rosa (1987): Mit offenen Augen, in: Berger, Karin/Holzinger, Elisabeth/Podgornik, Lotte/Trallori, Lisbeth N. (Hrsg.): Ich geb Dir einen Mantel, dass Du ihn noch in Freiheit tragen kannst. Widerstehen im KZ. Österreichische Frauen erzählen, Wien, 177–186.
Jureit, Ulrike (1999): Erinnerungsmuster. Zur Methodik lebensgeschichtlicher Interviews mit Überlebenden der Konzentrations- und Vernichtungslager, Forum Zeitgeschichte, Bd. 8, Hamburg.
Kalmbach, Peter Lutz (2017): Das System der NS-Sondergerichtsbarkeiten. KJ/Kritische Justiz 50(2): 226–235, abrufbar unter: DOI: 10.5771/0023-4834-2017-2-226 (letzter Zugriff: 2. 2. 2023).
Kellermann, Nathan P. F. (2011): »Geerbtes Trauma« – Die Konzeptualisierung der transgenerationalen Weitergabe von Traumata, in: Tel Aviver Jahrbuch für deutsche Geschichte, Band 39: Holocaust und Trauma. Kritische Perspektiven zur Entstehung und Wirkung eines Paradigmas, hrsg. von José Brunner und Nathalie Zajde, 137–160.
Keilson, Hans (1979): Sequentielle Traumatisierung bei Kindern, Stuttgart.
Kemper, Andreas/Weinbach, Heike (2009): Klassismus. Eine Einführung, Münster.
Kronberger, Marie-Louise (unter Mitarbeit von Ernst Berger) (2007): Krankengeschichten und Diagnosen, in: Berger, Ernst (Hrsg.): Verfolgte Kindheit – Kinder und Jugendliche als Opfer der NS-Sozialverwaltung, Wien, 335–346.
Konrad, Sandra (2021): Das bleibt in der Familie. Von Liebe, Loyalität und uralten Lasten, München.
Kranebitter, Andreas/Mayer, Elisabeth/Pohn-Lauggas, Maria (2020): Von Taugenichtsen und No-Gos. Narrative in den familialen Erinnerungen stigmatisierter NS-Opfer, in: Österreichische Zeitschrift für Soziologie, Vol. 45 (3), 315–326.
Langbein, Hermann (1972): Menschen in Auschwitz, Wien.
Langbein, Hermann ([1949] 2008): Die Stärkeren. Ein Bericht aus Auschwitz und anderen Konzentrationslagern, Wien.
Malina, Peter (2010): Kindsein im Nationalsozialismus. Für eine tiefergehende Wahrnehmung der eigenen Geschichte, in: Bundesjugendvertretung (Hrsg.): Geraubte Kindheit. Kinder und Jugendliche im Nationalsozialismus, Edition Mauthausen; Wien, 57–86.
Malina, Peter/Neugebauer, Wolfgang (2001): NS-Gesundheitswesen und -medizin, in: Tálos, Emmerich/Hanisch, Ernst/Neugebauer, Wolfgang/Sieder, Reinhard (Hrsg.): NS-Herrschaft in Österreich. Ein Handbuch, Wien, 696–720.
Mitteilungsblatt der Österreichischen Lagergemeinschaft Ravensbrück (1999): Ein verlorenes Symbol: Das »Banner« der österreichischen Ravensbrü-

ckerinnen. Ein Beitrag von Dr. Erika Schwarz und Simone Steppan, Mahn- und Gedenkstätte Ravensbrück/Stiftung Brandenburgische Gedenkstätten, 5–7.

Nenninger, Alfredine (1945): Erlebnisse im Konzentrationslager Ravensbrück und bei den Wirtschaftsbetrieben der Waffen-SS, Ravensbrück, Juni 1945, in: DÖW: 50104/143.

Nonnenmacher, Frank (2014): DU hattest es besser als ICH. Zwei Brüder im 20. Jahrhundert, Bad Homburg.

Philipp, Grit (1999): Kalendarium der Ereignisse im Frauen-Konzentrationslager Ravensbrück 1939–1945, unter Mitarbeit von Monika Schnell, Berlin.

Plewe, Reinhard/Köhler, Jan Thomas (2001): Baugeschichte Frauen-Konzentrationslager Ravensbrück. Schriftenreihe der Stiftung Brandenburgische Gedenkstätten, Band 10, Berlin.

Prieler-Woldan, Maria (2018): Das Selbstverständliche tun – die Salzburger Bäuerin Maria Etzer und ihr verbotener Einsatz für Fremde im Nationalsozialismus, Innsbruck.

Rinser, Luise ([1946] 1994): Gefängnistagebuch, Frankfurt a. M.

Rommelspacher, Birgit (1995): Dominanzkultur. Texte zu Fremdheit und Macht, Berlin.

Rosenthal, Gabriele (Hrsg.) (1997): Der Holocaust im Leben von drei Generationen. Familien von Überlebenden der Shoah und von Nazi-Tätern, Gießen.

Rosenthal, Gabriele (1995): Erlebte und erzählte Lebensgeschichte. Gestalt und Struktur biographischer Selbstbeschreibungen, Frankfurt a. M./New York.

Schaefer, Beate (2016): Weiße Nelken für Elise. Die Liebe meiner Großeltern zwischen Wehrmachtsbordell und KZ, Norderstedt.

Schikorra, Christa (2009a): Grüne und schwarze Winkel – geschlechterspezifische Betrachtungen zweier Gruppen von KZ-Häftlingen 1938–1940, in: KZ Gedenkstätte Neuengamme (Hrsg.): Ausgegrenzt – »Asoziale« und »Kriminelle« im nationalsozialistischen Lagersystem, Bremen, 104–110.

Schikorra, Christa (2009b): »Herumtreiberei« und »liederlicher Lebenswandel«. Frauen im Zugriff von Fürsorge und Polizei im NS-Staat, in: Allex, Anne/Kalkan, Dietrich (Hrsg.): ausgesteuert – ausgegrenzt … angeblich asozial, Neu-Ulm, 55–61.

Schikorra, Christa (2001a): »Asoziale« Häftlinge im Frauenkonzentrationslager Ravensbrück – die Spezifik einer Häftlingsgruppe, in: Röhr, Werner/Berlekamp, Brigitte (Hrsg.): Tod oder Überleben – Neue Forschungen zur Geschichte des Konzentrationslagers Ravensbrück, Berlin, 89–122.

Schikorra, Christa (2001b): Kontinuitäten der Ausgrenzung. »Asoziale« Häftlinge im Frauenkonzentrationslager Ravensbrück, Berlin.

Schütte-Lihotzky, Margarete ([1985] 1994): Erinnerungen aus dem Widerstand. Das kämpferische Leben einer Architektin 1938–1945, Wien.

Spann, Gustav (1992): Klosterneuburg seit 1848, in: Stadtgemeinde Klosterneuburg (Hrsg.): Klosterneuburg. Geschichte und Kultur. Band 1: Die Stadt. Klosterneuburg – Wien, 261–302.
Stadelheimer Hefte (2007): Gefangenenarbeit in Stadelheim. Stadelheimer Hefte Nr. 5, hrsg. vom Leiter der Justizvollzugsanstalt München, München.
Stadler, Friedrich (1979): Bildstatistik in der Schule. Otto Neurath und sein Gesellschafts- und Wirtschaftsmuseum. Ein Beitrag zur Wiener Schulreform 1925–1934 in seiner heutigen Bedeutung, in: Zeitgeschichte, Jg. 6 (1978/1979), 11/12, 401–421.
Steindl, Melanie (1999): Die Bewältigung von Traumata infolge von Krieg und Flucht am Beispiel bosnischer Flüchtlingskinder in Wien, unveröffentlichte Diplomarbeit an der Grund- und Integrativwissenschaftlichen Fakultät der Universität Wien.
Steinhäuser, Frauke (2022): Zwischen Zwangsfürsorge und KZ. Arme und unangepasste Menschen im nationalsozialistischen Hamburg. Katalog zur Ausstellung. Unter Mitarbeit von Alyn Beßmann und Lennart Onken, hrsg. von der Stiftung Hamburger Gedenkstätten und Lernorte zur Erinnerung an die Opfer der NS-Verbrechen, Hamburg.
Strebel, Bernhard (2010): »Himmelweite Unterschiede«. Über die Existenzbedingungen im KZ Ravensbrück 1939–1945, in: Kaienburg, Hermann (Hrsg.): Nationalsozialistische Konzentrationslager 1933–1945: Die Veränderung der Existenzbedingungen. Band 11 der Reihe Geschichte der Konzentrationslager 1933–1945, Berlin, 105–124.
Strebel, Bernhard (2003): Das KZ Ravensbrück, Geschichte eines Lagerkomplexes, Paderborn.
Trksak, Irma (1987): Ein Sommerkleid für irgendwann, in: Berger, Karin/Holzinger, Elisabeth/Podgornik, Lotte/Trallori, Lisbeth N. (Hrsg.): Ich geb Dir einen Mantel, dass Du ihn noch in Freiheit tragen kannst. Widerstehen im KZ. Österreichische Frauen erzählen, Wien, 117–130.
Tschuggnall, Karoline (2003): Favourite bits – Autobiographische Erinnerungen im Gespräch, in: Bruder, Klaus-Jürgen (Hrsg.): »Die Biographische Wahrheit ist nicht zu haben«, Gießen, 163–182.
Wachsmann, Nikolaus (2006): Gefangen unter Hitler. Justizterror und Strafvollzug im NS-Staat, München.
Welzer, Harald (2003): Was ist autobiographische Wahrheit? Anmerkungen aus Sicht der Erinnerungsforschung, in: Bruder, Klaus-Jürgen (Hrsg.): »Die Biographische Wahrheit ist nicht zu haben«, Gießen, 183–202.
Wickert, Christl (2013): Die Gesellschaft für Textil- und Lederverwertung (Texled), in: Eschebach, Insa/Beßmann, Alyn (Hrsg.): Das Frauen-Konzentrationslager Ravensbrück. Geschichte und Erinnerung. Ausstellungskatalog, Berlin 2013, 181–183.

Quellen

Schriftliche Dokumente

Arolsen Archives

Arolsen Archives 1.2.2.1/11508623, Landgerichtsgefängnis Traunstein, Liste österreichischer Häftlinge, Traunstein, 10. 12. 1946.

Arolsen Archives, 10010439 08, Doc. 4122538, Todesmeldung Karl Lasser, Oranienburg, 10. 5. 1940 bzw. 24. 7. 1948.

Bundesarchiv Berlin

BA, zentrale Personenkartei der Deutschen Dienststelle (WASt), Karteikarte, B 563-1 KARTEI/B-1981/475.

BA, Abt. BE, Bestand Reichsjustizministerium, R 3001-168631, Gnadengesuch zwecks Staatsanstellung von Karl Burger, 28. 2. 1941.

Gemeindeamt Gmunden

Standesamt, Familienbuch 6/1966.

Gemeindeamt Ohlsdorf

Historische Meldedaten, Karl Burger.

Institut für Nationales Gedenken, Warschau

Blockbuch – Block 22 – Numerisches Häftlingsverzeichnis, undatiert, GK 135/45 t.

MA 11 – Wiener Kinder- und Jugendhilfe

Akten der Kinderübernahmestelle (KÜSt).

Mahn- und Gedenkstätte Ravensbrück

Auszüge aus der Opferdatenbank.

SS-Fotoalbum, erstellt 1940 bis 1941/42.

Privatarchiv Siegrid Fahrecker

Nachlass Stefanie Cudy.

Stadtarchiv Klosterneuburg (StA Klosterneuburg)

Historische Meldedaten der bis 1938 eigenständigen Gemeinden Kierling, Klosterneuburg, Kritzendorf und Weidling.

Schulkataloge der Klosterneuburger Schulen.
Zeitungsarchiv Klosterneuburg.

Wiener Stadt- und Landesarchiv (WStLA)
WStLA, 4 Cg 40/40, Scheidungsakt Burger gegen Burger.
WStLA, A1 – »Gauakten«. Personalakten des Gaues Wien. Karl Burger, geb. 27.9.1916.

Tondokumente

Interviews für dieses Buch
Adolf Burger 2022: Telefoninterview mit Adolf Burger, geführt am 3.3.2022 von Brigitte Halbmayr.
Andreas Fahrecker 2022: Interview mit Andreas Fahrecker, geführt am 17.8.2022 von Brigitte Halbmayr.
Leopoldine Wiener 2021: Interview mit Leopoldine Wiener, geführt am 8.11.2021 von Brigitte Halbmayr.
Leopoldine Wiener 2022: Interview mit Leopoldine Wiener, geführt am 22.8.2022 von Brigitte Halbmayr.

Weitere Interviews mit Familienmitgliedern
Adolf Burger 2000: Interview mit Adolf Burger und Leopoldine Wiener, geführt am 21.7.2000 von Corinna Oesch.
Stefanie Cudy 2009: Interview mit Stefanie Cudy, geführt am 17.3.2009 von Brigitte Halbmayr.
Stefanie Cudy 1999: Interview mit Stefanie Cudy, geführt im Herbst 1999 von Corinna Oesch.
Leopoldine Wiener 2000: Interview mit Adolf Burger und Leopoldine Wiener, geführt am 21.7.2000 von Corinna Oesch.
Leopoldine Wiener 1999: Interview mit Leopoldine Wiener, geführt im Frühjahr 1999 von Corinna Oesch.

Interviews aus dem Bestand des Ravensbrück-Archivs am Institut für Konfliktforschung (IKF)
Anna Borst 1998: IKF-Interview mit Anna Borst, geführt am 8.11.1998 von Brigitte Halbmayr.
Antonia Bruha 1998, IKF-Interview mit Antonia Bruha, geführt am 27.10.1998 von Helga Amesberger.
Berta Fröhlich 1999: IKF-Interview mit Berta Fröhlich, geführt am 30.4.1999 von Susanne Obermeir.
Emma Horvath 1999: IKF-Interview mit Emma Horvath, geführt am 2.12.1999 von Susanne Obermeir.
Emma Horvath 2000: IKF-Interview mit Emma Horvath, geführt am 4.10.2000 von Helga Amesberger und Katrin Auer.

Emma Horvath 2002: IKF-Interview mit Emma Horvath, geführt am 23. 7. 2002 von Helga Amesberger.

Katharina Horvath 1999: IKF-Interview mit Katharina Horvath, geführt am 2. 6. 1999 von Helga Amesberger.

Marianne Krasovec 1998: IKF-Interview mit Marianne Krasovec, geführt am 25. 10. 1998 von Helga Amesberger.

Anna Redlinger 2002: IKF-Interview mit Anna Redlinger, geführt am 20. 11. 2002 von Katrin Auer.

Interviews aus dem Loretta Walz-Videoarchiv: Die Frauen von Ravensbrück (https://videoarchiv-ravensbrueck.de/)

Antonia Bruha 1995: Videointerview mit Antonia Bruha, geführt am 13. 3. 1995 von Loretta Walz.

Milada Cábová 2001: Videointerview mit Milada Cábová, geführt am 1. 12. 2001 von Loretta Walz.

Mila Kalibová 2001: Videointerview mit Mila Kalibová, geführt am 1. 12. 2001 von Loretta Walz.

Abkürzungen

AZ	Aktenzahl
BA	Bundesarchiv
DÖW	Dokumentationsarchiv des österreichischen Widerstandes
FKL	Frauenkonzentrationslager
IKF	Institut für Konfliktforschung
IRK	Internationales Ravensbrück Komitee
Kripo	Kriminalpolizei
KÜSt	Kinderübernahmestelle
KZ	Konzentrationslager
NÖLA	Niederösterreichisches Landesarchiv
NSDAP	Nationalsozialistische Deutsche Arbeiterpartei
NSV	Nationalsozialistische Volkswohlfahrt
ÖLGR	Österreichische Lagergemeinschaft Ravensbrück
ÖLGR/F	Österreichische Lagergemeinschaft Ravensbrück & Freund:innen
ORF	Österreichischer Rundfunk
RFV	Reichsfürsorgeverordnung
SPÖ	Sozialdemokratische Partei Österreichs
StG	Strafgesetz
VVO	Volksschädlingsverordnung
WStLA	Wiener Stadt- und Landesarchiv

Bildnachweis

Bernhard Strebel (2003) auf der Seite 102
Helga Amesberger auf der Seite 153
Institut für Nationales Gedenken, Warschau, auf der Seite 97
Mahn- und Gedenkstätte Ravensbrück auf der Seite 114
Privatarchiv Siegrid Fahrecker auf den Seiten 16, 18, 36, 106, 146
Tania Raschied auf der Seite 162
Stadtarchiv Klosterneuburg auf den Seiten 22, 27
Sylvia Köchl auf den Seiten 154, 155, 156
Wiener Stadt- und Landesarchiv auf den Seiten 56, 57, 78